本书承蒙广东四川商会常务副会长、广州罡得教育科技发展集团有限公司唐刚先生，广东三龙投资管理有限公司黄楚彬先生慷慨资助，谨此致谢！

七星岩鼎湖山石刻

精华评注

黄柏权　编著

广东高等教育出版社
Guangdong Higher Education Press
·广州·

图书在版编目（CIP）数据

七星岩鼎湖山石刻精华评注/黄柏权编著. —广州：广东高等教育出版社，2021.6

ISBN 978-7-5361-7002-5

Ⅰ. ①七… Ⅱ. ①黄… Ⅲ. ①石刻文-研究-肇庆 Ⅳ. ①K877.404

中国版本图书馆 CIP 数据核字（2021）第 075178 号

QIXINGYAN DINGHUSHAN SHIKE JINGHUA PINGZHU

出版发行	广东高等教育出版社 地址：广州市天河区林和西横路 邮政编码：510500 电话：(020) 87554153 http://www.gdgjs.com.cn
印　　刷	广东鹏腾宇文化创新有限公司
开　　本	787 毫米×1 092 毫米 1/16
印　　张	17.25
字　　数	254 千
版　　次	2021 年 6 月第 1 版
印　　次	2021 年 6 月第 1 次印刷
定　　价	60.00 元

序　　一

江山留胜迹，我辈复登临

广东的山水中，我见到的最精美的是肇庆七星岩和鼎湖山，就像叶剑英元帅说的：“借得西湖水一圜，更移阳朔七堆山。堤边添上丝丝柳，画幅长留天地间。”妩媚可比西湖，清奇不亚阳朔，真是南国的一颗珍珠啊！肇庆又是端砚的产地，古今许多名士雅人在星湖石刻上留下他们的诗文墨迹，和湖光山色相映。感谢西江大学的黄柏权教授，用他深厚的文史功力、富有哲理的文笔，为我们写下了关于这些诗文胜迹的历史、理念和议论。我这个只在半个世纪以前到过星湖的游子，又一次在他的文字中深深地感受到星湖的不会消退的魅力。黄柏权教授是我的老朋友，都是年过八旬、一同亲历过这些年的风风雨雨的老人，读着他深情的文字，不由得想起唐代诗人孟浩然的诗：“人事有代谢，往来成古今。江山留胜迹，我辈复登临。水落鱼梁浅，天寒梦泽深。羊公碑尚在，读罢泪沾襟。”我在黄兄的文字中“复登临”了，但是也从心里感到我们这代也将要“成古今”了。永恒的精美的河山，一代又一代的美感和沧桑，就像既是苦难又有欢乐的人生一样，既是瞬刻又是永恒啊！谢谢黄兄！

甘子钊

2020 年 7 月

甘子钊，1939 年生于广东信宜，北京大学物理系教授，中国科学院院士（学部委员）。曾任北京大学物理系主任、北京大学理学部首任学部主任。曾任国家超导技术专家委员会首席科学家，主持国家超导研究。

序　二

黄柏权同志继《肇庆七星岩石刻诗文选》出版后，今年又完成姊妹篇——《鼎湖山石刻精华》，实在可喜可贺。

鼎湖山自开山建寺以来，历1200余年，素有“洞天福地”之佳誉，古今中外硕儒、名士、高僧等所作之诗文、题词石刻不计其数，极富文学与历史价值，虽非包罗万象，亦已异彩纷呈。该书择其精华，按游览路线一一赏析，并对鼎湖山方圆数十里之名胜、民间传说、神话故事精心搜集。一册在手，尽览山水之神韵，非其他导游手册与石刻诗文之文本可比拟。

作者以精练生动之语言，从文学评论角度，对所集诸名篇佳作进行剖析，举凡对作品之结构及特点、时代背景、文风、格调、寓意，均有中肯而独到之见解。除必要的注释外，为使读者更好地窥探作品之风骨，作者对其加以简析，更对某些古奥作品用现代白话文做了意译。凡此种种，阅读该书，必将有所获得，“探龙宫者得骊珠，涉中流者获巨鳞”。

我与柏权同志有前后辈之情谊，并有共同爱好，该书即将付梓面世，由我动手，缀数语于书前，无非是对柏权同志强烈事业心和责任感表我衷心之赞赏耳。

黄陶钧
西江大学副校长、教育家
1989 年 9 月 25 日

前　　言

我于1953年就读肇庆师范学校。谢拼主任，黄庚培、梁锐老师把我引进七星岩、鼎湖山石刻这座艺术殿堂，让我震撼，使我立志。1960年毕业于华南师范学院中文系，我先后被派往广东湛江、广西北海、广东郁南任教。1982年奉调西江大学（现肇庆学院）任古代文学教师、古籍整理研究所所长。教学之余，便骑上自行车往七星岩、鼎湖山里钻，在图书馆里查资料，悉心研究石刻文化。把成果写成文章，投向《西江报》，幸得连载。因反响良好，广东旅游出版社集而成书，1989年出版《肇庆七星岩石刻诗文选》，1990年出版《鼎湖山石刻精华》。时过30余年，作为肇庆文化人，在政府倡导岭南文化旅游的热潮中，也应跟上时代，尽点心意，重版“两书”。

我已86岁，精力大不如前，只能从旧作中做些增删修补工作。一是根据星湖的山水特点，以内容健康，写景清丽，各具特色，富于知识性、科学性和学术性为原则，从约700则石刻中精选136则作为书中内容。分七星岩石刻和鼎湖山石刻两部分。以星湖旅游景区全景图为序，沿途观看胜景，欣赏石刻，领略其风采，饱览其风韵，于风流处得风流。近百名作者中，绝大多数是各朝代的名家和时代的精英。文体有诗、词、歌、赋、散文、楹联和题字。字体有篆书、隶书、楷书、行书、草书。二是增加题字、楹联。“天开图画”“洞天福地”“鬼斧神工”“帝觞百神之所”皆点睛之笔，突出了星湖石刻多、大、密、精、奇、美的特点。三是增加了石刻图片。石刻开创了书法家在名山大川镌刻诗文的先例。从“刀锋”看“笔锋”，这是一种再创造。它增添了金石味，字的立体感增强了，显得更厚重、更豪放、更有气魄，至千余年而不变。四是李邕《端州石室记》、冯敏昌《七星岩》诗、黎简《南服陨石》诗并称“石室三绝”，是本书的精品；《咏梅百首》是梅花诗中的巨制。对这些佳作均做了详细注释和重点评析，将一些生涩难懂的古诗文译成现代文。孙中山奋发图强统一中国的宏愿让我们的信心更坚定；朱德、陈毅、叶剑英的胸襟广阔，壮心不已，无私地为人民贡献一切的品德，让星湖变美、让祖国的河山更壮丽的夙愿，激励我们奋勇前行。至于张九龄、苏轼、伦文叙的诗文，其手迹至今还未找到，只能割爱了！

本书的出版，得到肇庆市文化广电旅游体育局、肇庆星湖风景名胜区管理局、西江日报社、西江大学图书馆、端州图书馆、庆云寺藏书室的大力支持；得到老诗人、老作家章国栋的指引和督导；得到西江大学校长罗钦贤、黄陶钧，广东省社会科学院研究员庄伟光，国信信扬（花都）律师事务所韦华腾教授、刘铭盛教授以及黎沛荣先生、钱旭先生的支持。罗维炽、江绍绪、涂穗长、杨楚声、蔡超文和卢有年居士是我的同窗、同事和挚友，经常和我切磋学问，订正谬讹，一丝不苟，故此书也有他们的一份心血。在出版过程中，得到广东四川商会常务副会长、广州罡得教育科技发展集团有限公司唐刚先生，广东三龙投资管理有限公司黄楚彬先生资助。承蒙各位的鼎力支持，在此致以衷心的感谢。

北京大学物理学院教授、中国科学院院士、主持国家超导研究的科学家甘子钊对星湖石刻情有独钟，特为本书写序，在此致以衷心的感谢。

本人水平有限，疏漏谬误一定不少，衷心盼望专家、读者匡谬。

黄柏权
2021 年 2 月
肇庆翠岗花园一区

目　　录

七星岩石刻

鼎湖山石刻

七星岩石刻

石刻 1　朱德题字“七星岩”牌坊

【说明】

朱德（1886—1976），字玉阶，四川仪陇人。著名政治家、军事家、无产阶级革命家。曾参加辛亥革命活动。1922 年加入中国共产党。历任中国工农红军总司令、八路军总司令、中华人民共和国副主席、中共中央副主席、全国人民代表大会常务委员会委员长等职。1955 年被授予元帅军衔。1976 年 7 月 6 日在北京病逝。他于 1959 年 2 月 17 日游星湖，手书“七星岩”三字并赋诗一首。“七星岩”三字刻在七星岩牌坊中央（后来又移刻到玉屏岩的摩崖上）。牌坊坐北向南，正面对着繁华的天宁北路，后面是南北宽 100 米、东西长 283 米、总面积达28 300平方米的广场和浩渺的星湖。它是仿照北京雍和宫前门牌坊的样式建造的，建成于 1959 年 2 月，是一座巍峨庄严、瑰丽夺目的钢筋混凝土建筑，高 12 米，宽 17. 5 米，一跨三门四柱，花篮形柱础，仿歇山顶式。四条朱红大圆柱托着三层七叠的琉璃瓦面，檐角蹲狮傲视，檐下饰以鲜艳奇丽的图案花纹，两旁高大的英雄树（木棉）相衬，威武的大石狮守护。牌坊气宇轩昂、庄严华贵，说它是肇庆的城雕，是极其恰切的。

【原文】

七星岩

石刻 2　朱德诗《游七星岩》

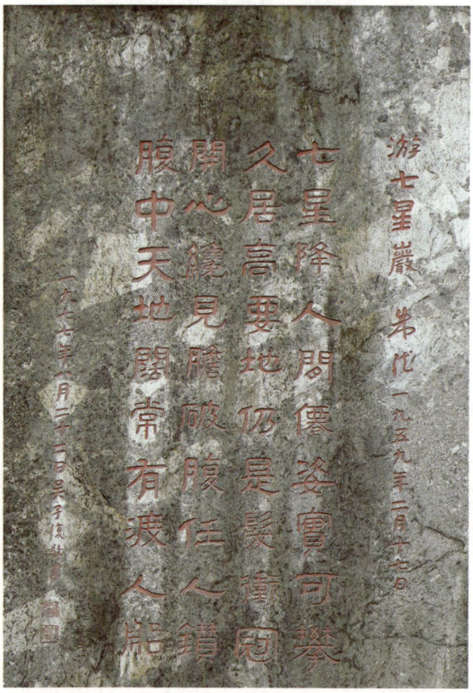

【说明】

朱德于 1959 年 2 月 17 日游星湖，手书“七星岩”三字，并赋一首《游七星岩》诗，刻于石室岩洞口西壁。

【原文】

游七星岩

朱德　一九五九年二月十七日

七星降人间①，仙姿实可攀②。久居高要地③，仍是发冲冠④。

开心才见胆，破腹任人钻。腹中天地阔，常有渡人船。⑤

【注释】

①七星降人间：神话传说谓七星岩乃北斗七星奉玉皇大帝御旨，下凡成石。《高要县志》载：“七星岩，其列峙如北斗七星。其排列之次序，东上首阆风，次屏风，石室岩居中。其西为天柱，又次为蟾蜍，为仙掌，而阿坡岩在其西北，横于天柱岩之背。”②实可攀：确实值得攀缘、结识。这是极言七星岩姿态之美。③高要地：高要大地，七星岩原属高要县（现肇庆市高要区）。《老一辈无产阶级革命家诗词选读》（湖南人民出版社，1979 年）释为“七星岩位于高峻险要之地”，这是望文生义之解。④发冲冠：指七星岩高耸屹立，树木茂密。语出《史记·廉颇蔺相如列传》：“相如因持璧却立，倚柱，怒发上冲冠。”⑤“腹中”二句：石室岩异常宽阔，洞高 20 多米，可容千人。名胜古迹、石刻诗文甚多。《宣统高要县志》载：“石室岩内黑岩可容舟游，岩里有石狮、仙人掌、龙床、龙井，而尤称奇伟者为石龙，在岩顶正中，蜿蜒十余丈，复有小龙十数随之。”黑岩增设五彩电灯后，奇观更多，景色更迷人，宛如地下宫殿，舟游者众。

【评析】

诗人运用了拟人手法，把七星岩的神话传说与个人感受巧妙地结合起来，写成了这首既活泼风趣又有深刻寓意和独特风格的诗作。诗人怀着对七星岩的热爱和崇敬，以“开心”“破腹”和肝胆示人等状为喻，赞颂其胸襟广阔，光明磊落，以“一躯称快万众”，无私地为人民贡献一切的崇高品格。由于诗人具有同样的品格，再加上诗人把星岩当作亲人，写得平易朴实，感情真挚，因而常使人见诗怀英雄。

石刻3　陈毅诗《七星岩》

【说明】

陈毅（1901—1972），字仲弘，四川乐至人。1923 年加入中国共产党。曾任新四军军长、第三野战军司令员兼政治委员、上海市市长、中央军委副主席、国务院副总理兼外交部长。1955 年被授予元帅军衔。1972 年 1 月 6 日，在北京病逝。上海人民怀念他，在外滩立陈毅石雕像一座以作纪念。他于 1966 年 2 月游星湖时赋诗一首，后刻于石室岩洞口西壁上。

【原文】

七　星　岩

陈毅　一九六六年二月

七星拔地起，洞穴腹内装。沥湖环四面，千顷恣[1]汪洋。

阆风亭[2]欲飞，玉屏如铁墙[3]。石室叹钻天，景福[4]秘地藏。

壁上题词句，千年成诗廊。[⑤]对山擎天柱，任人说玄黄。[⑥]

彩楼挂其间，飘渺而微茫。蟾蜍[⑦]立水边，仙掌[⑧]在其旁。

朝暮两相依，恰似姐妹行。禾坡[⑨]有奇趣，离群守一方。

高踞而南面，气宇最轩昂。我来游岩遍，怡悦荡心房。

攀崖试腰脚，垂钓话濠梁[⑩]。且喜腰脚健，少壮赞我强。

谓我尚未老，可以上战场。

一九七七年八月，秦咢生敬书。

【注释】

①恣：放纵，引申为气势甚盛之意。②阆风亭：阆风，指阆风岩。《宣统高要县志》载：“阆风者昆仑山名。因该岩回曲隐隩，阴森潇洒，绰有姑射峛崺风致，因名其岩曰阆风。”亭，指栖云亭。③玉屏：即玉屏风岩，又称屏风岩。在阆风岩之西，二岩本相连为一，东西二峰矗立，中带横岭，状若列屏，故名。墙：桅杆，引申为帆。④景福：石室岩东壁有“景福”两个摩崖大字。《宣统高要县志》卷22载：“《广东通志》‘二字广径各四尺有奇，相传为李北海书’。”意谓大福、大吉大利。《诗·小雅·小明》：“介尔景福。”毛传：“介，景，皆大也。”郑玄笺：“则将助女（汝）以大福。”⑤“壁上”二句：据星湖管理处统计，石室岩洞口、岩内有唐代至现代的摩崖石刻333则，诗、词、文及题名琳琅满目，是我国少有的庞大而密集的石刻群。⑥“对山”二句：天柱，《宣统高要县志》载：“石室岩之西曰天柱岩，岩本与石室西麓相属，而峭削突起如柱，故名。”玄黄，天地的代称。《易·坤·文言》：“夫玄黄，天地之杂也，天玄而地黄。”⑦蟾蜍：《宣统高要县志》载：“东距石室约一里许曰蟾蜍岩，岩顶有石类蟾蜍，故名。”⑧仙掌：《宣统高要县志》载：“仙掌岩东距石室约二里许，顶平如掌，北列数峰若㧓指，故以仙掌名之。”⑨禾坡：即阿坡岩，又名辟支岩。《宣统高要县志》载：“阿坡岩在石室西北二里许，南倚马栏岗之麓，若屏嶂然，

北麓为岩，中祀禾花仙女，故又呼禾婆岩，禾坡、阿坡，其转音也。东麓为双源洞，其中境界妙不可思议，有为诸岩所不及者，亦有异于他岩者。”

⑩濠梁：语出《庄子·秋水》：“庄子与惠子游于濠梁之上。庄子曰：‘鲦鱼出游从容，是鱼之乐也。’惠子曰：‘子非鱼，安知鱼之乐?’庄子曰：‘子非我，安知我不知鱼之乐?’”此指诗人垂钓星湖，心旷神怡，自得其乐。

【评析】

这是一首记游诗，又是一首导游诗。它构思新颖，重点突出，想象丰富，活泼生动。诗开头大赞七星岩巍峨挺拔，雄奇秀丽。然后按其排列次序逐个点评，以高超的艺术技巧勾勒出各岩的特征：石室高峻幽深且胜迹多，阆风欲飞，玉屏如墙，蟾蜍、仙掌亲如姐妹紧密相依，天柱缥缈风采艳丽，而禾坡则孤芳自赏独坐一方。最后以欢快的笔调写游岩、垂钓，借少壮之赞语，抒老骥伏枥壮心不已之情，显示出豪迈的英雄气概。至此，爽朗乐观的性格，无产阶级革命家的形象跃然纸上。

张茜在《陈毅诗词选·序言》（1977）中说：“陈毅同志灵活地运用白话诗……古诗等形式来抒情写意，歌颂革命事业，在诗词领域中，以他的创作实践，开拓了一条古为今用、推陈出新的途径。我以为这是陈毅同志的诗词在艺术上的特色。”本诗语言流畅，风趣自然，韵律优美，情文俱备，用典推陈词而出新意，正是这个艺术特色的体现。

“千年成诗廊”名句一出，遂成了星湖石刻的新名片，肇庆旅游名城的新名片。

石刻4 文安井锡题字“岭南第一奇观”

【原文】

岭南第一奇观

文安井锡①题并书。

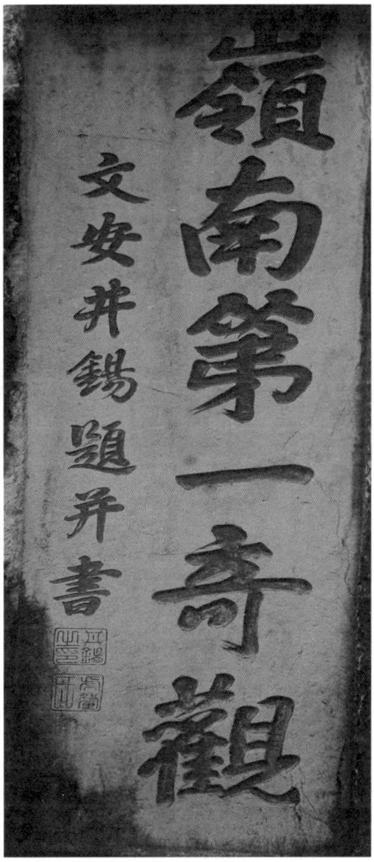

【注释】

①井锡：今河北省文安县人，生平不详。不知何时游七星岩，大赞其美，大赞其奇，誉为岭南第一。遂刻石于洞口壁东侧，曰：“岭南第一奇观。”大字行书，0.50 米×1.85 米。

石刻5　四排题字石刻“星悬斗极·七星岩·洞别有天·七星洞天”

【说明】

七星岩摩崖石刻以其多、大、密、精、奇、险而闻名遐迩。下面四排题字石刻尽在其中。它刻在洞口的石壁上，使人一目了然，产生进洞观赏的强烈愿望。

【原文】

星悬斗极①

康熙壬寅孟夏吉旦，闵山侯袭爵题并书。

【注释】

①星悬斗极：清康熙元年（1662），广东总兵、辽东人侯袭爵题刻。康熙十七年（1678），侯袭爵任广东提督。大字草书，0.82 米×2.20 米。

【原文】

七星岩①

嘉靖乙酉冬广东按察使莆阳周宣同佥事上虞曹轩来游书此。①

【注释】

①七星岩：明嘉靖四年（1525），广东按察使、福建人周宣题刻，嘉靖六年（1527），周宣升任广东左政使。大字楷书：1.10 米×2.30 米。

【原文】

洞别有天①

康熙壬寅秋暮，辽左卢崇峻题并书。

【注释】

①洞别有天：清康熙元年（1662），卢崇峻题刻。卢崇峻乃清汉军镶黄旗人，康熙三年（1664）任广东总督。大字行书：0.92 米×1.15 米。

【原文】

七星洞天[1]

大清顺治岁次庚子季春，闵山李栖凤书。

【注释】

①七星洞天：清顺治十七年（1660），两广总督李栖凤题刻。李栖凤是辽宁省锦州北镇市人。顺治元年（1644），随清兵入关，被任命为山东布政司参政、湖广布政使、安徽巡抚等职。顺治六年（1649），任广东巡抚，镇压广东各地抗清力量，由梧州进攻肇庆，龙顶岗一战，李定国败退，李栖凤乘胜攻占罗定、云浮等县，驻扎肇庆。镇压广东沿海抗清力量，积功被加太子太保衔。顺治十八年（1661），他上疏告老还乡，离开肇庆。康熙三年（1664）正月，在家乡病亡。

石刻 6　陈丰题字“鬼斧神工”

【原文】

鬼斧神工

嘉庆壬申，顺德陈丰[1]题。

【注释】

①陈丰：广东顺德人，生平不详。嘉庆壬申（1812）游七星岩，题字刻石于洞口壁东侧。大字楷书，1.95 米×0.68 米。

石刻7 张藻题字“西竺佛天”

【原文】

西竺佛天

道光丁亥孟夏穀旦，滇南信员张藻归依绶西敬题[①]。

【注释】

①张藻：生平不详。清道光丁亥（1827）来肇庆七星岩，在璇玑台前左石壁上题“西竺佛天”四个大字，行书。西竺：西方的天竺，印度古名天竺，在中国的西方，故又名西天，为佛教的发源地。

石刻8 李北海文《端州石室记》

【说明】

李北海（678—747），即李邕，字泰和，江苏扬州人。唐代著名书法家、文学家。历任左拾遗、汲郡、北海（山东青州）太守等职。工文，善碑颂，当时官绅及佛寺多以重金请为撰文，倾动一时。擅行书。初学王羲之，尤得力于王献之。后摆脱旧习，自创新格，时称“书中仙手”。体势方而顿挫，笔力雄俊，气度舒缓，纵横开阖，风采动人。反对一味模仿，曾说：“学我者死，似我者俗。”为人刚强，生活豪纵。后被李林甫诬陷杖杀。杜甫《八哀诗》中即有悼他之作。存世碑刻有《麓山寺碑》《东林寺碑》《云麾将军李思训碑》《端州石室记》等。此外，山东曲阜孔庙还有其碑刻两块，星岩石室洞内东壁近水处有“景福”摩崖大字真迹。明人辑有《李北海集》。

李北海記

唐开元十五年（727）正月，李邕赴钦州，途经端州时，游览七星岩。二十五日作《端州石室记》，后刻于石室岩洞口壁东侧。碑文经过一千多年的剥蚀，到清初，原来的381字只存348字；清末又减为319字。中华人民共和国成立后，人民政府筑起了半爿“北海碑亭”，以保护这个全国闻名的文物。下面是参校《唐骈体文钞》《全唐文》而补足的全文，个别字还可做进一步的研究。

【原文】

端州石室记

日者托宿秘篆①，寄傲②神府，撰奇讨异③。注灵通感④，冥搜海藏⑤，遐瞩坤极⑥，敞金阙⑦，疏玉堂⑧。河汉未睽其源⑨，今昔尝聆其语。

曷若宛此山郭⑩？介在江坟⑪，薄人寰⑫，腾物外⑬。妙有特起⑭，灵表秀开⑮，绮田砥⑯平，锦嶂壁立。肇允⑰洞穴，延袤中堂⑱，夔怪形以万殊⑲，研地势以千变⑳。伏虎奔象，浮梁抗柱㉑。激涛海而洪波沸渭㉒，亹杳窱而群峰嵯峨㉓。飞动逼人㉔，屹耸惊视。密微微而三分地道㉕，风萧萧而一变天时㉖。窦乳炼于玉颜㉗，石床列于仙座。隔阂尘境㉘，矫集福庭㉙。

寂兮寥兮！恍兮惚兮！使营魄九升㉚，嗜欲双遣㉛。体若振羽翼㉜，志若摩云天㉝。秦汉之间，莫知代祀㉞；羲皇之上㉟，自谓逍遥。当是时也，慕名者执雌而退㊱，徇物者守心而安㊲，求道者息虑而凝㊳，怀书者陋古而默㊴。

有若邦伯毕公守恭㊵，广孝闻家，至忠观国。政门尤迹㊶，谈者不容于口；义心厚行㊷，游者每藉于名。故能吏修㊸其方，人乐其业；流冗[44]归止，介特乂安[45]。于是命友僚，挟琴酌，一歌一咏，以遨以游。莫不解榻于斯[46]，张乐于斯。腾驾五龙[47]，遗士驷马[48]，岂惟避暑窟室，缔赏林峦，击石如钟，酌泉如醴？[49]固亦转丹灶[50]，掇紫芝[51]，迹参寥之远心[52]，惟习隐之幽致者也乎？[53]

开元十五年正月廿五日，李邕记。

【注释】

①“日者”句：意谓古时惯用占卜术来预测吉凶的迷信者，往往把希望寄托在烧香求神之中。日者，古时占候卜筮之人。托宿，寄托。秘，神。篆，盘香的烟缕。②寄傲：希望，寄托。③撰：与“选”同，择也。讨：寻究。④“注灵”句：意谓专注地想着那蓬莱仙境，心有所悟而得道成仙。灵，指灵山，即蓬莱仙境。通感，心有所感而豁然醒悟。语出《易·系辞上》：“感而遂通天下之故。”旧时唯心论者认为诚心能与鬼神或外物互相感应。例如韩愈《谒衡岳庙遂宿岳寺题门楼》诗：“潜心默祷若有应，岂非正直能感通！”⑤臧：与“藏”同，库藏。⑥“遐瞩”句：意谓远远地看着那皇后的位置。坤极，皇后之位。《后汉书》：“宜配天祚，正位坤极。”⑦金阙：道家谓天上有黄金阙、白玉京，为天帝所居。白居易《长恨歌》：“金阙西厢叩玉扃。”⑧疏：通也。玉堂：指神仙居住的地方。庾阐《游仙》诗：“神岳竦丹霄，玉堂临雪岭。”⑨“河汉”句：意谓上面这些想法都是毫无事实根据的怪诞之说。河汉，比喻言论迂阔，不切实际。⑩曷若：何如，像什么。宛：曲折。郭：轮廓。⑪介：搁置。坟：水边高地；土堆。⑫薄：通“泊”，漂泊也。人寰：人世。⑬物外：世外。⑭“妙有”句：意谓它的奥妙在挺拔于群峰之中。特起，言众中挺出者。⑮灵：灵秀之气。开：豁达开朗。⑯砥：磨刀石。⑰肇允：逐渐形成。⑱延袤：从南至北连亘绵延。中堂：中庭；厅堂的正中。⑲蹙：紧迫地挤在一处。万殊：变化无穷。⑳“研地”句：意谓千姿百态的岩石随物状形，像用人工轧磨过似的

闪闪发光。研，以石碾用力轧磨，使之发光。㉑“浮梁”句：意谓如虚浮的仙桥，似擎天的石柱。浮，虚浮不定。抗，举起。㉒渭：渭河，黄河最大的支流。㉓亹（wěi）：美也。杳篠（tiǎo）：幽暗深邃。嵯峨：山高貌。㉔“飞动”句：意谓石室岩巍峨生动，气势逼人。《宣统高要县志》载：“黑岩顶正中有石龙，蜿蜒十余丈，麟甲飞动有光，两角分撑，森然欲搏人；复有小龙十数随之。”㉕密：山形如殿堂。微微：精妙幽深。三分地道：石室洞内有三条通道，分别为东通副墨岩、黑岩，西通光岩，中路可直登璇玑台。㉖一变天时：指洞内冬暖夏凉，与洞外的天气不同。㉗“窦乳”句：意谓石钟乳纯净得色白如玉。窦乳，石钟乳。炼，冶炼之使物质纯净或坚韧。㉘“隔阂”句：意谓这些都是人世间所没有的。㉙矫：假托。福庭：洞天福地；神仙居住的宫廷 。㉚“使营魄”句：意谓让我的魂魄飞上九天。九，九天；极高处。㉛“嗜欲”句：意谓我即使受到又一次的贬谪也在所不惜。遣，放逐；贬谪。㉜羽翼：道教称成仙飞升为羽化。《抱朴子·对俗》：“古之得仙者，或身生羽翼，变化飞行。”㉝“志若”句：意谓心之所往，壮志凌云。志，心之所向。㉞“秦汉”二句：意谓从秦到汉，不知王者易姓换祀之事。代，世也。王者易姓受命谓之代。㉟羲皇之上：太古之上。㊱执雌而退：即知雄守雌。语出《老子》：“知其雄，守其雌，为天下溪。”意谓虽然知道什么是雄强，却要安于柔雌而不与人争。这是道家的一种消极处世态度。㊲徇物者：为一定的理想、信仰或目的而奋斗的人。守心而安：安守本分，别无所求。㊳凝：专注；凝聚。㊴“怀书”句：意谓读书求学者在陋巷中潜心典籍，静默不语。古，古文，先王之典籍；孔子之书曰下古。㊵“有若”句：意谓至于州牧毕公，主事恭谨。邦伯，州牧。守，主管。㊶政门：指处事的方式方法。迹：功业可见。㊷厚行：厚道而有德行。㊸修：整治。㊹流冗：散亡在外。㊺介特：孤立无助者。《左传》：“养老疾，收介特。”乂（yì）安：太平无事。乂，“刈”的古字，割除杂草之意。陆倕

《石阙铭》："区宇乂安，方面静息。"㊻斯：这里。㊼五龙：即五龙氏。传说古时五龙氏兄弟五人，一同乘龙上下。《史记》："自人皇已后有五龙氏。"㊽遗士：被放逐之人。驷马：驾着车马。㊾"岂惟"以下四句：此乃疑问句。意谓是否宜于在石室洞内避暑，一起欣赏丛林与峰峦，撞击那如金钟鸣响的石钟，舀取那味甘如醴的甘泉呢？岂，表疑问，是否。《三国志·诸葛亮传》："将军岂愿见之乎？"缔，结在一起。酌，舀取。醴，醴泉，言泉味甘如醴也。㊿丹灶：道家烧炼丹药以求成仙飞升的灶。51紫芝：即灵芝。古人迷信认为灵芝是仙草，服之可以长生。52"迹参寥"句：意谓追寻那虚空高远而不可名的古人的踪迹。迹，追寻踪迹。参寥，是庄子虚拟的含有寓意的人名。语出《庄子·大宗师》："玄冥闻之参寥，参寥闻之疑始。"意谓高旷，以此形容虚空高远。陆德明释文引李颐曰："参，高也，高邈寥旷，不可名也。"53"惟习"句：意谓这只不过是那些隐逸之士所熟悉和喜爱的情趣罢了！习，熟悉。

【评析】

本文分四段。第一段说那些迷信占卜术的人，整天烧香求神，到处寻找仙境，妄想一朝得道成仙。作者指出，这只是虚妄之想。人间仙境倒是有的，那就是石室洞。第二段盛赞石室的奇妙景色。第三段借游仙以谈古论今，直吐胸臆，抒怀才不遇之不满，表壮志凌云之豪情，字里行间也流露出消极的思想。第四段主要写毕公与民同乐的乐趣，以赞毕公之政绩，歌颂石室之优美，再点出仙境的虚妄，回应开头。作者指出做官者要像毕公那样，做些积极有为的政事，不要醉心于寻仙访道，因为人终究成不了神仙。这种否定神道、指斥仙境之虚妄的思想，在寻仙访道盛行的唐朝是难能可贵的。而这种积极的处世态度，正是作者伟大抱负的反映。

作者不愧为大手笔，将叙事、写景、抒情和议论结合得这样自然，使客观的生活图景和主观的思想感情和谐地统一起来，创造出一种抒情意味颇浓的清新自然的极美的艺术境界。本文写景状物最具特色。“曷若宛此山郭？介在江坟，薄人寰，腾物外。妙有特起，灵表秀开，绮田砥平，锦嶂壁立。”非但把石室岩的轮廓、地貌、方位描绘得十分形象，而且点出它那缥缈灵秀的仙容和豁达开朗的性格。“蹙怪形以万殊，砑地势以千变。”非但写出石数之多，石态之怪，而且化静为动，随物状形，千变万化，传达了怪石的情感，它们似在和游者嬉戏。下面承石之怪，做具体描绘：“伏虎奔象，浮梁抗柱。激涛海而洪波沸渭，亹杳窱而群峰嵯峨。飞动逼人，屹耸惊视。”作者不仅肖其貌，而且传其神，仿佛各具血肉灵魂，大有呼之欲出之感。“伏”“奔”“浮”“抗”四个动词更为准确、生动、形象。“伏”写出虎视眈眈之状，“奔”写出大象不堪寂寞而逃奔之态，“浮”写出仙桥之缥缈，“抗”写出石柱之无比力量。

“借石之瑰玮，以吐胸中之气。”（茅坤语）这是本文的另一特色。“使营魄九升，嗜欲双遣。体若振羽翼，志若摩云天。”这反映了作者怀才不遇的不满，借游仙以作自我解脱的苦衷。然而更重要的却是显出自己要在政治上干一番事业的凌云壮志。这里还可以从大诗人李白游北海时，写给北海太守李邕的诗中找到佐证：“大鹏一日同风起，扶摇直上九万里。”（《上李邕》）以才高气直见称的李北海，却因权奸所忌，屡遭贬谪，而怀才不遇。虽有凌云志，却无凌云时，故只得“自谓逍遥”“执雌而退”“守心而安”以自慰。名为自慰，实质乃苦酒一杯。表面看来似乎消极，实质上却是积极的处世态度。因为他最后还是下了决心：饮下苦酒、饱览诗书，待机而飞。

全文散韵结合，以散为主，散句偶句，交互迭出，错落有致；音节自然，具有流利的节奏美；文气流畅，流水行云，给人以美的享受。

【译文】

古时的求仙访道者，常把希望寄托在烧香求佛或奇书古籍上，甚至寄寓在神仙洞府之内，总想搜集各种奇异的东西，潜心探究，一心想去那蓬莱仙境，妄想有所悟而得道成仙。为此，他们暗中搜寻宝藏，远远地看着皇后的宝座，还想打开天子的宫室，甚至还想走进神仙居住的地方。这些想法都是毫无事实根据的怪诞之说，更不知事物的本源，这些传说，现在和过去我都听过。

石室岩那曲折的轮廓像什么呢？像搁置在江滨上的一座仙山，像漂泊在人间，又像超脱于世外。它那最玄妙的特点在挺拔于群峰之中，它的外表灵秀而开朗，那高耸险峻得如同屏障般的锦绣峰峦，像石壁一样屹立在美丽平坦的土地上。石室洞是逐渐形成的，洞穴自南至北连亘绵延，中间宽敞如殿堂。各种岩石奇形怪状，变化无穷，那千姿百态的岩石随物状之，像用人工打磨过似的晶莹闪烁：像伏虎似奔象，像漂浮的仙桥，似擎天的石柱，像汹涌的大海，似滚滚的洪流，又似沸腾的渭水。那美而幽深的岩石就好像那高峻的群峰。整个石室景物飞动，气势逼人，直立耸峙，视之惊惧。石室如宫殿，精妙幽深，内分三道，东通黑岩，西通光岩，中可登璇玑台。洞穴生风，呼呼作响，一变天时，冬暖夏凉。那钟乳石纯净如玉，那石床横列在石壁间更像仙座。这里像与人世隔绝似的，种种奇景，无论是天上的还是人间的，全都聚合在这个“洞天福地”。

寂静空灵啊！心神恍惚啊！让我的魂魄飞上九天，即使将会受到双重的贬谪也在所不惜。我的身上像长了翅膀，我要展翅飞翔，心之所往，壮志凌云。这样，会感到从秦到汉，不知改朝换代之事，而回复到远古时代，过那无拘无束的逍遥自在的生活。在这样的情况下，求名者会自感失算而不再去追求，求利者会安守本分而使心境安宁，求道者会排除杂念而专心于道，求学者会自愧知识浅陋而沉默不语潜心于典籍。

当时的端州州牧毕守恭，以孝悌持家闻名，以忠心为国成为人们的楷模。他政绩优异，博得人们的交口称赞。他胸怀仁义，为人厚道且有德行，游客们都想和他通名籍交朋友。正因为这样，才使他治理有方，人民安居乐业；流散在外的人返回故里停止流浪，孤独无依的人也得到安抚调养。公事之暇，便约请亲朋僚属，带上弦琴和酒肴，一边歌唱，一边吟咏，逍遥自在地遨游。我们在这里放上席垫，张弦设乐。我幻想着，像五龙氏那样骑龙飞升吧！我这个被放逐的人也可以驾着车马遨游太空了！不过，这都是空想罢了。是否适宜于在这个石洞里避暑，一起欣赏丛林与峰峦，撞击那如金钟鸣响的石钟，舀那味甘如醴的泉水呢？或者干脆点燃炼丹的炉灶，拾取灵芝仙草，追寻那虚空高远而不可名的古人之踪迹。可是，这只不过是那些隐士所熟悉和喜爱的情趣罢了。

石刻9　仪克中词《齐天乐》

【说明】

仪克中（1796—1837），字协一，号墨农，又号姑射山樵。先世山西太平（今山西汾城）人，寄籍广东番禺。清道光举人，生平尚气节，谈经济，习骑射，谙技击，有才气，工诗词。道光十四年（1834），受广东巡抚祁埙委托，至芦苞河疏通灵州渠，又主持建惠济仓，为人民做过一些好事，后积劳成疾，卒于任所。著有《剑光楼诗钞》四卷、《剑光楼词钞》二卷。

嘉庆庚辰（1820）四月游星湖，得词一首，刻于石室洞口壁《端州石室记》左上角。

【原文】

齐　天　乐

何年星向人间聚？山川效灵①如许！洞杳涵幽，崖穿透碧，招客瑶天深处②。凌风欲举③，问台畔双鸾④，几时飞去？一线湖光，棹歌渐觉满清渚[⑤]。　　愔愔[⑥]昼，常带雨，小轩凉梦醒，山月疑曙。石燕[⑦]冲云，琪花[⑧]坠雪，夜半仙归闻语。尘缘似缕[⑨]，且刬藓镌题[⑩]，莫孤[⑪]游趣。绕岸垂杨，想重来作絮。[⑫]

倚声齐天乐。

嘉庆庚辰，续修《广东通志》。四月，平阳仪克中采访古刻至此，因题。

【注释】

①效灵：显示灵验。《北史·隋文帝纪》："近者赤雀降祉，玄龟效灵，钟石变音，蛟鱼出穴。"②瑶天深处：瑶，美玉，意谓洞中深处皆白玉般的美石。③凌风欲举：欲乘风飞去。④台畔双鸾：指璇玑台上方的双凤石。《肇庆府志》载："石室最胜处为观音岩，中为璇玑台，其上有悬石，凝缀若双凤然，苞羽腾跃之势毕具。每阴霾欲雨，或见其所在地翱翔出入。"⑤棹歌：船夫之歌。棹，舟之泛称。渚：小洲。⑥愔（yīn）愔：安静和悦貌；静寂无声貌。周邦彦《瑞龙吟》词："愔愔坊陌人家，定巢燕子，归来旧处。"⑦石燕：金丝燕。⑧琪花：喻石钟乳。琪，玉也。⑨"尘缘"句：意谓自己被尘世纠缠着而无法摆脱。尘缘，佛家语，谓以心攀缘六尘（色、声、香、味、触、法），被六尘所牵累。即今谓世俗之缘。缕，线。⑩"且剔"句：姑且刮去苔藓，刻下诗词。⑪莫孤：不辜负。孤，通"辜"。⑫"绕岸"二句：取杨柳依依之意。垂杨，枝柔而垂，即柳。古杨柳互称，故称柳为垂杨。絮，花之绵柔而飘扬者，这里指柳絮。

【评析】

《齐天乐》，词牌名。又名《五福降中天》《如此江山》《台城路》。双调，102 字，仄声韵。此词为赞美七星岩之词，是七星岩全部摩崖石刻中唯一的一首词。上阕写七星岩乃天上人间之杰作。洞深幽清、崖穿透碧，双凤起舞，湖光秀丽，渔歌互答，其乐何极。"凌风"三句，问双鸾，使神话中的石凤变成真凤，欲乘之而去，极为浪漫。下阕写七星岩静谧和悦，喜雨拂面，凉风徐来，山清月明，钟乳晶莹。"夜半仙归闻语"振动全篇，是画龙点睛之笔。仙归已奇，闻语更妙，把整个星岩写活了。这里非但是仙境，且是神仙聚集的洞天福地。"尘缘"以下触景生情，从幻想回到现实，虽叹"尘缘如缕"，但毕竟没有乘风而去，而是赋词刻石，可见其积极用世的思想。结句景中寓情，独臻神秀。取杨柳依依之意，以示对七星岩之情，慰人慰己，一往情深。

石刻 10　戴凤岐题字“万仞具瞻”

【说明】

戴凤岐，名耀，福建长泰人，明万历二十六年（1598）至三十八年（1610）任两广总督。主修万历《广东通志》。万历二十七年（1599）在七星岩洞口壁离地位置最高的岩壁上，刻上 6. 10 米 × 1. 50 米规格的“万仞具瞻”四个大篆字，成为七星岩中位置最高、面积最大的石刻。同时也表露了他官位之大、自视甚高的心迹。该石刻几乎被生长在岩壁上的植物所遮盖。

【原文】

万仞具瞻

万历己亥，戴凤岐题，李开芳书。

石刻 11　唐代名刻“崧台第一洞”

【说明】

该石刻在洞口外顶壁上，离地面高 30 余米，规格为1. 60 米 × 5. 50 米，大字正楷。作者、年代均不详，是七星岩最大的石刻之一。经书法家秦咢生、黄文宽等人鉴定，属唐宋时期石刻字体。商承祚教授鉴定为唐刻。

【原文】

崧台第一洞

石刻 12　朱完题字“帝觞百神之所”

【说明】

朱完（1559—1617），广东南海人，字季美，号白岳山人，工诗善画，是以篆书笔意写隶字的名家。明陶宗仪《书史会要》曰：“完隶书严整清劲，独步一时。楷书作颜体，行草亦佳。”以作诗论文为乐，有《白岳山人集》传世。以游为乐，沿途探胜寻幽，凭吊古迹；晚年结社吟咏，多有著述。

唐朝时石室岩的最高处名崧台。肇庆民间传说，此乃玉皇大帝宴请各路神仙最好的地方，故曰：“帝觞百神之所。”该石刻位于洞口东侧，明万历四十年（1612）五月十五日朱完手书，规格为 0.95 米 ×2.75 米，隶书，严整清劲，体现了作者以篆意写隶书的独特风采。

【原文】

帝觞百神之所

有明万历四十年五月五日，桐城刘胤昌检勒，南海朱完书。

石刻 13　吴联诗《嵩台千仞削》《蓬莱比肩》

【说明】

吴联，清代福建漳州人。能诗喜武。康熙丙寅（1686）蒲月[①]过端州时，游七星岩，在玉屏岩南路、石室岩洞壁西侧留下题字一则，五言诗一首。康熙辛巳（1701）任端江尉时，菊月[②]游七星岩，赋四言诗一首，刻于石室岩洞口壁东侧北海碑亭东上角。均无题，题目为编者所加。

【原文】

嵩台千仞削

屐齿[③]来登眺，临风万象齐。天空红日近，石耸白云低。

星宿当年聚，名山此日跻[④]。嵩台[⑤]千仞削，拂翠共留题。

蓬 莱 比 肩

辛巳菊月，端江都尉吴联题。

七星峰连，洞壑云烟。居天北斗，峙[⑥]地巍然。

岭南胜迹，蓬莱比肩。携尊较射[⑦]，优焉游焉[⑧]。

归去来兮[⑨]，书以纪年。

【注释】

①蒲月：阴历五月。旧俗谓于端午日以水菖蒲制剑，悬之门，可辟邪，故俗称是月为蒲月。②菊月：阴历九月。其时菊花盛开，故谓之菊月。③屐齿：木底有齿的鞋子，古人游山多用之。李白《梦游天姥吟留别》："脚著谢公屐，身登青云梯。"④跻：登；升。《易·震》："跻于九陵。"⑤嵩台：又称崧台，即石室岩。⑥峙：屹立；耸立。黄遵宪《游丰湖》："罗山峙其西，丰湖绕其左。"⑦携尊较射：意谓一面饮酒赋诗，一面射箭比武。尊，古注酒器，今作"樽"。陆游《杂感》诗："一尊易致蒲萄酒，万里难逢鹳鹊楼。"较，通"角"，竞逐。《孟子·万章下》："鲁人猎较。"射，放箭。⑧"优焉"句：悠闲；闲暇自得的样子。优，戏谑。游，逍遥。⑨归去来兮：归去来，即归去，"来"是语助词。兮，古代诗辞赋中的语助词，相当于现代语中的"啊"。语出东晋陶渊明《归去来辞》。陶渊明任彭泽令，因不愿谀事上司，辞职而归。文章写其归途中和回家后怡悦安适的心情和隐居的乐趣。

【评析】

作者三度游七星岩，一次题字，两次赋诗。诗中所见，作者能文喜武，对七星岩颇有感情。《嵩台千仞削》写登眺之所见所感，文笔清丽，平白自然。以烘云托月的手法，勾画出石室岩之雄奇高峻。尤其以"红日近""白云低"烘托得最为自然，山高太阳自然近，山峻白云自然低。全诗境界辽阔，透露出作者上山时的爽朗豪迈之气。时隔十五年后，作者又一次登临石室岩远眺，此番感觉与十五年前大相径庭，加之生活的磨炼、官场的磨砺，文笔更老练，语言更简洁生动，盛赞七星岩之情更浓烈，所抒之情更精蕴。《蓬莱比肩》除了写"七星峰连""峙地巍然"之外，更重要的是点出了"岭南胜迹"，与蓬莱仙境媲美而无愧。情真意切，这是对七星岩最好的赞喻和评价。“携尊较射，优焉游焉”写得生动传神，如见作者与同僚饮酒赋诗之乐，如闻作者与同僚比武的弓弦声。那种悠闲自得的情趣，确是美煞游人。尽兴之余，一声“归去来兮”，借典故作结。如此收束，必有原因，究属何意？由于对作者生平知之不多，妄加评论，似觉不妥。下面提出三种意见供参考：一是借陶渊明以自况。曲折地反映了浸泡官场多年而怀才不遇的不满情绪，以陶公为鉴，趁早归隐，去过那种闲适的生活。二是活用典故，借景抒情。反映与同僚们同乐的愉快心情，夕阳西挂，该归去了，来日方长，择日重游。这是积极用世的思想，与前者逃避现实、乐天安命的消极思想恰好相反。三是借用名句作结，以丰富诗的内涵，有不尽之意。

石刻 14　朱弘祚文《游七星岩》

【说明】

朱弘祚，字徽阴，一字厚庵，山东高唐县人。清顺治举人，以佥都御史巡抚两粤，后改督闽浙，修河南，卒于工所。其兄朱昌祚，康熙时任山东河南河北三省总督。其子绛，任岭西道观察使；纲，为云南巡抚。

康熙二十九年（1690）九月九日，朱弘祚率文武诸属吏游七星岩，写下游记一篇。

【原文】

游七星岩记

余受命填抚岭南。其明年八月既望①，以摄制府事持两节②莅端州。公廨③内有高阁，可以眺远。遥望七星岩，若卧若立，若拱若揖，若避若匿。烟云明灭，朝夕变幻。每一对之，悠然神往。始至，公务坌集④，文书填委⑤，未暇命驾。越二十余日，事举其纲，吏循其职，人安其业，乃于九月九日率文武诸属吏游焉。

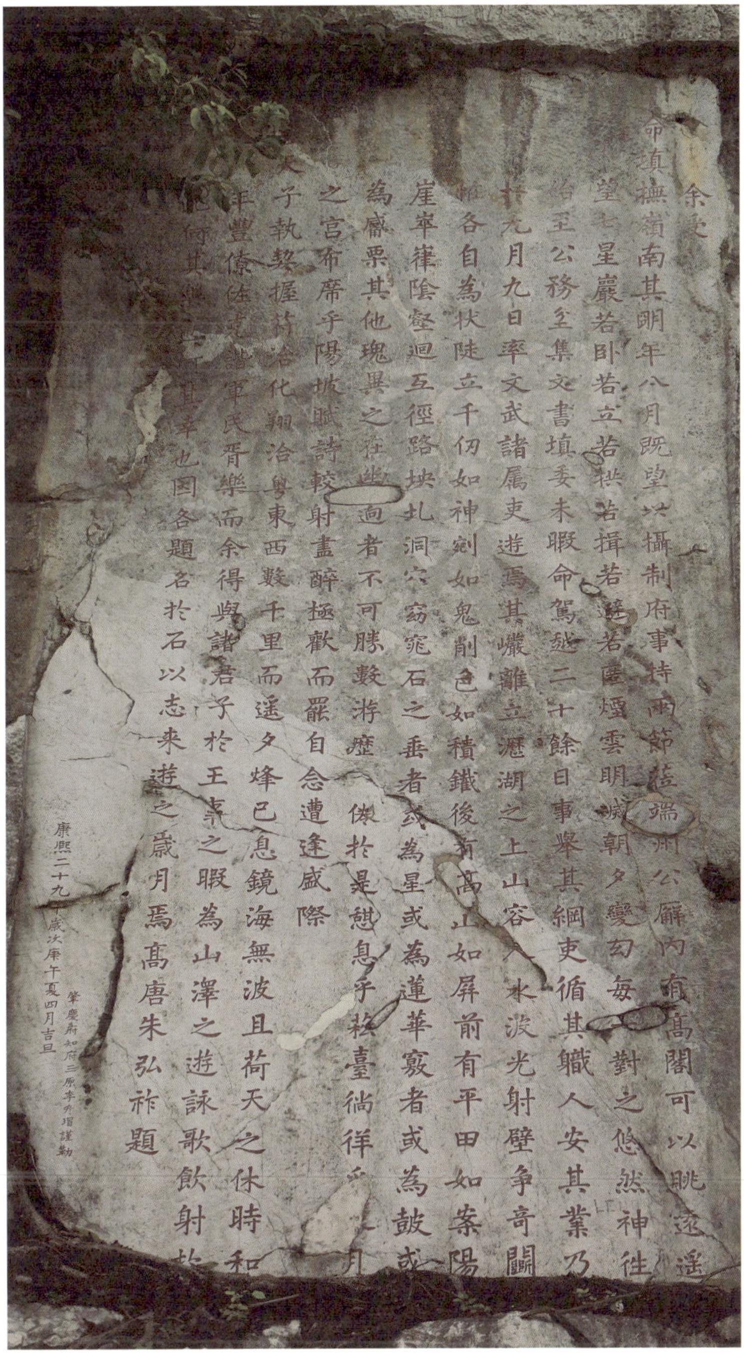
余受
命填撫嶺南其明年八月既望以攝制府事特兩節蒞端州公廨內有高閣可以眺遠遙
望七星巖若卧若立若拱若揖若遊若匿煙雲明滅朝夕變幻每對之悠然神往
紿王公務坌集文書填委未暇命駕越二十餘日事擧其綱吏循其職人安其業乃
於九月九日率文武諸屬吏遊焉其巘離立瀝湖之上山容水波光射壁爭奇鬪
勝各自為狀陡立千仞如神劍如鬼削色如積鐵後有高山如屏前有平田如案陽
崖峯嵂陰壑迴互徑路坱圠洞穴窈窕石之垂者或為星或為蓮華竅者或為鼓或
為廩栗其他瑰異之狀適者不可勝數游歷倚於是憩息乎崧臺徜徉乎月
之宮布席乎陽坡賦詩較射盡醉極歡而罷自念遭逢盛際
天子執契握符治化翔洽粵東西數千里而遙夕烽已息鏡海無波且荷天之休時和
年豐僚佐群諸軍民胥樂而余得與諸君子於王事之暇為山澤之遊詠歌飲射於
此何其幸也因各題名於石以志來遊之歲月焉 高唐朱弘祚題
康熙二十九年歲次庚午夏四月吉旦
肇慶府知府三原李某謹勒

其岩离立沥湖之上，山容入水，波光射壁，争奇斗怪，各自为状。陡立千仞，如神剜[6]，如鬼削，色如积铁。后有高山如屏，前有平田如案。阳崖崒嵂[7]，阴壑回互[8]。径路坱圠[9]，洞穴窈窕。石之垂者，或为星，或为莲华；窍者，或为鼓，或为觱栗[10]。其他瑰异之在幽迥者，不可胜数。游历既倦，于是憩息乎崧台，徜徉[11]乎水月之宫，布席乎阳坡。赋诗较射[12]，尽醉极欢而罢。

自念遭逢盛际，圣天子执契握符[13]，治化翔洽。粤东西数千里而遥，夕烽[14]已息，镜海无波。且荷天之休[15]，时和年丰，僚佐克谐，军民胥[16]乐。而余得与诸君子于王事之暇，为山泽之游，咏歌饮射于此。何其乐也！何其幸也！因各题名于石，以志来游之岁月焉。

高唐朱弘祚题。肇庆府知府三原李彦瑁谨勒。

康熙二十九年岁次庚午夏四月吉旦。

【注释】

①既望：阴历每月十五日为望，十六日为既望。②两节：两个头衔。作者当时以佥都御史衔兼巡抚来两粤，故曰两节。节，符节，古代使者所持以作凭证。③公廨（xiè）：官署。旧时官吏办公处的通称。④坌集：吏人一时聚集。⑤填委：言事文堆积也。⑥剜：用刀宛转以取之。⑦崒嵂（zú lǜ）：山高险峻。⑧回互：回环交错。⑨坱圠（yǎng yà）：高低不平。左思《吴都赋》：“地势坱圠。”⑩觱（bì）栗：亦作“筚篥”，又名“茄管”，簧管乐器，本出西域龟兹（新疆库车一带），后传入中原。以竹为管，上开九孔，管口插有芦制哨子。今民间流传者，称“管子”或“管”。⑪徜徉：自由自在地往来。⑫较射：见吴联诗注⑦。⑬符：古代朝廷传达命令或征调兵将的凭证，用金、玉、铜、竹、木制成，双方各执一半，合之以验真假。⑭夕烽：古时边疆在高台上烧柴以报警之火。引申为战争、战事。此指康熙二十四年（1685）广东人民的反清斗争。夕，不正。烽，烽火。⑮荷：担负。休：荫庇。⑯胥：皆。

【评析】

这篇游记无题，题目为编者所加。其写作年代在清康熙二十九年（1690）九月九日后。其后肇庆府知府李彦瑁把它刻于石室岩洞口壁东侧，规格为3.08米×8.54米，时为康熙三十年（1691）四月初一。

这篇游记与众不同，构思独特，笔法轻松，有局限性，也有历史价值。第一段写远景。先交代自己到端州的任务，再集中写七星岩烟云明灭、变幻莫测、令人神往的远景，以“镜花水月”一心向往之情反衬出七星岩之空灵美。二十余日后才得如愿以偿，亲览胜地。其情真，其心切，跃然纸上。第二段写近景。运用各种生动形象的比喻，描绘了七星岩的湖光山色、奇石怪洞，反映了作者与同僚游览之乐。这段笔法轻松，境界优美，怡然自乐。七座峭拔的石峰错落湖中，山色湖光，交相辉映；鬼斧神工，争艳斗丽；坑谷回环，洞穴幽深，奇石如星似莲，如鼓似管，瑰异香特。饱览之余，则赋诗较射，尽醉极欢，好不痛快。远景近景，色彩斑驳，错落有致，栩栩如生，具有浓厚的诗情画意。第三段记录了作者的一些功业，反映了清初的某些社会现实，其目的则是歌功颂德，粉饰太平。其实，清初的七八十年间，征服者对被征服者实行了残酷的镇压、统治、奴役和掠夺，国内充满了火和剑、血和泪。疯狂的屠杀使得全国人口锐减。大小反清战争此伏彼起。作者如是掩盖，也是阶级局限、时代局限所决定的。

【译文】

康熙皇帝命我安抚岭南。次年八月十六日，我以辅佐统御肇庆府之事，持双符节到达端州。肇庆官署有一座高楼，可以远眺四方。我遥望那七星岩，如横卧似站立，如打拱似作揖，如躲避似匿藏。山上烟云时明时灭，朝夕不同，变幻无穷。每一次对着她，都使我心情舒畅，神往不已。我刚到端州，公务繁忙，人员来往频集，文书纷乱堆积，没有空暇动身前往。过了二十多天，治事有了纲目，官吏能遵循他们的职守，人民安心他们的所业，才于九月九日带领文武百官游览七星岩。

七星岩错落屹立在沥湖上，山的影子倒映水中，波光万道直射岩壁，奇形怪状，争艳斗丽，各有体态。峻峭屹立高千仞，像是神仙用刀转挖过似的，又像是鬼怪用剑刮削过那样，更像积聚在那里的一堆青黑色的铁。后有屏障似的高山拱卫，前有图案般的平田点缀。当阳的山崖高峻危险，阴暗的坑谷回环交错，山径道路高低不平，洞穴曲折幽深。垂挂下来的岩石，有的如星状，有的似莲花开放；有孔穴的岩石，有的如响鼓，有的似簧管吹奏。其余那些美丽奇特而又在僻静深远之处的岩石，数也数不清。游览疲倦了，于是就在崧台休息，在水月宫中自由自在散步，在阳坡上放上座席。赋诗射箭，嬉戏角逐，尽情地饮酒，尽情地欢乐，直至兴尽才止。

我念及皇上的提拔，又生逢盛世（备感欣慰）。当今天子圣明，辛勤地亲理朝政，掌管军事，使国家得到治理，人民得到教养，（因而都）融洽地翔集在天子周围。现在广东广西数千里之遥，“叛乱”的烽火已经平息，就像镜海般平静无波。而且得到天子的荫庇，致使时世和平，年景丰裕，官佐属吏和合相处，军民皆乐。而我得与诸君在处理王事告一段落的闲暇时刻，到这里游山玩水，吟诗放歌，饮酒射箭。多么快乐啊！多么幸福啊！因而各自题名于石，以铭记来游的美好时光。

石刻 15　李邕题字“景福”

【说明】

“景福”石刻为摩崖大字，规格为 2.50 米×1.90 米，楷书。位于洞内东壁近水处，春夏洞内水涨时，两个大字被浸过半，不露全貌。无署名，无年月。北宋熙宁年间，在肇庆做官的康卫诗曰：“天坠北斗星，人间书景福。”明万历《肇庆府志》载，“景福”二字为李邕所书。清朝翁方纲的《粤东金石略》认为“景福”二字是李邕写的。清两广总督李栖凤写诗为证：“北海先生书景福，洞中形胜发山麓。”

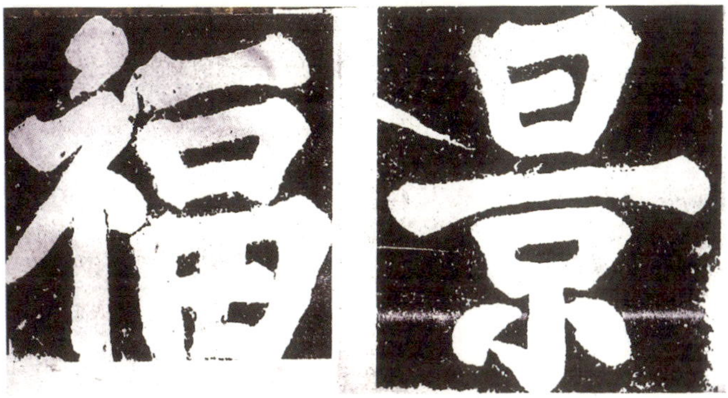

【原文】

景福

石刻 16　包拯题名“与周湛等同至”

【说明】

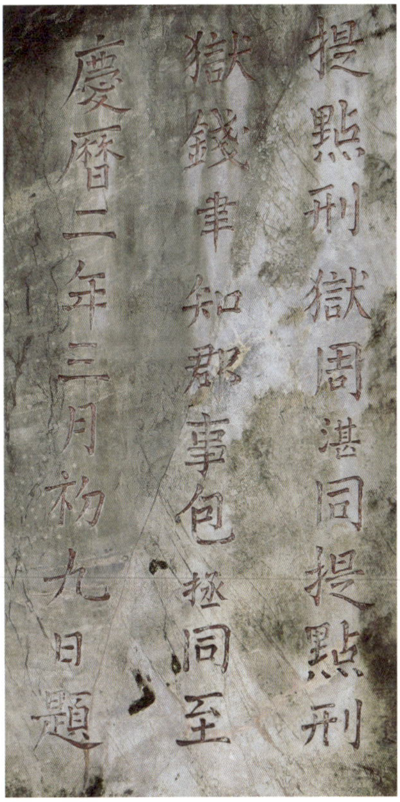

包拯（999—1062），字希仁，安徽合肥人。北宋天圣进士。他为官清廉、明断，颇有政绩。后任龙图阁直学士，又知江宁、开封等府。在朝时，数论斥权幸大臣，上书仁宗明所纳、辨朋党等；在地方则执法严峻，平冤狱，抑豪强，故贵戚宦官无不惮惧，民间称之为“包待制”，京城内传曰：“关节不到，有阎罗包老。”后官至枢密副使。有《包孝肃公奏议》传世。他的事迹在民间广为流传，小说、戏曲多取为题材。作为清官的形象，包公家喻户晓，闻名中外。在端州任职三年，为官清廉，执法如山，一心为民，绝不受贿。兴办水利，开辟农田，创办书院促教育。离任时，端州人民满城相送，包拯不持一砚归。在端州，包公的塑像随处可见，旧府署还存“收妖台”“锁妖井”，三联巷还见“包公井”等古迹；包公当年掷砚成洲的砚洲岛成了游览胜地。

包拯庆历三年（1043）离任升迁。端州人民怀念他，在城内建包公祠纪念他，在砚洲岛建包公楼奉祀他。他在七星岩的手迹光耀大地，他的言志诗仍刻在包公祠内，令人肃然起敬，让贪官胆寒。

周湛，任广南东路提点刑狱，《宋史》有传。周湛任期内，曾帮助两千多被拐卖岭南的人重返家园，救民于水火，是一位好官。

【原文】

提点刑狱周湛，同提点刑狱钱聿、知郡事包拯同至。庆历二年三月初九日题。

石刻 17　包拯诗《书端州郡斋壁》与《砚洲包公楼楹联》

【说明】

《书端州郡斋壁》是包拯在端州任内写的言志诗。明代书法家陈献章手书，刻藏于包公祠内。清代道光三年，状元林召棠在肇庆端溪书院主讲时，手书此诗，亦刻藏于包公祠内。

【原文】

书端州郡斋[①]壁

清心[②]为治本，直道是身谋[③]。修干[④]终成栋，精钢不作钩[⑤]。

仓充燕雀喜，草尽狐兔愁[⑥]。往牒[⑦]有遗训，无贻[⑧]来者羞。

包公守端州时作诗题郡斋，吴川林召棠敬录。

【注释】

①郡斋：郡守的府邸。②清心：意谓廉洁奉公。包拯在端州知军州署内建清心堂。③谋：图谋。④修干：挺拔的树干，喻有优秀道德品质的人。⑤精钢：喻刚毅正直。不作钩：喻坚贞不屈。⑥“草尽”句：包拯曾带领人民扩筑西江堤围，开荒修渠，扩耕地，挖鱼塘。愁，《肇庆府志》作“悲”字，可能是笔误，应为“愁”字，因为全诗押下平声尤韵，而“悲”字则押上平声支韵。⑦牒：札也。旧时的一种公文，书札。⑧贻：遗赠。这里作留下解。

【评析】

比喻，是形象思维的一个重要手段。在古典诗歌中，比喻大概有四个方面：比之以声音，比之以情态，比之以色彩，比之以品格。本诗则以物喻志，用比喻来表现自己的品格：以“栋”之当大任自喻，表明自己要做国家的栋梁；以“精钢”之刚直，喻己之刚毅正直；以“钩”之弯曲，再加一个否定词“不”喻己之坚贞不屈。另外，还以“狐兔”之肆虐，喻世间一切害人虫，并下决心为人民除祸害。这一连串的比喻，就像一朵朵色彩瑰丽的鲜花，闪耀着作者那高贵的品质和人格。这样，一个要廉洁奉公做国家栋梁，要刚毅正直、坚贞不屈，为人民兴利除害的光辉形象就呼之欲出了。

本诗的另一个特点则是散文化和议论化，体现了宋诗的特色。

【译文】

廉洁奉公是治理国家的根本，严守正道是自身的要求。道德品质优秀的人终究要成为国家的栋梁，要刚毅正直坚贞不屈像钢铁那样直而不钩，要粮仓充实民康物阜燕雀喜啾啾，要开荒修渠扩耕地让狐兔无处藏身而发愁。历代圣哲给我留下了宝贵的训示，我决不会给后人留下愧与羞！

【原文】

砚洲包公楼楹联

蹇谁留此中洲，看峡外，孤帆千春人远。

羌美人兮兹土，想河清，一笑百尺流寒。

【评析】

此联构思新颖，就景怀古，借古讽今，大快人心。作者借怀念包公之清廉爱民，哀叹今天之无清官。今天的砚洲岛，是鼎湖区的一个新旅游热点。鸟瞰砚洲，就像一方巨大的端砚安放江中，高雅、庄重、名贵，确是端州的一件瑰宝。2.3 平方公里的岛上，花草遍地，绿草如茵，林带婆娑，村庄掩映。岛的西南端，数百亩宽的沙滩，沙质幼细洁白；水色清莹，是游泳和日光浴的理想地。夕阳西垂，归帆点点，轻浪拍岸，渔歌互答；帐篷草寮，点缀其间；渔灯篝火，相映成趣，轻歌曼舞，烧烤飘香。关于砚洲，有一个顺口溜："游完鼎湖下砚洲，山光水色美尽收。帐篷草寮情趣浓，篝火飘香美味留。"

石刻 18　李调元诗《游七星岩》

【说明】

李调元（1734—1803），字羹堂、赞庵、鹤洲，号雨村、墨庄、童山蠢翁。四川绵州人，清乾隆二十八年（1763）进士，授吏部考功司员外郎。曾得罪权相和珅，充军伊犁，后以母老得释归。乾隆四十二年（1777），因反对刘培章任监利典史，调任提督广东学政。李调元是清代著名戏曲理论家、文学家，诗风雄健挺拔，朝鲜使臣徐浩修曾求其全部诗文归去。著有《雨村曲话》《雨村剧话》《雨村赋话》《童山全集》《全五代诗》《南越笔记》《粤风》等。乾隆四十三年（1778）三月游星湖、鼎湖，赋诗数首，其一刻于石室岩洞口壁。无题，题目为编者所加。

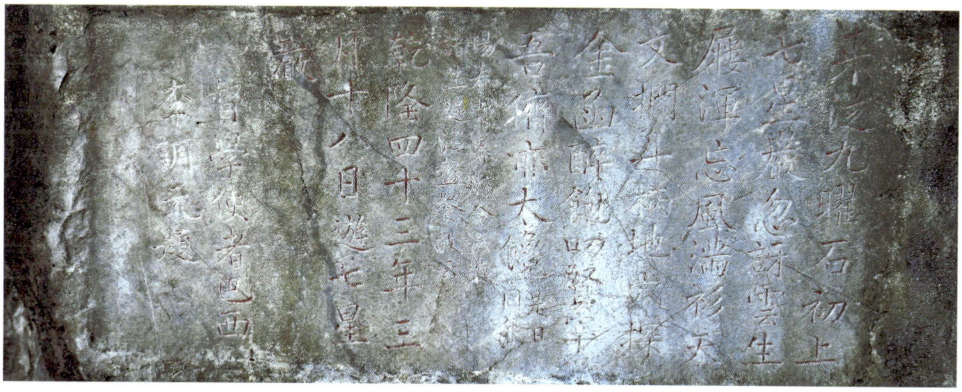

【原文】

游七星岩

来从九曜石[①]，初上七星岩。忽讶云生屦，浑忘风满衫。[②]

天文扪斗柄[③]，地穴探金函[④]。醉饱叨贤宰，吾侪亦太馋。[⑤]

乾隆四十三年三月十八日游七星岩，督学使者巴西李调元题。

【注释】

①九曜石：《南海古迹记》：“九曜石，在西城内，城有湖，水凝绿，列石嵌奇突者九。”②“忽讶”二句：意谓惊讶地发现自己脚踏白云，风满衣衫，此情此景，简直把自己也忘了。此语可能从韩愈《山石》“当流赤足蹋涧石，水声激激风吹衣”化出，不同的是韩诗写山下，李诗写山上。屦（jù），麻履；登山鞋。浑，全；简直。③天文：旧说以日月星辰及风雨霜雪为天文。其实前者是天文，后者是地文。扪：执持；抚摸。斗柄：北斗

七星中的一至四星为斗魁，五至七星为斗柄。④金函：即金匮，此指藏宝的地方。传说玉帝欢宴百神后，将石鼓、石钟、石角和花篮藏在石室岩内。司马贞索隐：“石室、金匮，皆国家藏书之处。”函，匣；匮。⑤“醉饱”二句：作者自注：“是日同年阳春袁春舫，令从游诸生遍沾盘餐，故云。”叨，贪也。吾侪，我们。

【评析】

诗作雄健挺拔，手法浪漫，别具一格。尤以中间二联为佳。对仗工整，形象生动。驾云御风，飘然若仙，上摸北斗，下探宝地。尾联妙趣横生，诙谐至极，使人如见其游览之乐。

石刻 19　真际道人、晓山道人唱和诗

【说明】

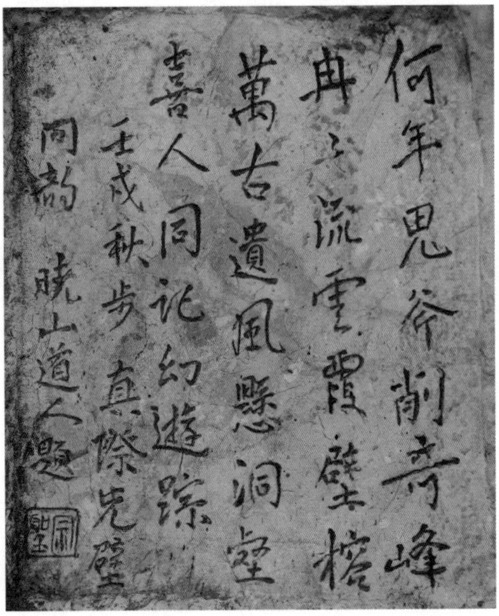

真际道人，亦称真际上人、真际和尚。清初康熙年间玉屏岩晋兴庵住持僧人。由南门上玉屏岩，路旁有“真际和尚题玉屏”石刻。清初诗人屈大均有《送真公还星岩精舍》《题真公坐石小影》二诗赞真际道人。

晓山道人，即董剑锷，字佩公，一字孟威。浙江宁波人。著有《墨阳集》《晓山游草》。洞口西侧上方有其题名石刻。

两位道人于康熙壬戌年（1682）秋作了一组唱和诗，分别刻于石室洞东壁和洞口壁。

【原文】

真际原唱

巨灵一擘耸群峰[①]，峭壁天成挂绿榕[②]。

石室远藏今古迹[③]，洞门深掩杳[④]来踪。

晓山和诗[⑤]

何年鬼斧削奇峰，冉冉[⑥]流云覆壁榕。

万古遗风[⑦]悬洞壑，喜人同记幻游踪。

壬戌秋，步真际兄壁同韵，晓山道人题。

【注释】

①巨灵：巨神。神话传说中，指分开华山的河神。唐代赵彦昭《登骊山》：“河看大禹凿，山见巨灵开。”擘（bò）：分擘。明代王世贞诗：“巨灵擘太华。”②榕：常绿乔木，高四五丈，干既生枝，枝复生根，下垂至地，又复为干，故其荫极广。③“石室”句：指石室藏有无数古今石刻诗文、胜迹及宝物。④杳：深远；见不到踪影。⑤和诗：即唱和诗。和诗时依照所和诗中的韵作诗，大致有三种方式：一是依韵，即与被和作品同在一韵中而不必用其原字；二是步韵，即用其原韵原字，且先后次序都须相同；三是用韵，即用原诗韵的字而不必依照其次序。⑥冉冉：慢慢地；渐进貌。古乐府《陌上桑》：“盈盈公府步，冉冉府中趋。”⑦遗风：原意是前代遗留下来的好风尚。此指石室内收藏之今古迹。

【评析】

唱和诗，最主要的是在内容上要彼此相应，真际道人的原唱赞美七星岩乃神人杰作，洞内幽深古迹多；晓山道人的和诗感叹七星岩之鬼斧神工，洞中宝物悬空挂。一唱一和，处理得十分恰当。在艺术手法的具体运用上，则同中见异，若即若离，各显所长，更有趣的是从中可窥见两位道士的诗风和个性。起句，原唱劈空而来，气势雄奇：巨神显威，两手“一擘”，“轰隆”一声，天降七星，七星岩雄奇挺拔的英姿跃然纸上。和诗就地而起，问我青天：何年派遣鬼斧神工，塑我七星？七星岩峻峭精巧的秀态骤现眼前。第二句，两诗均写石室岩外景，绿榕满壁。第三句，两诗皆写石室岩内景。原唱“藏”字用得奇，给人以神秘感；和诗“悬”字用得妙，给人以空灵感。结句均是借景抒情。原唱感叹洞内之空阔幽深；和诗突出“喜”字，欣欣然与好友同记在尘世中游览之乐。这组诗遵循了严格的唱和方式。诗的主题、题材相同，诗体相同，用韵相同，连押韵字的先后次序也相同。

石刻 20　戴凤岐禁令“泽梁无禁，岩石勿伐”

【说明】

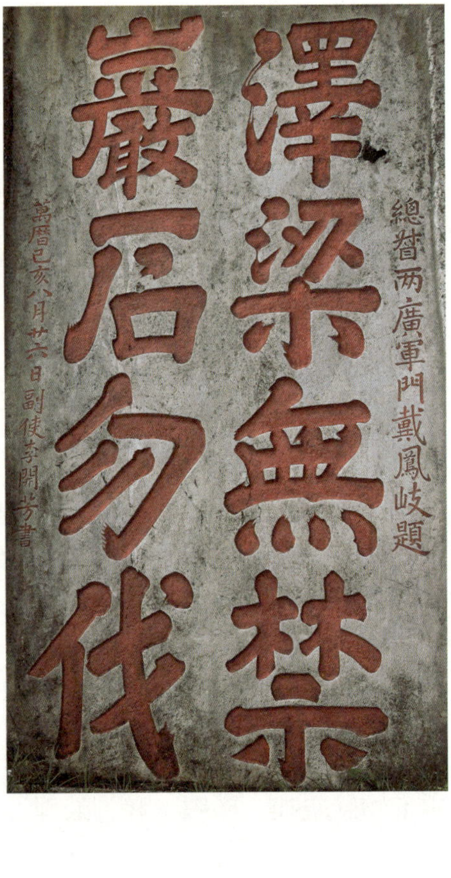

石刻位于洞口东侧，大字楷书，规格为1.64 米 ×3.00 米。两广总督戴凤岐于万历二十七年（1599）八月二十六日题，副使李开芳书。该刻实为总督禁令，刻于岩石中，警于当代，告于后辈，深谋远虑，令人敬佩。禁令谓：在七星湖捕鱼可以不禁止，但破坏山体和岩石则绝不允许。四百多年前的戴总督和李副使竟意识到对自然生态环境保护之重要，令人除了叹服并肃然起敬之外，还应该做些什么呢？

戴凤岐，曾任两广总督。对保护七星岩风景区做过贡献。

李开芳，字伯东，号还素，人称“鹏池先生”。明福建永春人。工书法，善画山水、花鸟、竹石。万历进士，历任广东按察司副使、江西布政使。官至南京太仆寺卿。李开芳对建设七星岩风景区有很大的贡献，曾与吴桂芳、黎民表等开辟七星岩20景。

【原文】

泽梁无禁，岩石勿伐。

总督两广军门戴凤岐题，万历己亥八月廿六日，副使李开芳书。

石刻21　日本群岛今水和陇西王铁峰文《奇峰峰上见东风》《奇冠群峰》

【说明】

该石刻记叙了林安远、王铁峰、李道闲、陈肇基等与日本商人今水、记者东幸治欢聚并遍游七星岩，盛赞七星岩奇峰突起的壮观。

林安远，即林少梅。民国五年（1916），岑春煊在肇庆设军务院，反对袁世凯，林安远奉岑之命到肇庆任职。

岑春煊，广西西林县人，壮族。清末曾任两广总督，推行新政，有点成绩，与袁世凯政见不合。1913 年 7 月孙中山派章士钊说服岑春煊出任讨袁军大元帅。8 月，讨袁军失利。1916 年，岑春煊出任两广护国军都司令。袁世凯死后，孙中山在上海号召展开护法斗争。岑春煊在肇庆通电拥护。以陆荣庭、岑春煊为首的旧军阀统治了广东。1917 年 9 月 1 日，非常国会在广州选举岑春煊为军政府主席总裁，孙中山愤然离开广州。1920 年 8 月，孙中山令陈炯明回师广东驱逐军阀，取得胜利。10 月 24 日，岑春煊通电解除总裁职务，离开广东。1933 年，岑春煊去世。

王铁峰，清末广东郁南人。曾应县学试，列优等。壮年设馆授徒，从政修志。毕生致力书法艺术，颇有神韵。

陈肇基，清末广东化州人。参加孙中山领导的革命党。1916 年到肇庆与护国军务院联络。后任两广水陆少将游击司令。旧桂系军阀反对孙中山，陈肇基策反军阀，被害，年仅 36 岁。

日本商人和记者曾到肇庆试探肇庆军务院的政治取向，起到一定的作用。

两则石刻，对中日两国人民的交往史、民国时反袁护国的斗争史，都有一定的参考价值。

【原文】

奇峰峰上见东风

民国大正五年六月念五[①]，与林少梅先生同游有感，敬书泐[②]石，以为纪念。日本郡岛今水书。

奇冠群峰

民国五年六月夏间，随陈兰兄恩波，办理边防稍宽，适奉都司令岑公命赴肇[③]。公余忽耳七星岩之胜，游兴勃然。遂邀李道闲、陈肇基、日商郡岛、日本国民新闻社记者东幸治诸先生遍游诸岩。觉洞天福地，别有人间，胸际廓然，万念俱壮。语曰：“粤西多奇峰。”今兹岩之胜，讵多让哉[4]！爰命工镌石[5]，以志因缘[6]。潮州林安远撰，泷西王铁峰书。

【注释】

①大正：日本大正天皇年号（1912—1926）。民国五年和大正五年同是1916年。念五：二十五日。念，二十曰“念”。②泐（lè）：通“勒”，刻也。③岑公：指岑春煊。是年岑春煊在肇庆设军务院反袁世凯。作者林安远（即林少梅）奉岑春煊之命到肇庆。④讵（jù）：岂；难道。让：谦让。⑤爰：于是。镌（juān）：凿；刻。⑥志：记。因缘：机缘。

石刻22 区永年文《与吕章等同游》

【说明】

该石刻记录了南宋时中原汉族人大量南迁，定居肇庆的历史。石刻中22人同游七星岩，其中六人来自中原，且多是河南人。

《宋史·宗室世系表》载：赵彦縚是申王赵德文七世孙，赵漉夫是广陵郡王赵德雍八世孙，赵若檏是广陵郡王赵德雍十世孙。三人皆宋宗室。

《宣统高要县志》载：梁岩叟是肇庆渡头梁化四世祖，其先祖为河南省洛阳人。李德秀，原名李檏。德秀是其字，非大名。石室岩有其石刻诗为证。他是高要芙罗村李氏始祖，其先祖亦是河南人。黄天祐，是高要县金利区金湾里黄氏始祖之一，其先祖是河南省潢川县人。

上述史料，与《南雄珠玑巷人南迁史话》（中山大学出版社，1991 年）中记述的南迁史有关。宋宁宗时（1195—1224），珠玑巷为逃避兵灾，97 户 45 姓居民向南大迁徙，历时数年。

【原文】

星岩，端之胜概。嘉熙戊戌岁重阳之明日，区永年、吕章、李德秀、伦冠卿、杨天起、区亿年、林时英、梁延祖、李伯震、卫观光、梁光祖、李伯常、赵彦鉊、张攀龙、邓宾之、黄天祐、陈英元、梁岩叟、李秀英、叶达可、赵溎夫、赵若樸同游。

石刻 23　康田诗《游七星岩》

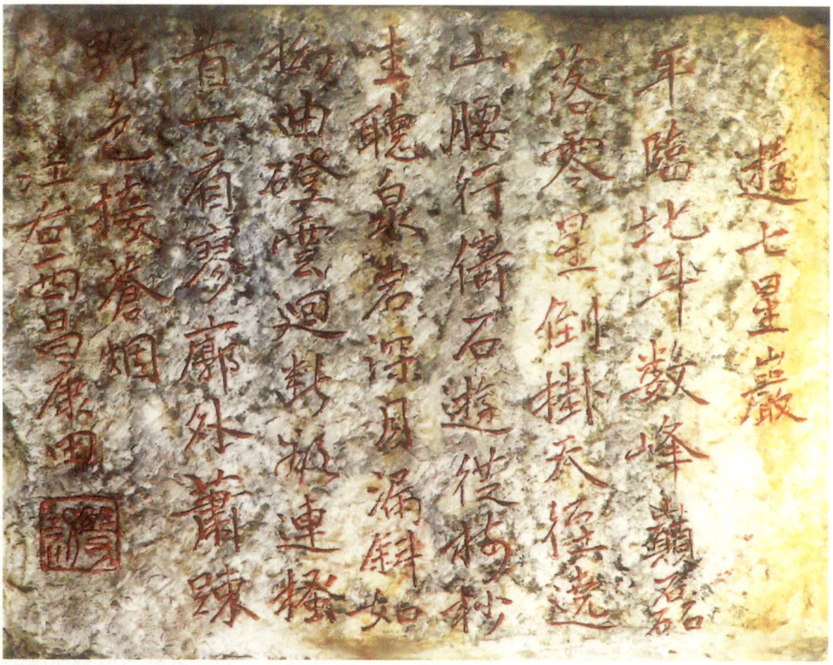

【原文】

游七星岩

平临北斗数峰巅[①]，磊落零星倒挂天[②]。

径绕山腰行倚[③]石，游徙树杪坐听泉[④]。

岩深月漏斜如拗[⑤]，曲磴云回断欲连[⑥]。

搔首一看寥廓外[⑦]，萧疏[⑧]野色接苍烟。

江右西昌康田。

【注释】

①北斗：传说七星岩乃北斗七星所化。巅：自高陨下。②磊落：错杂不一。倒挂天：七星岩浮于碧波中，形影相随，水天一色，故若倒挂天上。③倚：作依傍解。④徙：迁移。树杪：树木的末梢。孙觌《西山超然亭》："孤亭坐林杪，俯见飞鸟背。"此句谓玩累了就攀着树梢听泉声。⑤漏：穿也。拗（ǎo）：用手折断。温庭筠《达摩支曲》："捣麝成尘香不灭，拗莲作寸丝难绝。"此句谓月光穿过深岩，像是用手折断似的曲折斜行。⑥曲磴：盘曲的石级。回：运行；环绕。⑦搔首：以手搔发且有所思。寥廓：天上宽广之处；空阔。《楚辞·远游》："下峥嵘而无地兮，上寥廓而无天。"⑧萧疏：稀稀落落。

【评析】

该诗作者的年代、生平均不详。可能是江西省人。该诗首联气势不凡，生动传神。尾联似有"哀吾生之须臾"之感，情调低沉。余则平平无奇。不过，刻诗处正当洞口，又在"七星岩"三个大字之下，故游人多在此驻足观赏、留影，因而略加注释，以利游者。

石刻24 郭祥正赋《石室游》

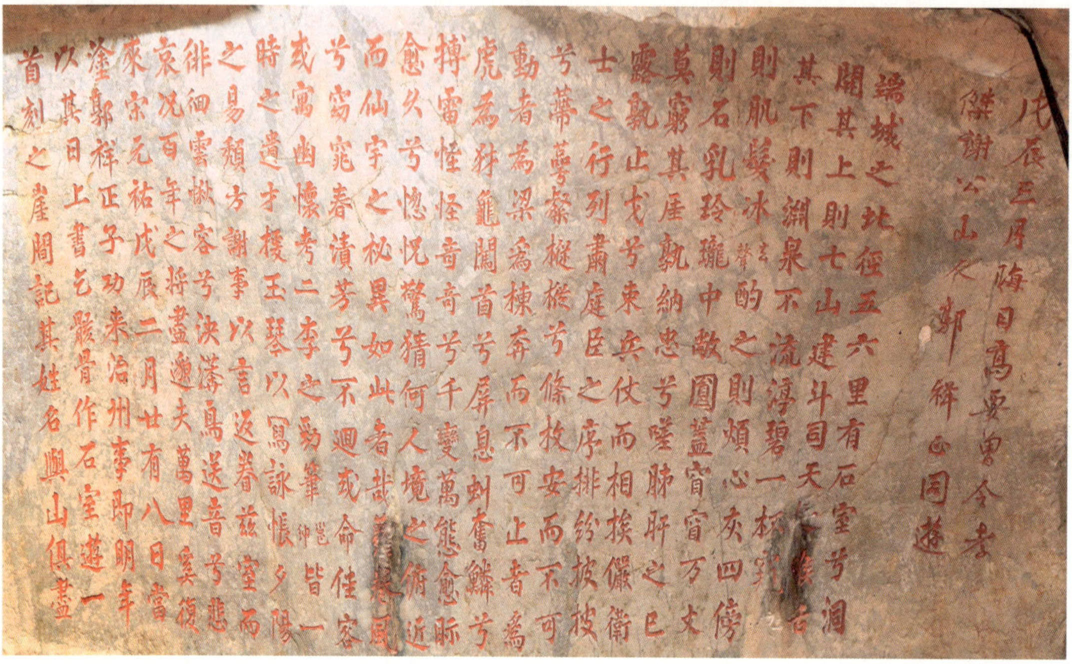

【说明】

郭祥正，字功父，安徽当涂人。北宋初期有名的诗人。少有诗名。诗人梅尧臣称他为“太白后身”。举进士，官至殿中丞。但仕途坎坷，很不得意。宋神宗时，拥护王安石变法，奏请一切皆依王安石新法行事，却不为王安石所理解。随后出任端州太守。《广东通志》载：郭在端州时，“自谓留心政术，以靖蛮方，不宜赋诗。然时吟一篇，世争传之，民乐其诗书之化”。不久，弃官归隐于原籍青山（谢公山），自号谢公山人，著有《青山集》。

郭祥正元祐戊辰（1088）年三月游石室岩，写下文赋《石室游》，后刻于石室岩洞内东壁。

【原文】

石室游

戊辰三月晦日，高要曾令孝杰、谢公山人郭祥正同游。

端城之北，径五六里，有石室兮洞开。其上则七山建斗，司天之喉舌①；其下则渊泉不流，渟②碧一杯。窥之则肌发冰（玄声），酌之则烦心灰。四傍则石乳玲珑，中敞圆盖，窅窅③万丈，莫穷其厓。孰④纳忠兮，嗟肺⑤肝之已露；孰止戈兮，束兵仗而相挨⑥。俨卫士之行列，肃庭臣之序排。

纷披披兮蒂萼⑦，灿枞⑧枞兮条枚。安而不可动者为梁、为栋，奔而不可止者为虎、为豺。龟阔首兮屏息⑨，虬⑩奋鳞兮搏雷。怪怪奇奇兮千变万态，愈视愈久兮惚恍惊猜⑪。何人境之俯近⑫而仙宇之秘异如此者哉？

萝卷风兮窈窕⑬，春渍⑭芳兮不回。或命佳客，或寓幽怀。考二李⑮之劲笔（邕绅），皆一时之遗才。援玉琴以写咏，怅夕阳之易颓⑯。方谢事以言返，眷兹⑰室而徘徊。云愀容兮泱漭⑱，鸟送音兮悲哀。况百年⑲之将尽，邈夫万里奚复来⑳。

宋元祐戊辰二月廿有八日，当涂郭祥正子功来治州事，即明年，以其日上书乞骸骨，作石室游一首，刻之崖间，记其姓名，与山俱尽。

【注释】

①喉舌：本指语言之关键。后引申为上级的代言人。这里比喻为险要之地。②渟（tíng）：水积聚而不流通。《史记·李斯列传》："禹凿龙门，通大夏，疏九河，曲九防，决渟水致之海。"③窅窅（yǎo）：同"窈窈"，深邃貌。韩愈《剥啄行》："窅窅深堑，其墉甚完。"窅，目深貌。④孰：谁；哪

个。《论语·微子》："四体不勤，五谷不分，孰为夫子？"⑤胏（zǐ）：即胏石，是"肺石"之误。相传古时在朝廷门外设赤石，百姓可以站在石上控诉地方官吏，因色赤如肺而得名。《周礼·秋官·大司寇》："以肺石达穷民。凡远近茕（qióng）独老幼之欲有复于上而其长弗达者，立于肺石三日，士听其辞，以告于上而罪其长。"⑥挨：靠拢；亲热。⑦披披：杂沓；纷乱。蒂：花或瓜果跟枝茎相连的部分。萼：花萼，萼片的总称。萼位于花的外轮，一般呈绿色。⑧枞：木名。广东、湖南一带读"松"如"枞"，故枞树即松树。但在湖北却指冷杉。一说谓耸峙，向上翘起。⑨闯：出头貌。屏息：由于注意或恐惧而不敢出大气。⑩虬（qiú）：古代传说中的一种龙。⑪惚恍：神思不定。惊猜：惊骇。⑫俯近：即接近、靠近之意。⑬萝：女萝，即薜萝。薜，薜荔。《楚辞·九歌·山鬼》："若有人兮山之阿，被薜荔兮带女萝。"山鬼以薜荔为衣，以女萝为带。后用以称隐士的服装。窈窕：美好貌。⑭渍：浸渍。⑮二李：指唐代的李邕和李绅。"二李"均在石室岩留下真迹。⑯怅：懊恼。颓：落下。陶弘景《答谢中书书》："夕日欲颓，沉鳞竞跃。"⑰兹：此。⑱愀（qiǎo）容：容额变色；凄怆貌。泱漭：亦作"泱莽"，不明貌。谢朓《京路夜发》诗："晓星正寥落，晨光复泱莽。"⑲百年：即百岁。古人认为人生不过百年，因以为死的讳称。《诗·唐风·葛生》："百岁之后，归于其居。"⑳邈：远。奚：何；胡。

【评析】

这篇文赋分三段。起笔点出石室岩的方位、地貌，然后集中描写泉水之清静冰凉，石钟乳之玲珑，石室洞之宽敞与深邃无边。身临美境，油然而生伤怀之情，抒发自己整肃朝政、安邦报国的伟大抱负。第二段主要描绘千姿百态的怪怪奇奇的岩石，赞叹石室岩乃人间仙境。而当自己的抱负无法实现时，自然产生苦闷、悲观的情绪，因而第三段就借游仙和考究"二李"之真迹以抒怀才不遇之情，流露出清心寡欲、知足保和以及与世无争的隐逸思想。这与作者后来自端州弃官归隐青山之举是吻合的。因而可以说，本文赋是作者当时心迹的表白，也是研究作者晚年思想的重要佐证。其消极因素自然要剔除，其历史价值却是不容忽视的。

写景、抒情、议论熔于一炉，浑然一体，是本文赋显著的艺术特点。第一段通过描绘洞内美景，创造出一个清幽奇异的艺术境界，以此与现实世界做了一个非常巧妙的对比，委婉地抨击了朝廷的腐败、社会的黑暗与混乱，抒发了自己支持王安石变法、整肃朝纲、安邦报国的伟大抱负。此外，“何人境之俯近而仙宇之秘异如此者哉”同样通过写景，反映现实，抒发己见。“考二李之劲笔，皆一时之遗才”，景、议、情非但浑然一体，而且一针见血地指斥当局排挤他不重用他，以致使他空有抱负而报国无门。在政治上失意、思想上苦闷的情况下，借游仙，寄情琴诗，放浪山水以自遣，这当然是封建文人的阶级局限之所致。“云愀容兮泱漭，鸟送音兮悲哀”，则是融情入景而不露痕迹的妙笔。在一片愁云与哀声中，作者万念俱灰、与世无争的弃官归隐思想暴露无遗。“况百年之将尽，邈夫万里奚复来”，结得缠绵悱恻，余音袅袅，今天读来，仍觉凄然。

本文赋的另一特色是文字优美，流畅自然，生动形象。好词佳句，比比皆是。如“渊泉不流，渟碧一杯”，勾勒出一种幽深静谧的画面，给人以幽美舒坦的感觉。“龟闯首兮屏息，虬奋鳞兮搏雷”，赋予岩石以生命、知觉和感情。“闯”字刻画石龟刚伸出头来又想缩回去那一瞬间的感情变化，何等传神！“奋”字写出龙飞之前鳞甲闪动、抖擞有声的势态，大有呼之即出之感。“搏雷”一词，使龙将击风雷、遨游太空的雄姿呈现眼前，何等生动！

此外，本文赋以散体的笔调为主，虽间有押韵和四六骈偶的句式，但对偶并不十分严格，而且虚词较多，用韵（以灰韵为主，间以佳韵）错落有致，声调和谐，语句圆融轻快，既保留了传统赋的形象性和音乐美的特质，又突破了六朝到唐代的骈赋、律赋的凝重呆板的格式，形成宋代文赋的一种特色。

【译文】

端城的北面，沿着小路走五六里，有一座天然的石室迎面敞开。（站在）它的上方（一瞧），赫然是七座石岩，它们井然有序地布列成北斗星座的形状，掌管着通往天界的险要道路；（来到）它的下面（一看），（石室里）是没有出口的深泉，这凝聚着的泉水很像碧清清的美酒一杯，看一眼会使你骤感全身凉透舒服，饮一口会使你烦躁尽消。（石室里）四边都倒悬着体态玲珑的钟乳石，中间高朗宽敞，像个大圆盖，深邃万丈，简直无法寻到边崖。（面对如此庄严肃穆的岩洞，我不禁要问）：谁接纳忠言啊！唉，即使穷民诉苦的肺石已摆出来（也没有用）。谁去平定暴乱、止息兵戈啊！把所有的兵器收藏，让双方挨肩坐谈。整顿卫士们的行列使之整齐威严，整肃纲纪使朝廷的臣子们有一个序排。

（那岩石的形状）杂沓纷乱像蒂似萼，耸峙闪耀像松树的枝干。那些安而不动的岩石似桥桩、若栋梁，奔而不止的似虎豹、若狼豺。石龟刚伸出头却又屏气静听，畏怕张望。（那石龙就不同了），它张鳞舞瓜搏击风雷。奇奇怪怪千姿百态，愈看愈久，你会觉得神思不定，惊骇疑猜。为什么这座接近人间世界的仙宫却如此神秘奇异呢？在和风中披上薜荔系上女萝而飘行，多美好！在春风中浸渍休息以复苏，我不回！或者邀集志同道合的好友，也许寄寓隐逸思古的情怀。考究唐代名人李邕、李绅留在石室的手迹，我发现他们都是被遗弃的奇才。弹起心爱的琴弦，抒写我的咏叹，我懊恼夕阳是多么的容易下坠。刚刚推开了琐事想回去，却又慕恋石室而流连徘徊。（此时）云霞的容颜突变，天空也暗淡无光；鸟儿送走了余音，声调多么悲哀。何况我已将近百岁，家在万里之遥，今后我哪有机缘再来！

石刻 25　杨备诗《玉洞云深》

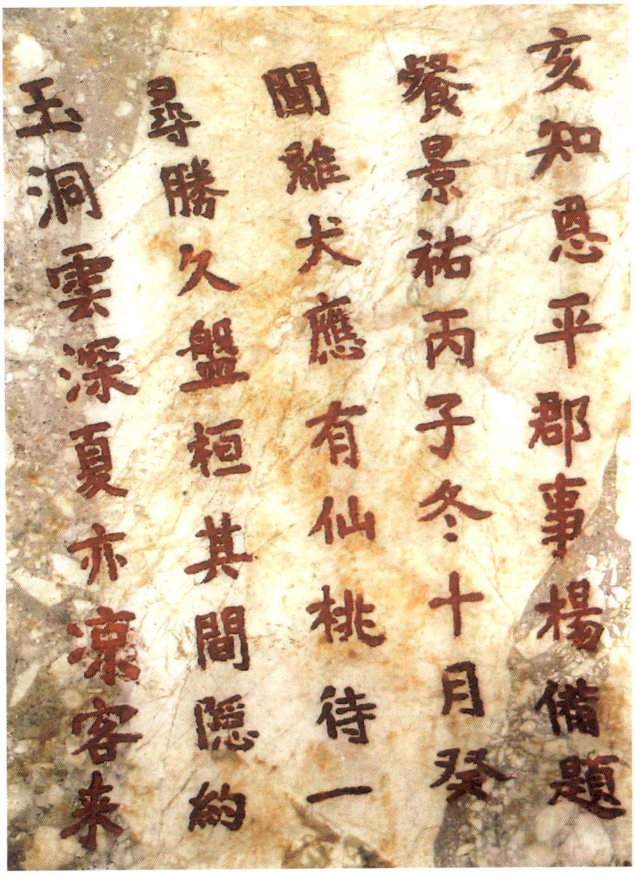

【说明】

杨备，别字修之，福建浦城人。宋初诗人，著有《姑苏百题》《金陵览古诗》等。官至尚书虞部员外郎，分司南京。宋仁宗时曾任恩州（郡治在今江门恩平市）知郡事。杨备景祐丙子年（1036）冬十月游七星岩，写下七绝一首，无题，题目是《肇庆历代诗选》（广东人民出版社，1986 年）编者所加，刻于石室洞东壁“景福”摩崖大字上方。

【原文】

玉洞云深

玉洞云深夏亦凉，客来寻胜久盘桓。
其间隐约闻鸡犬，应有仙桃待一餐。
景祐丙子冬十月癸亥，知恩平郡事杨备题。

【评析】

这首小诗，初读似觉平淡无奇，反复吟之，便觉诗中别有天地。它的艺术魅力不在于华丽的辞藻，而在于其丰富的内涵。诗贵精，以精练的语言道出深广的内涵才是好诗。该诗第一句写景，第二句寓景于情。落笔用语不凡，“夏亦凉”三字，不禁使人想起杜牧《阿房宫赋》：“一日之内，一宫之间，而气候不齐。”此句亦取其意，极言石室岩的幽深广阔和奥秘。第二句直抒对此奇岩异洞的留恋之情，以“久盘桓”三字和盘托出，又引出后面不同寻常的佳句：是什么使作者“久盘桓”呢？原来是“隐约闻鸡犬”，既然这里就是神仙的世界，那么定然会享受到一餐蟠桃仙果了吧。这里不直接描绘石室岩的美景，而是借助优美的神话传说，给石室岩罩上一层朦胧而又神秘莫测的轻纱，引起读者无穷遐想，产生强烈的向往之情。这比直接的描写更高一筹，因而也更耐人寻味。

石刻26　黄公度诗《题石室岩》

【说明】

黄公度（1109—1156），字师宪，福建莆田人。宋绍兴八年（1138），进士第一。任秘书省正字，坐贻台官论时政，罢为主管台州崇道观，过分水岭，题诗有“谁知不作多时别，依旧相逢沧海中”之句。时赵鼎方谪潮阳，谗者谓此诗指鼎而言，遂触秦桧之怒，贬肇庆通判，代摄南恩州（今江门恩平市）事。黄公度在端州，增拨学谷，颇有善政。人民爱戴他，为他塑像立祠，以资纪念。桧死召还。黄公度是著名诗人，诗学杜甫，而自成一家。著有《知稼翁集》十一卷，《知稼翁词》一卷。在端州时，赋诗颇多，石室岩东壁有其石刻诗一首，写于绍兴甲戌（1154）正月。

【原文】

题石室岩

天上何时落斗星[1]，化为巨石罗翠屏。
洞拆三义[2]盘空曲，壁立万仞穿青冥[3]。
客寻旧路不知处，龙去千载犹闻腥[4]。
欲访仙子问真诀[5]，岩扃寂寂水泠泠[6]。
壶山黄公度师宪，绍兴甲戌正月上浣题。

【注释】

①落斗星：《肇庆府志》："七星岩列峙如北斗。"民间传说七星岩系北斗七星所化。②洞拆三义：石室岩内分大岩、西岩、黑岩，连接而曲折。李邕《石室记》："密微微而三分地道。"③青冥：青天。④"龙去"句：黑岩中有龙床，传说从前有龙蟠卧其上。此外还有大小石龙十数，龙井一口。⑤"欲访"句：传说七星岩为玉帝宴请百仙之处。真诀，真经。⑥"岩扃"句：意谓到底没有仙子。岩扃，岩门。泠泠，形容声音清越。罗含《湘中记》："衡山有悬泉，滴沥岩间，声泠泠如弦音。"

【译文】

啊！
上天
何时飘下了北斗七星！
变成
排列有致的
翠绿的七座石屏。
石室洞
三岩连绵
幽深曲折，
石室壁
高万丈
直插青冥。
幽深曲折，
欲寻归路无觅处。
千载悠悠龙归去，
至今还闻龙味腥。

昔闻玉帝宴百仙，
我寻仙子取真经，
岩门开处静悄悄，
只听流水声泠泠。

石刻 27　赵廱诗《古端有奇胜》

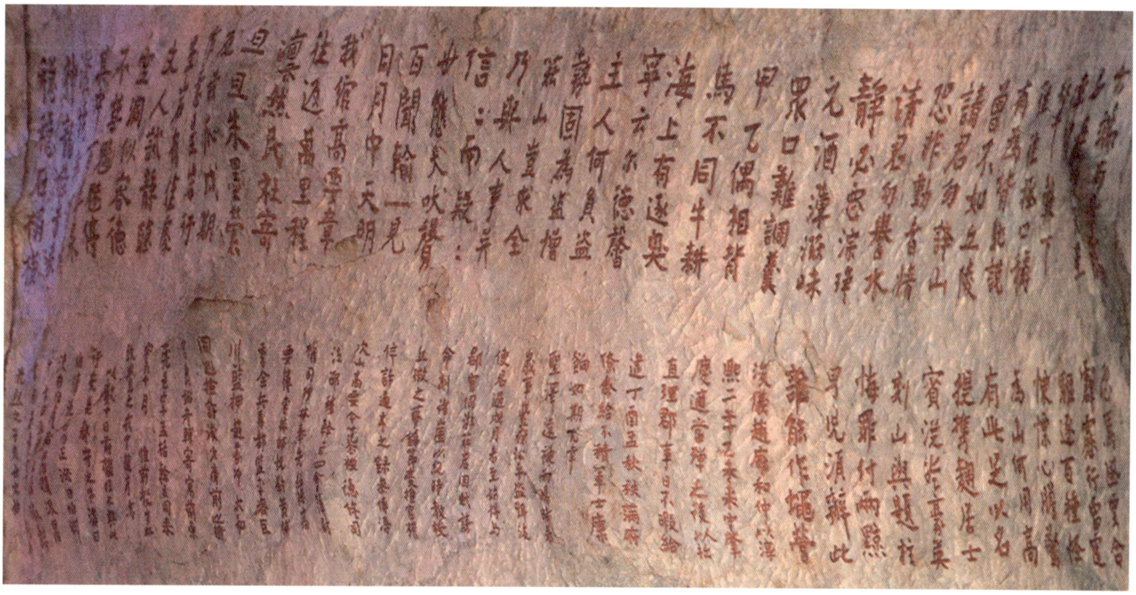

【说明】

赵廱（yōng），南宋山西闻喜县人。是宋代抗金名相赵鼎（1085—1147）的孙子。赵鼎因力主抗金，遂与高宗、秦桧不合，被秦桧贬到泉州、潮州、海南等地，由于对统治者不满，抗金无门，不食而死。赵廱诞生和生长的年代，正是宋代封建王朝腐败不振、国家遭受女真族统治者侵略压迫的时候。他于淳熙二年（1175）来肇庆任郡守。淳熙四年（1177）十月，与郡官同游七星岩，赋五言长诗一首以言志，刻于石室洞内西壁。无题，题目为编者所加。

【原文】

古端有奇胜

古端有奇胜，名岩拟天星。传闻辇毂下[①]，往往极口称。
有为背驰说[②]，曾不如丘陵。请君勿夸山，恐非动者情。
请君勿誉水，静必恶淙琤[③]。元酒薄滋味，众口难调羹。
甲乙偶相背，马不同牛耕。海上有逐臭[④]，宁云尔德馨[⑤]。
主人何负盗[⑥]，势固为盗憎。兹山岂求全，乃与人事并。
信信而疑疑，世态[⑦]犬吠声。百闻输一见[⑧]，日月中天明。
我绾高要章[⑨]，往返万里程。凛然民社[⑩]寄，旦旦朱墨萦[⑪]。
及兹瓜戍期[⑫]，作意星岩行。星岩有佳处，丈人试静听[⑬]。
空洞似容德[⑭]，不禁魑魅[⑮]停。其中百寻泉，澄挠无浊清[⑯]。
神龙倏兮来[⑰]，稳稳石榻横。忽焉风云合，霹雳行雷霆[⑱]。
驱逐百种怪，慄慄心胆惊。为山何用高，有此足以名。
提携龋居士[⑲]，宾从[⑳]尽豪英。刻山与题柱[㉑]，悔罪付两[㉒]黥。
男儿须辨此，谁能作蝇营[㉓]。

【注释】

①辇毂（niǎngǔ）下：旧指京都，犹立在皇帝车驾之下。司马迁《报任少卿书》："仆赖先人绪业，得待罪辇毂下，二十余年矣。"②背驰：犹言背道而驰，比喻彼此相反。③"静必"句：意谓洁净的琤琤甘泉也有污秽的地方。淙琤，形容水石相击声。④逐臭：《吕氏春秋·遇合》："人有大臭者，其亲戚兄弟妻妾知识无能与居者，自苦而居海上。海上人有悦其臭者，昼夜随之而弗能去。"后因以"逐臭"比喻嗜好怪僻，与众不同。⑤尔德馨：即尔馨，晋时口语，犹言如此。⑥何：通"呵"，呵斥。负盗：担负着

盗贼的罪名。⑦世态：世俗的常态。旧时多指趋炎附势而言。⑧“百闻”句：即百闻不如一见。⑨绾：控制。章：印章。⑩民社：谓民人与社稷也。⑪旦旦：日日。朱墨：谓在所读的书上用朱笔和墨笔分别批点。旧时也指在官府文书上用朱墨二色加批。萦：缠绕，引申为牵挂。⑫瓜成期：即瓜期，或瓜时、瓜代。《左传·庄公八年》记载：春秋时齐国在头一年瓜熟时派兵防守边境，约定“及瓜而代”。就是说到明年瓜熟时派部队去替换他们回来。后来指任职期满换人接替叫瓜成期。作者于诗后题记云：“丁酉孟秋秩满。”⑬“丈人”句：语出杜甫《奉赠韦左丞丈二十二韵》：“丈人试静听，贱子请具陈。”古时对老人或前辈尊称丈人。⑭“空洞”句：意谓石室洞空阔，四时充满旺气。德，四时旺气也。⑮魑（chī）魅：古代传说中山泽的鬼怪。⑯“澄挠”句：意谓泉水清澈干净，即使搅动它，也不会有半点儿浑浊。⑰“神龙”句：详见李邕《端州石室记》注。倏，原意为犬疾行，引申为忽然、疾速。⑱雷霆：疾雷。⑲提携：谓挈之以行。麹：酒母，引申为酒。居士：旧时那些自命清高的人的自称。⑳宾从：宾客和仆从。㉑题柱：传说司马相如初西去，过升仙桥，题柱曰“不乘高车驷马，不过此桥”。㉒两：与“魉”同。古代传说中的山川精怪名。㉓蝇营：像苍蝇一样营营往来。比喻不顾耻辱，到处钻营。韩愈《送穷文》：“蝇营狗苟，驱去复还。”

【评析】

在民族矛盾异常尖锐的南宋时代，北方广大人民在金兵的铁蹄下痛苦呻吟，而庸懦的南宋封建统治者却偏安江南，过着屈辱而又骄奢淫逸的生活。国家的命运、民族的前途紧压着每一个正直的人的心。作者的诗作，正体现了人民爱国御侮的心声，是时代的一面镜子。

这首五言长诗，熔叙事、写景、议论和抒情于一炉，体现了宋诗散文化、议论化的特点。全诗五十句，分三层。第一层以二十四句的篇幅，借对七星岩奇胜的议论，以辩证的观点，分析世上截然不同的两种人的作为，指斥统治者的庸懦、趋炎附势者的祸国殃民。开篇即点“古端有奇胜”，然后借京都内外对星岩毁誉不一的评论，分析今天居然有人以“逐臭”为生（“海上有逐臭，宁云尔德馨”），诬陷人民以盗为业（“主人何负盗，势固为盗憎”），揭露社会香臭不分、人盗混淆的腐败与黑暗，指斥卖国求荣者之无耻行径，道出了广大人民对统治集团切齿痛恨的心声。“世态犬吠声”是这一层的中心，极其形象地刻画出大小走狗横行城乡、趋炎附势、卖国求荣的丑恶嘴脸。第二层以八句记事，记述了任职两年多来未能到星岩游览的原委，从中可见作者克己奉公、尽忠国家的优秀品质，与卖国求荣者形成了鲜明的对比。第三层先以十句写景抒情，再以八句议论作结。

作者笔下的石室洞，宽阔且充满福气，到处是一片清平景象，妖魔鬼怪绝迹。这是作者想象中的理想世界。为了实现这个理想，他要请来“神龙”和“风云”，来个“霹雳行雷霆”“驱逐百种怪”，使胆敢蹑足这个世界的魔怪胆战心惊。这里既写了石室洞的奇景，又表明了誓逐魔怪，建立理想世界的心愿。“为山何用高，有此足以名”，这里从唐代诗人、朴素唯物论者刘禹锡的名句“山不在高，有仙则名”化出，既是对七星岩实事求是的总评，又是作者美好心愿的表白，手法相当高明。最后希望真正的男儿们要做叱咤风云的英豪，不“逐臭”，更不能“绳营”。反问作结，情真意切，立场鲜明，态度坚决，给人以信心，给人以力量。这是七星岩石刻诗中仅有的充满时代精神的抗金爱国诗篇。

石刻 28　叶南仲诗《游七星岩》

【说明】

叶南仲，福建侯官人，宋高宗绍兴二年（1132）进士，曾任朝散郎、知新州（今新兴县）军事等职。绍兴乙丑（1145）春游星湖，赋七律一首，刻于石室岩西壁。

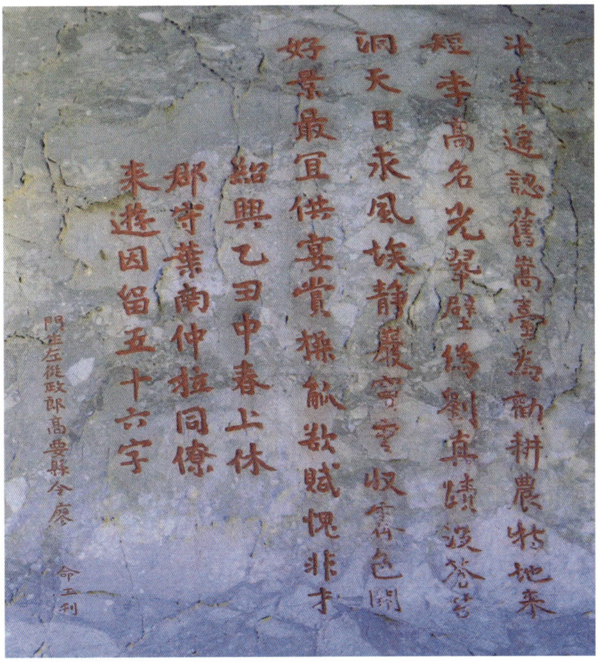

【原文】

游七星岩

斗峰遥认旧嵩台①，为劝耕农特地来。

短李高名光翠壁②，伪刘③真迹没苍苔。

洞天日永风埃静，岩窦云收霁④色开。

好景最宜供宴赏，操觚欲赋愧非才⑤。

绍兴乙丑中春上休，郡守叶南仲拉同僚来游，因留五十六字。

门生左从政郎高要县令廖命工刊。

【注释】

①嵩台：《宣统高要县志》载：石室岩一名定山，唐天宝六年改称嵩台山。②“短李”句：意谓李绅的题诗石刻使石室岩壁增光。李绅身材矮小，时人号为短李。唐代中期著名诗人，其《悯农》诗二首传颂千古。累官至

户部侍郎，后任宰相。曾因冤案，贬为端州司马，在端州时自检益严，很有善政，深得民心，端州人留其衣带，立祠纪念。石室岩东壁有其题名石刻。③伪刘：指南汉（建都广州）国君刘鋹，性昏懦，生活荒淫无耻，刑法残酷，赋役繁重。后降宋。④霁：本指雨止。这里指天放晴。⑤“操觚”句：意谓要拿起纸笔来写诗则愧无才能。觚（gū），古代用来书写的木简。陆机《文赋》：“或操觚以率尔。”

【评析】

本诗体现了宋诗散文化、议论化的特点。其写景虽平平无奇，其议论却具有深刻的现实意义。如颔联，以鲜明的对比手法，抒爱憎褒贬之情，战斗性很强。他说李绅诗刻使石室增光，其实是敬重李之为人，赞颂他有善政，深得民心；也说刘鋹真迹湮没是顺天理，否则会有损石室之光辉，其实是咒骂他荒淫误国，不足齿数。观点如此明确，爱憎如此鲜明，于游星岩诗中，殊不多见。尾联结得好，诗如其人，一个谦逊廉洁、自得其乐的地方官形象跃然纸上。

石刻 29　张渐诗《良辰赢得乐同民》

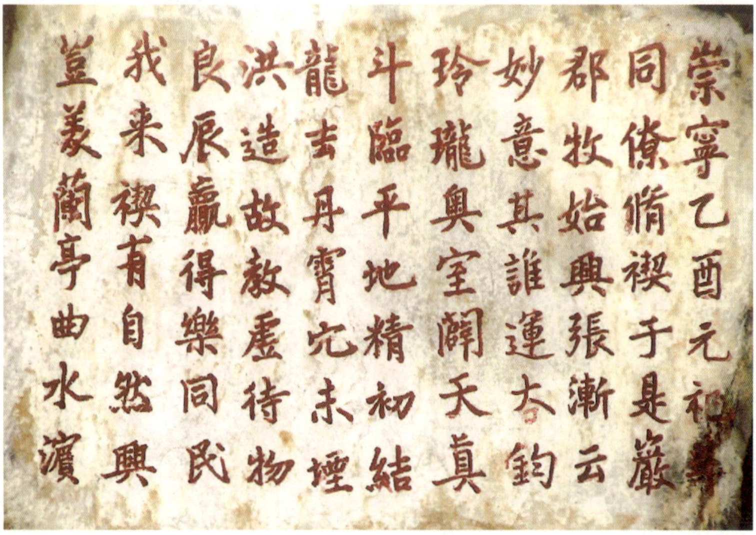

【说明】

张渐，广东始兴人，宋代熙宁（1076）进士，历官朝请大夫。博学能诗，有《沙田集》。石室东壁有其题名。崇宁年间任肇庆知府。乙酉年（1105）三月上旬，“率同僚修禊于是岩”，赋七律一首，刻于石室洞内西壁。无题，题目为编者所加。

【原文】

良辰赢得乐同民

崇宁乙酉元祀，率同僚修禊①于是岩，郡牧始兴张渐云。

妙意其谁运大钧②，玲珑奥室辟天真③。
斗临平地精初结，龙去丹霄穴未堙④。
洪造故教虚待物，良辰赢得乐同民。
我来禊有自然兴，岂羡兰亭曲水滨⑤？

【注释】

①修禊（xì）：古代迷信习俗，于阴历三月上旬的巳日，到水边嬉游，以清除不祥。②大钧：指天或自然。钧本为造陶器所用的转轮，比喻造化。③奥室：此指秘奥神奇的石室洞。奥，室内西南角。《释名·释官主》：“室中西南隅曰奥，不见户明，所在秘奥也。”引申为秘奥。天真：道教神名，也指神仙或神仙居住处。④丹霄：天空。堙：堵塞。⑤兰亭：东晋穆帝永和九年（353）三月三日，王羲之与谢安、孙绰等四十一人，在浙江绍兴兰亭，作修禊之礼。会上各人作诗，并由王羲之作序。序中记叙兰亭周围山水之美和聚会的欢乐之情。曲水：古代风俗，于阴历三月三日就水滨宴饮，认为可拔除不祥。后人因引水环曲成渠，流觞取饮，相与为乐，称为曲水。

【评析】

赞颂七星岩的诗，从写作方法来说多是精雕细刻，或者大笔勾勒。此诗别出心裁，先用自问自答的形式，后用烘云托月的手法，赞颂七星岩之自然美，表达了作者与民同乐的思想感情，故人民性较强。此诗朴实无华，感情真挚，正是“一生儿爱好是天然”。结句尤佳，有不尽之意。像吃橄榄，初尝无味，咀嚼下去，回甘之味，便津津然。

【译文】

是谁把大自然造得如此美丽，
是谁来开辟这玄妙洞天福地？
北斗精华降落端州，
真龙早已飞回天庭。
洞内云烟绕，恰似龙化身。
造化，造化，造化，
瑰丽宫殿天天殷勤迎游人，
在这季节里我们欢乐同民。
我来举行祭礼，
只是装模作样。
有此山此水，
难道我还爱慕那兰亭曲水滨？

石刻 30　吴桂芳诗《与钟鲤山参戎游七星岩十二韵》

【说明】

吴桂芳，字子实，江西新建人。明嘉靖进士，历扬州知府，累迁兵部右侍郎，提督两广军务，官终工部尚书兼右副都御史。在两广总督任内，首倡把总督府由梧州迁肇庆，指挥俞大猷、戚继光抗倭寇有功，为人民做过好事，并积极参与开辟星岩二十景。有《吴桂芳文集》传世。嘉靖戊午（1558）赋诗一首，刻于石室洞石鼓壁。

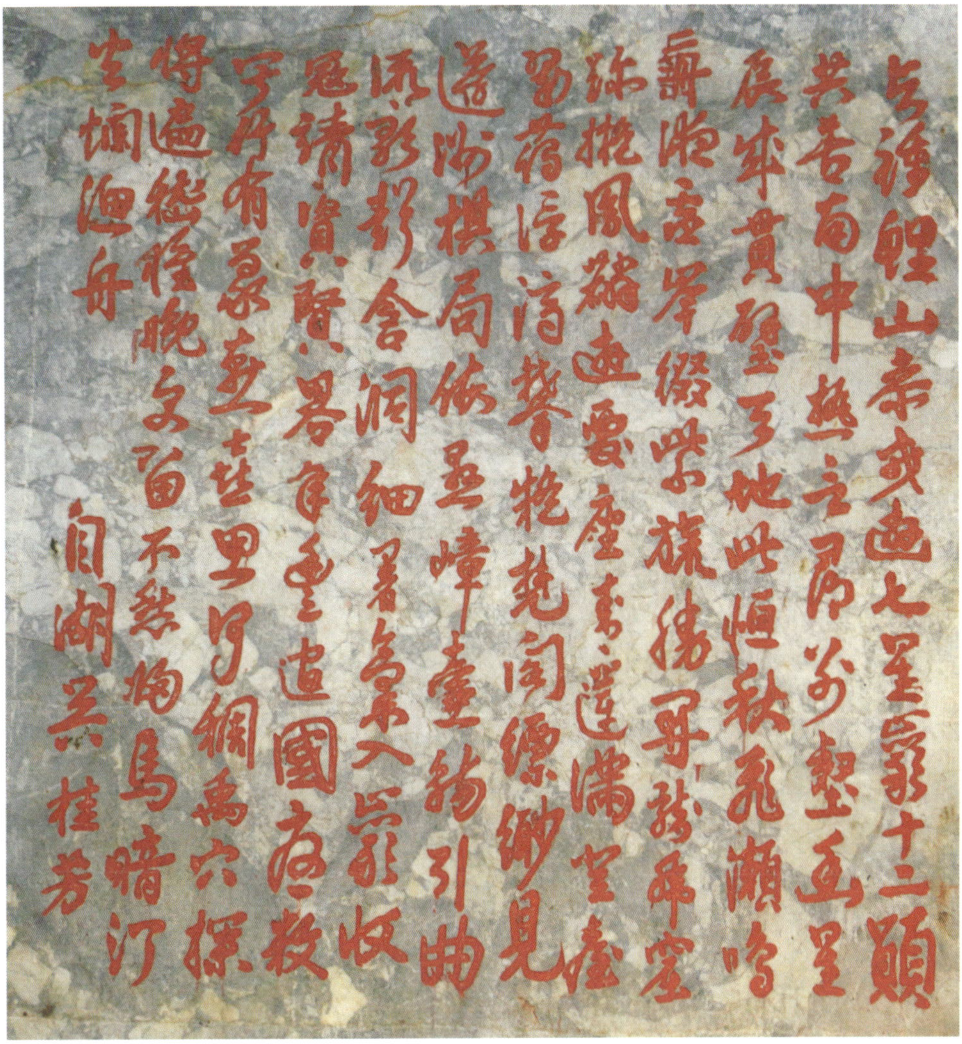

【原文】

与钟鲤山参戎游七星岩十二韵

共苦南中热，欲寻别壑幽。星辰成贯壁，天地此恒秋。

飞濑鸣丹徼[1]，云岑缀紫旒[2]。胜开龙虎窟，迹拟凤麟游。[3]

覆座青莲满，登台翠蔼[④]浮。跻[⑤]攀疑梵阁，缥缈见蓬洲[⑥]。棋局[⑦]依悬嶂，壶觞引曲流[⑧]。歌声含洞细，暑气入岩收。寇靖[⑨]资贤略，年丰遣国忧。敉宁行有象[⑩]，燕喜思何稠[⑪]。禹穴[⑫]探将遍，嵇[⑬]怀晚更留。不愁归马暗，灯火烂[⑭]渔舟。

自湖吴桂芳。

【注释】

①濑（lài）：从沙石上流过的急水。《论衡·书虚》："溪谷之深，流者安洋，浅多沙石，激扬为濑。"丹徼：南方之极也。崔豹《古今注》："南方徼，色赤，故称丹徼，为南方之极也。"②旒（liú）：旌旗下边悬垂的饰物。《诗·商颂·长发》："为下国缀旒。"③"胜开"二句：意谓开辟了名胜黑岩、光岩。各岩石随物状形，似各种珍异动物在洞内嬉戏奔斗。《宣统高要县志》云："黑岩内有石狮作守卫状，石龙森然欲搏人；光岩内石状态益奇诡，若龙若风，若狮若象，或翔或伏，若奔若斗，或如母鸡伏雏，如犀牛望月，如橐驼仰首而畏负重。"④蔼：通"霭"，云气。⑤跻：登，升。⑥缥缈：隐隐约约若有若无貌。蓬洲：即传说中的蓬莱仙山。⑦棋局：弈棋。⑧壶觞：拿起酒杯饮酒。曲流：即曲水。古代风俗，于阴历三月三日，就水滨宴饮。流觞取饮，相与为乐，称为曲水。⑨寇靖：平定倭寇。⑩敉（mǐ）：安抚；安定。蔡沈集传："敉功，安天下之功。"有象：丰收的景象。有，富有；丰收。《诗·鲁颂·有駜》："自今以始，岁其有。"⑪思何稠：何必考虑那么多。⑫禹穴：指藏宝的岩洞。《史记·太史公自序》云："二十而南游江淮，上会稽，探禹穴。"《清一统志》云："禹穴在会稽县宛委山，禹藏书之所。"⑬嵇：指嵇康，三国魏人，文学家、思想家、音乐家。丰姿俊逸，醒若孤松独立，醉若玉山将颓。导气养性，著《养生篇》。拜中散大夫，不就，常弹琴以自乐。⑭烂：明亮。

【评析】

本诗开头与众不同，说南方酷热，想寻一个避暑胜地。天果从人愿，降下了人间北斗，换来了四季皆秋。如此引人入胜的开头，殊不多见。“飞濑”以下八句，写七星岩高峻秀美，增辟后，胜景更多，风景更美，仿佛就是蓬洲仙境。“棋局”以下四句内涵丰富，意境清新。岩中对弈，饮酒欢歌，相与为乐，怡然自得。“寇靖”以下四句，以“喜”字贯之，写景、议论、抒情融而为一，意境优美，直抒胸臆。诗人笔下是一幅平倭后人民欢乐怡静的生活画图：丰衣足食，怡然自乐。同时也反衬出诗人任两广总督时的政绩，反映诗人资贤达、消国愁、除民害的高贵品质以及与民同乐的思想感情，故现实意义强。“禹穴探将遍，嵇怀晚更留”，以怀念嵇康而不愿返之情，衬托七星岩之迷人，表示诗人要继续寻宝探胜，开发七星岩风景区，使更多的游人乐而忘返。以“灯火烂渔舟”作结，独具匠心。意境优美动人，极富诗情画意，且有弦外音：明天的七星岩将会更加美丽迷人。

石刻31　彭玉麟题榜“群玉空玲”

【说明】

彭玉麟（1816—1890），字雪琴，自号退省庵主人。湖南衡阳人。生性刚介，知兵略。工诗，喜画梅。咸丰年间，随曾国藩与太平军转战沿江各省，战功卓著，同治初，授兵部侍郎，后累官至兵部尚书。光绪十年

(1884) 中法战争爆发，他被派往肇庆督师，为抗法统帅之一，为坚定的主战派，对清廷在打胜仗的情况下撤兵甚为不满。光绪十一年（1885）游七星岩，留下石刻题字："群玉空玲。"空玲，指中间雕空的工艺品。

【原文】

群玉空玲

光绪乙酉秋，军务稍暇，高要萧大令丙堃属题铲石。衡阳彭玉麟。

石刻 32　吴远基题字"人间北斗"

【说明】

"人间北斗"刻于石鼓上方石壁。吴远基题字刻石。

民国六年（1917）二月，粤海使者三原王典章同高要县知事顺德梁日东、高要吴远基、大埔张龙云、吴县潘镐、华县任仰圣来游并记。

王典章，陕西省三原县人。民国后任广东高雷道尹。1917 年奉省长朱庆澜之命巡行粤海道 20 余县。2 月 17 日抵肇庆，不久游七星岩。

吴远基，肇庆市鼎湖区水坑村人，拔贡，署曲周知县。时任高要县参议长。其父吴桂丹，光绪十五年（1889）进士，后任编修、国史馆协修、功臣馆纂修等职。其长子吴大业，美国哈佛大学经济学博士，南开大学教授，联合国派驻新加坡官员；次子吴大任，南开大学毕业，留学德国，数学家，任四川大学教授、南开大学副校长。其侄子吴大猷，美国密歇根大学物理学博士，北京大学教授，世界著名物理学家，在研究原子、分子、核子、离子等方面有过卓越贡献，曾任台湾“中央研究院”院长。

【原文】

人间北斗

石刻33　张益诗《春日同诸君游七星岩纪一首》

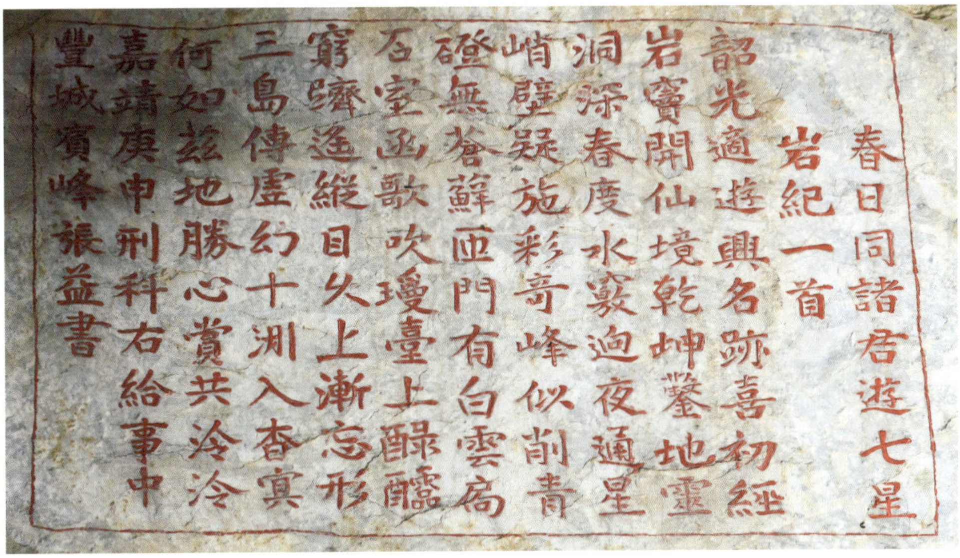

【说明】

张益，江西丰城人。因参加东林党，仕途坎坷。明嘉靖年间，任刑科右给事中时，于庚申（1560）春游七星岩，赋诗一首，刻于石室洞石鼓壁。

【原文】

春日同诸君游七星岩纪一首

韶光①适游兴，名迹喜初经。岩窦开仙境，乾坤凿地灵。

洞深春度水，窍迴夜通星②。峭壁疑施彩③，奇峰似削青④。

磴无苍藓匝⑤，门有白云扃⑥。石室函歌吹⑦，琼台上醁醽⑧。

穷跻⑨遥纵目，久上渐忘形。三岛⑩传虚幻，十洲入杳冥⑪。

何如兹地胜，心赏共泠泠⑫。

嘉靖庚申，刑科右给事中丰城宾峰张益书。

【注释】

①韶光：美好的时光。常指春光。②窍：孔穴。迥：远。③“峭壁”句：意谓山势陡立似各种颜色的旌旗摇曳。旆，旌旗摇曳貌。④“奇峰”句：意谓奇异的山峰似削直的屏风。青，应为“屏”。⑤磴：山路的石级。匝：周也。环绕一周谓匝。⑥扃：关锁。⑦歌吹：歌声和乐声。鲍照《芜城赋》：“歌吹沸天。”⑧琼台：夏帝癸（即桀）之玉台。这里指璇玑台。醁醽（lùlíng）：亦作“醽醁”，美酒名。李贺《示弟》：“醁醽今夕酒，缃帙去时书。”⑨穷跻：登上极顶。⑩三岛：即三神山，神仙所居之山也。《史记·封禅书》：“蓬莱、方丈、瀛洲，此三神山者，其传在渤海中。”⑪十洲：传说仙人居住的十个地方。相传东方朔撰《海内十洲记》：“八方巨海之中，有祖洲、瀛洲、玄洲、炎洲、长洲、元洲、流洲、生洲、凤麟洲、聚窟洲。”杳冥：指极远之处。⑫泠泠（líng）：清凉的和风。宋玉《风赋》：“清清泠泠，愈病析酲。”形容声音清越。罗含《湘中记》：“衡山有悬泉，滴沥岩间，声泠泠如弦音。”

【评析】

本诗从多方面多层次赞颂七星岩不是仙境胜仙境。“韶光”以下十句，主要描绘七星岩之高、险、奇，因而游人众多，一点“仙境”。精彩处在“石室”以下四句。这正如欧阳修《醉翁亭记》所写的：“醉翁之意不在酒，在乎山水之间也。山水之乐，得之心而寓于酒也。”“渐忘形”三字极写七星岩山水之美，自己完全被陶醉之态。“渐”字传神，有潜移默化之妙，由暗化到忘形，最后连自己也融化在山水之间，二点“仙境”。如此，“三岛”

“十洲”当然就比不上七星岩了！还是让我们在心底领略七星岩那清凉的和风以及美妙动听的歌声、乐声和泉声吧！这样收束，巧妙自然，不是仙境胜仙境的结论非但不言自明，而且余音袅袅，令人遐想。

石刻 34　张瀚诗《岁晚七星岩熊镜湖中丞同游》

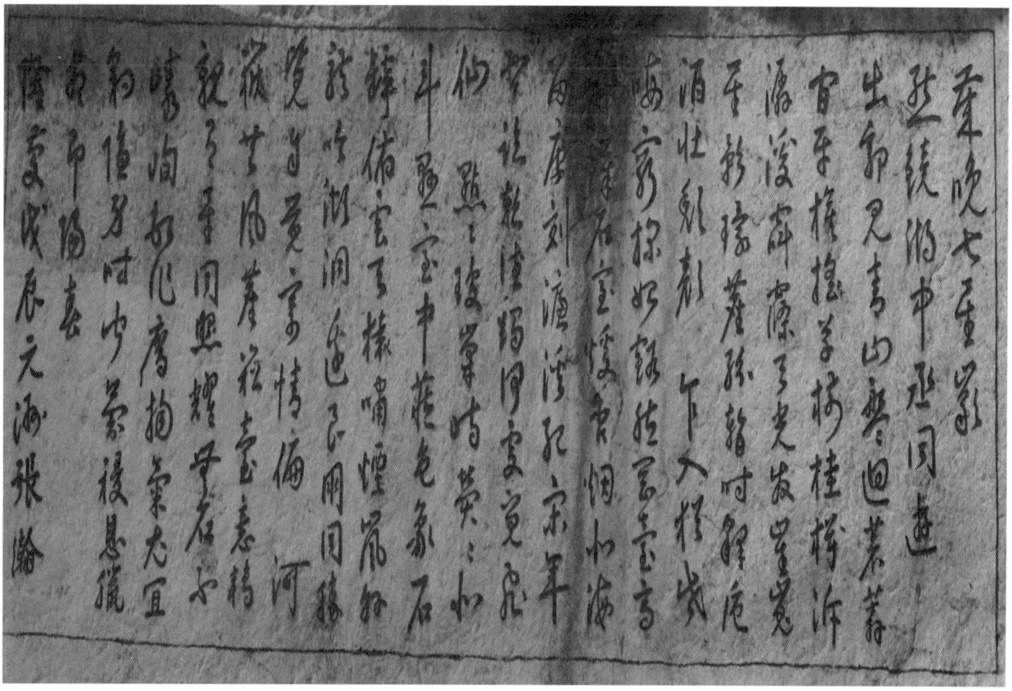

【说 明】

张瀚，字子文，号元洲，浙江仁和人。明嘉靖十四年（1535）进士，官大名知府。因抗击鞑靼族入侵，以民兵保卫京师有功，擢右副都御史。隆庆元年改督两广军务，驻肇庆多年。万历初擢吏部尚书，因与宰相张居正不和，被免官回乡。著有《奚囊蠹余》、《台省疏稿》、《张瀚诗文集》40 卷、《松窗梦语》等。

张瀚隆庆戊辰（1568）冬游星湖，赋五言律诗四首，刻于石室岩璇玑台左壁。

【原文】

岁晚七星岩熊镜湖中丞同游①

一

出郭见青山，盘回苍莽间。牙檐②摇草树，桂棹溯潺湲③。
窅窱④天光发，崔嵬⑤星影环。尘纷暂时释⑥，卮酒壮颓颜⑦。

二

乍入犹感晦⑧，穷探始豁然。崧台高插汉⑨，石室暖含烟。
北海留唐刻⑩，濂溪纪宋年⑪。登临暂驻躅⑫，何处觅飞仙？

三

点点琼⑬峰峙，荧荧北斗悬⑭。室中藏色象⑮，石罅依云天。
猿啸烟岚外，龙吟湖洞边。良朋同胜览⑯，自觉寄情偏⑰。

四

河岳共风尘，崧台意转亲。⑱ 有星同照耀，无石不嶙峋⑲。
顿作鹰扬气⑳，犹疑豹隐身㉑。时闻氛祲㉒息，腊尽即阳春㉓。
隆庆戊辰元洲张瀚。

【注释】

①岁晚：岁末。熊镜湖：即熊桴，字元乘，号镜湖居士，湖北江夏人。嘉靖进士，因抗击倭寇和海盗有功，累官至右副都御史、广东巡抚，以劳卒于军。②牙檐：指古代大官出行所乘的用牙形饰物装饰轿身四旁的轿子。③桂棹：用桂木制成的船桨。潺湲：水徐流貌。④窅窱（yāotiǎo）：同“窈窕”，深远貌。这里形容山径幽远深邃。张衡《西京赋》：“望窅窱以径廷，眇不知其所返。”⑤崔嵬：高峻貌。⑥“尘纷”句：引申为扫除尘世的烦恼。⑦“卮酒”句：意谓衰老的面容酒后也会显出壮年的颜色。卮，古代

盛酒器。⑧晦：昏暗。⑨“崧台”句：意谓石室岩高高插入天空。⑩“北海”句：指唐代李邕撰写的《端州石室记》。⑪“濂溪”句：指北宋理学家周敦颐的记游题名石刻。周敦颐自号濂溪。⑫驻躅：驻足；停留。⑬琼：泛指美玉。⑭“荧荧”句：意谓如悬推在室中的陡直的七星岩闪耀着美丽的光芒。荧荧，微光闪烁，多指星月之光或烛光。杜牧《阿房宫赋》：“明星荧荧。”⑮色象：指景物。⑯胜览：游览名胜古迹。⑰“自觉”句：意谓自觉寄情山水，尤其偏爱七星岩。⑱“河岳”二句：意谓与熊桴同为转战南北辛劳为国的人，当今同游，更觉机会难得，故备觉亲切。河岳，黄河及五岳。风尘，旅行者常为风与尘所苦，故多言风尘，以状行旅之艰辛。一说战乱，以状兵乱之象。两说皆通。转，转变，引申为变得。⑲嶙峋：山崖突兀貌。司空图《诗品》：“海之波澜，山之嶙峋。”⑳“顿作”句：意谓欲抖擞精神，奋发高飞。鹰扬，言威武奋扬如鹰也。㉑“犹疑”句：意谓想归隐还拿不定主意。豹隐，语出《列女传·陶答子妻》：“妾闻南山有玄豹，雾雨七日而不下食者，何也？欲以泽其毛而成文章也。故藏而远害。”㉒氛祲：指边患战乱。氛，凶气。祲，不祥之气。杜甫《诸将》：“冥冥氛祲未全销。”㉓“腊尽”句：意谓严寒的冬天已去，温暖的春天即将到来。比喻战乱已快平息，太平的日子即将到来。

【评析】

这组诗是与广东巡抚熊桴同游七星岩时所作，当时熊桴和诗四首，题为《元洲督府偕予登七星岩次韵》，刻于石室岩石鼓对壁，可惜全诗残缺十二个字，无从查考，故无法录下共赏。

本诗组平淡秀美，感情丰富。写景抒情，无雕饰之感，却能直抒胸臆。一个身负重任、时刻不忘国家安危的老而益坚的边关将领的形象跃然纸上，读来使人肃然起敬。

这组诗的构思及艺术手法均有独到之处。前三首写景，后一首抒情。

前者只起铺垫作用，后者才是全诗的意旨。其精彩处更在后一首的后四句。“顿作鹰扬气”是顺接前面二十八句的小结，结得精彩，结得有气魄，一个精神抖擞、意欲奋飞的老将形象呼之欲出。第六句用故意宕开的纵笔，这一句似是归隐的话语，几乎把前面所有的美景、心旷神怡的气氛、奋发欲飞的英姿扫荡无遗，简直是给读者一盆冷水。待七、八句一出，才知这一纵笔，是为了存蓄、牢笼更多的情感，使诗组结束得更有力，感情更强烈。那种“老骥伏枥，志在千里。烈士暮年，壮心不已”的雄心壮志以及坚信未来的信念，就显得更深沉、更真切。这是作者巧妙运用先纵而后擒手法的成功之处。

石刻35　詹仰庇、黄克晦分韵诗《七星岩分韵》

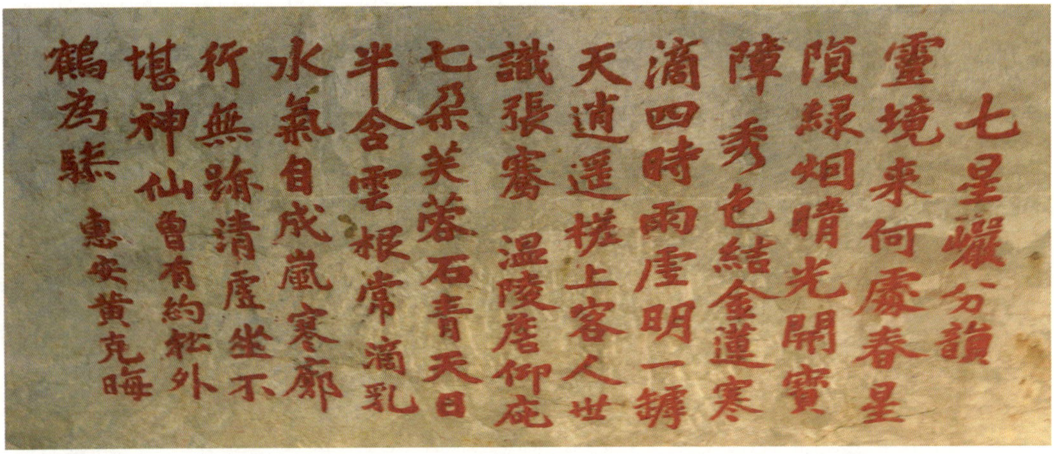

【说明】

詹仰庇，字汝钦，福建安溪人。明嘉靖四十四年（1565）进士，由南海知县征授御史。隆庆初，皇帝诏户部购珠宝。仰庇疏乞罢购。陈皇后微谏穆宗勿耽声色，帝怒，出之别宫，仰庇复疏还坤宁宫。后又奉命巡视监局库藏，因上书皇帝屏绝“以玩好逢迎者”，中有“再照人主奢俭，四方系安危”等语。帝大怒，下诏曰：“仰庇小臣，敢照及天子，且狂肆屡不悛。”遂廷杖百，黜为民。神宗嗣位，授广东参议，后官终左副都御史。初以直节负盛名，后为保位计，颇附丽权势。

黄克晦，字孔昭，号吾野。明代福建惠安人。善画，宗沈周，或谓工诗则画重，乃发愤学之，遂以诗名闽中。复善书，称三绝。纵游匡庐、嵩岳，纵观山河、泰岱之胜。著有《北游草》《楚游集》《匡庐唱和集》《吾野诗集》。

明万历元年（1573），詹、黄二人联袂游七星岩，拈韵赋诗，各得一首，刻于石室洞石鼓右上方石壁。

【原文】

七星岩分韵

灵境来何处，春①星陨绿烟。晴光开宝障②，秀色结金莲③。

寒滴四时雨，虚明一罅天。逍遥槎上客④，人世识张骞⑤。

温陵詹仰庇。

七朵芙蓉石，青天日半含。云根⑥常滴乳，水气自成岚⑦。

寒廓⑧行无迹，清虚⑨坐不堪。神仙曾有约，松外鹤为骖。⑩

惠安黄克晦。

【注释】

①春：出也。②宝障：奇丽珍异的屏障。此指七星岩如屏障屹立于灿烂的阳光下。③金莲：莲花的一种。④槎上客：意谓神话中乘木排飞升者。槎（chá），用竹木编成的筏。⑤识张骞：意谓人世间也知道乘槎可以飞升的事情。张骞，飞升。⑥云根：唐宋诗人多谓石为云根。宋孝武帝诗《登作乐山》："屯烟扰风穴，积水溺云根。"⑦岚：山气。⑧寒廓：寒冷而空阔。⑨清虚：空虚幽清而寂静。⑩鹤为骖：谓仙人驾鹤而来。传说神仙们经常在七星岩欢宴。骖（cān），一车驾三马。

【评析】

这是一组分韵诗。分韵，是旧时作诗的方式之一，指作诗时先规定若干字为韵，各人分拈韵字，依韵作诗。这组诗詹仰庇拈了下平声先韵，作诗时用了“烟、莲、天、骞”四个韵脚；黄克晦则拈了下平声覃韵，作诗用了“含、岚、堪、骖”四个韵脚。而在主题、题材和诗体上完全相同，以清新的语言、形象的比喻，创造了一个清丽飘逸的意境，从而达到盛赞七星岩乃人间仙境的目的。当然，在构思和艺术手法的具体运用上则是同中见异，各显其长。由于分韵诗体本身的束缚，或者作者的爱好，这组诗有一个明显的缺点，就是个别字用得过于冷僻。如詹诗结句用“张骞”二字，以说明“飞升”之意，极容易被人误解为专有名词——两次出使西域并建奇功的西汉人张骞。

石刻 36　赵志皋诗《戊寅季夏晦前三日赴吴云峰参戎招游》

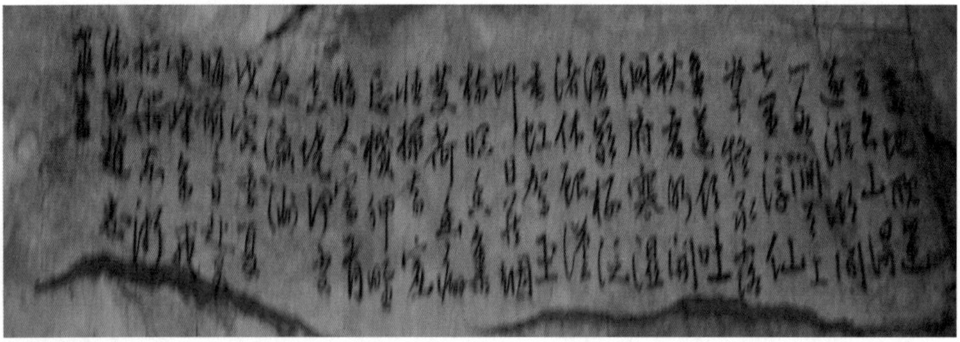

【说明】

赵志皋（1524—1601），字汝迈，浙江兰溪人。明隆庆二年（1568）进士及第，授编修。万历初，为侍读。因疏救吴中行，得罪宰相张居正，贬为广东副使。居正殁，累官至礼部尚书，入参机务。于罢矿建储（立太子）诸大政，犹极力疏争，四年间，凡八十余次，但为朝士所轻，言者攻击不已，遂乞归。著有《灵洞山房集》《四游稿》《内阁奏题稿》等。

赵志皋万历六年（1578）六月游星湖，赋诗一首，刻于石室洞石鼓对壁。

【原文】

戊寅季夏晦前三日赴吴云峰参戎招游[1]

远地欣逢主[2]，名山得遂游。湖间一水阔，天上七星浮。[3]

仙掌疑承露[4]，金莲[5]欲吐秋。虚明开洞府[6]，寒湿漫岩楼。

泛渚依银汉[7]，垂虹驾玉虬[8]。日薄烟树暝，香气芰荷[9]幽。

癖性探奇窟[10]，忘机狎野鸥[11]。人寰有真境，何处更瀛洲。[12]

【注释】

①戊寅：万历六年。季夏：六月。晦：农历每月最后一日。参戎：明武官参将。②主：主人吴云峰。③“湖间”二句：意谓夏天星湖水涨，极目浩渺，七星岩列峙湖中，如浮在天上。《肇庆府志》载：“沥湖在城北五里岩前。都北山诸涧之水汇为黄塘、上榄塘，至七星岩愈广。春夏潦涨，极目浩渺，多鱼利及莲藕菱芡之属。”④“仙掌”句：写仙掌岩。《宣统高要县志》载：“仙掌岩顶平如掌，北列数峰若攦指，故以仙掌名之。”疑，似也。承露，用汉武帝故事。《三辅故事》载：“汉武帝以铜作承露盘，高二十丈，大七围，上有仙人掌承露，和玉屑饮之。”⑤金莲：喻石室岩。⑥“虚明”句：虚，洞孔。洞府，道教谓神仙居住的地方，喻石室。⑦“泛渚”句：意谓湖水暴涨，漫过了小洲，而与天河连接。⑧“垂虹”句：意谓天上挂下来的彩虹像是骑在盘曲如虬龙的山岩小径上。虬（qiú），古代传说中的一种有角的小龙。《离骚》：“驷玉虬以乘鹥兮，溘埃风余上征。”杜牧《题青云馆》：“虬蟠千仞剧羊肠。”⑨芰荷：出水的荷。荷，亦称莲。星湖产莲藕，是肇庆特产。《离骚》：“制芰荷以为衣兮，集芙蓉以为裳。”诗句意谓星湖处处是清幽的荷花香。⑩癖：积久成习的特殊嗜好。窟：洞穴，指石室。⑪“忘机”句：意谓忘掉世事机变，日与野鸥嬉戏自娱，只以隐居为乐。忘机，言与世事无争，心无机械也。旧指一种消极无为、淡泊宁静的心境。

狎，戏也，有玩弄之意。野鸥，典出《列子·黄帝》：“海上之人有好鸥鸟者，每旦之海上从鸥鸟游，鸥鸟之至者百住而不止。其父曰：‘吾闻鸥鸟皆从汝游，汝取来吾玩之。’明日之海上，鸥鸟舞而不下也。”陆龟蒙《酬袭美夏首病愈见招》：“除却伴谈秋水外，野鸥何处更忘机。”⑫“人寰”二句：意谓七星岩就是仙境了，哪里还有仙山呢？瀛洲，传说中的仙山。《史记·秦始皇本纪》：“海中有三神山，名曰蓬莱、方丈、瀛洲，仙人居之。”

【评析】

诗、画、情融而为一，是本诗最大的特点。诗人笔下的星湖，色彩明丽，境界清幽。名山、湖水、星浮、金莲、银汉、垂虹、夕阳、烟树、芰荷、野鸥和瀛洲，何等壮美，何等清幽，何等灵秀。既给人以美感，又情致宛然。真是诗中有画、画中有情，达到了诗情画意的境界。“泛渚”以下四句尤美：银河下泻，水天一色；垂虹彩带飘，虬龙当空舞；夕阳无限好，星湖满荷香。远景近景，动景静景，虚写实写，错落有致，浓淡相宜，简直就是一幅妙绝的星湖山水夕照图。用典新巧，出于自然，情思隽永，耐人寻味，平添了不少浪漫主义色彩，星湖仙境当之无愧。

石刻37　吴国伦诗《熊德甫使君招游七星岩》

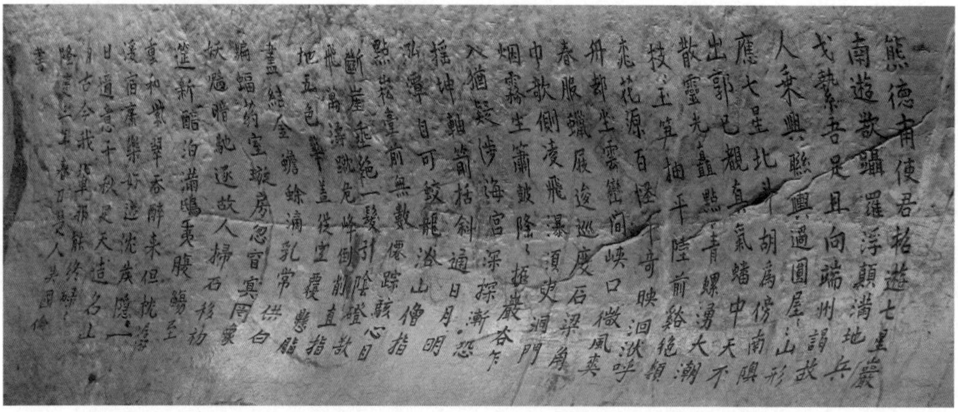

【说明】

吴国伦，字明卿，江西兴国人。明嘉靖二十九年（1550）进士。擢兵科给事中。杨继盛弹劾奸相严嵩被害，吴国伦前往哭吊，并抚恤其孤儿，谪南康推官。后为高州郡守，时倭寇逼城，出奇兵败之。又捐俸开学馆，兴文教，有政绩。严嵩败，吴国伦被起为建宁同知，累官至河南左参政。

吴国伦才气横放，好客轻财，工于诗，与李攀龙等号“后七子”。反对八股文和“台阁体”形式主义诗风，提倡“文必秦汉，诗必盛唐”，对后世影响较大。著有《甔甀洞稿》（54卷，《续稿》27卷）。

隆庆三年（1569）春，吴国伦游端州，赋七言古诗一首，刻于石室岩石鼓对壁石钟下。

【原文】

熊德甫[①]使君招游七星岩

南游欲蹑罗浮颠，满地兵戈絷吾足[②]。
且向端州谒故人，乘兴联舆过圆屋[③]。
圆屋山形应七星，北斗胡为傍南隩[④]。
出郭已睹真气蟠[⑤]，中天不散灵光矗[⑥]。
点点青螺[⑦]涌大潮，枝枝玉笋[⑧]抽平陆。
前溪绝类桃花源，百怪千奇映洄洑[⑨]。
呼舟却坐云峦间，峡口微风爽春服。
蜡屐逡巡度石梁[⑩]，角巾欹侧凌飞瀑[⑪]。
须臾洞门烟雾生，箫鼓隆隆振岩谷。
乍入犹疑涉海宫，深探渐恐摇坤轴[⑫]。
箭括斜通日月明[⑬]，泓潭自可蛟龙浴。

山僧指点崧台前，无数仙踪骇心目。
断崖垂绝一发引⑭，阴磴欲飞万涛蹴⑮。
危峰倒削直指地，五色华盖从空覆⑯。
悬脂尽结金蟾蜍⑰，滴乳常供白蝙蝠⑱。
药室璇房忽窅冥⑲，罔象妖魑暗驰逐⑳。
故人扫石移初筵㉑，新醅泊满鸱夷腹㉒。
觞至重和紫翠吞㉓，醉来但枕潺湲㉔宿。
康乐好游沈侯隐㉕，一日适意千秋足。
天造名山自古今，我辈那能终碌碌。
隆庆三年春日，楚人吴国伦。

【注释】

①熊德甫：当时广东巡抚。②兵戈：指倭寇对沿海的侵扰。絷：绊马索，此指军务在身不能游。③联舆：乘轿并行。圆屋：《肇庆府志》载："定山在城北六里，一名石室山，一名圆屋山。"④南隩：南方海边。隩（ào），水涯深曲处。⑤真气：中医学名词，由藏于肾的元气，吸入自然界的大气，与饮食水谷之气结合而成。《灵枢·刺节真邪》："真气者，所受于天，与谷气并而充身也。"后世亦泛称真气为元气。这里谓调天地精气。蟠：遍及。《管子·内业》："上察于天，下极于地，蟠满九州。"⑥中天：半空，空中。灵光：神灵的光辉。⑦青螺：范成大《桂海虞衡志》云："青螺状如田螺，其大两拳，揩磨去粗皮如翡翠色，雕琢为酒杯。"诗中用以比喻七星岩。⑧玉笋：比喻秀丽耸立的群峰。范成大《桂海虞衡志·志岩洞》："桂之千峰，皆旁无延缘，悉自平地，崛然特立，玉笋瑶篸，森列无际。"⑨洄洑（fú）：水流回旋。⑩蜡屐：涂蜡的木屐。石梁：以石在水中筑堰，像桥梁一样的捕鱼装置。⑪角巾：即方巾，古代隐士所戴。欹：倾斜。

⑫坤轴：地轴。⑬箭括：箭的末端。括，矢末。此句意谓石室通往璇玑台路径之陡峭狭窄。⑭一发引：如一根头发牵引着。⑮“阴磴”句：意谓林荫石级盘曲如飞，万道波涛汹涌澎湃。⑯“五色”句：意谓七星岩上空五色云气笼罩。华盖，崔豹《古今注·舆服》：“华盖，黄帝所作。与蚩尤战于涿鹿之野，常有五色云气金枝玉叶止于帝上，有花葩之象，故因而作华盖也。”⑰“悬脂”句：洞顶下垂的石钟乳的末端结成一个个金色的蟾蜍。脂，本指脂肪，这里形容石钟乳洁白如脂。蟾蜍，古宫室檐沟等处饰以注水者。陆游诗：“涧中寒溜注铜蟾。”⑱滴乳：指石钟乳的乳汁。白蝙蝠：指石燕。《本草纲目》：“炳曰：‘石燕似蝙蝠，口方，食石乳汁。’时珍曰：‘此土燕乳于岩穴者。’”⑲药室：药，香草名，即白芷。屈原《湘夫人》：“辛夷楣兮药房。”意谓石室岩洞口长满了香草。璇房：指石室岩像用美玉雕饰的华丽的宫室。璇，美玉。窅冥：深远难见貌。⑳罔象：传说中的水怪名。魑：传说中山泽的鬼怪。㉑“故人”句：老友熊德甫扫净石头设筵席。㉒新醅：新酿的酒。泊：灌。鸱夷：盛酒器。颜师古注：“鸱夷，以盛酒。”㉓“觞至”句：此句意谓丰盛浓香的酒肴与山光水色相映成趣。觞，向人敬酒或自饮。重，色味浓。高诱注：“重，酒厚也。”紫翠：指山光水色。㉔潺湲：水徐流貌。屈原《湘夫人》：“观流水兮潺湲。”㉕康乐：即山水诗人谢灵运，封康乐公。沈侯：东汉人，曾说降“剧贼”尹良，光武帝要封他为海昏侯，不受辞去。

【评析】

本诗描写七星岩景色，意境开阔，豪放横逸。“点点青螺涌大潮，枝枝玉笋抽平陆”两句，点出了七星浮沥湖，高峻拔地而起的雄姿，且形象生动，对仗工整，给人以美的享受。“涌”“抽”两个动词传神，豪放横逸，气势非凡。描写石室岩内外景色，具体生动，想象奇特，内涵丰富；表现力强，给人以幽深、瑰丽、神秘之感。然“罔象妖魑暗驰逐”，过分阴森恐怖，损害了诗的美感。结句则佳，抒发了积极用世的思想。摆脱了“前七子”“后七子”为写诗而写诗，反映生活面狭窄之弊，提出了“上天尚且能设立名山胜水，我们怎能碌碌无为虚度此生”这个人生的大问题，既是自勉，又是劝诫，具有现实意义。

石刻38　倪范诗《游七星岩》《圆屋山坐月》

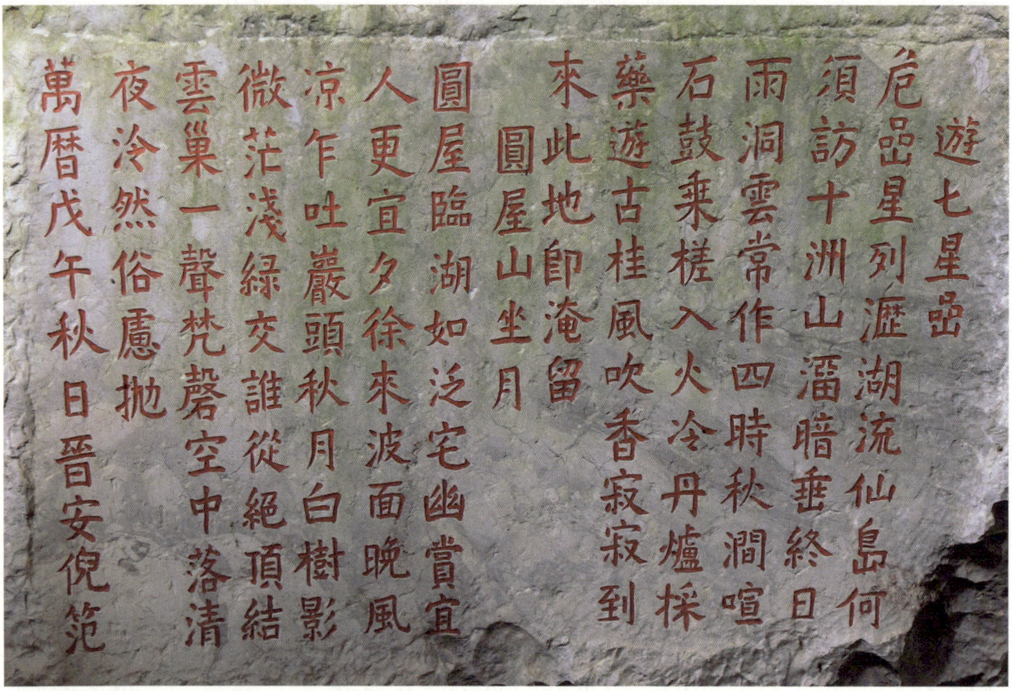

【说明】

倪范，字柯古，福建福州人。明万历末年，任岭西分巡道。万历戊午（1618）秋游星湖，赋《游七星岩》《圆屋山坐月》《同何用晦游石峒》三首。前两首刻于石室岩璇玑台左壁，后一首刻于出米洞。

【原文】

游七星岩

危岩星列沥湖流，仙岛何须访十洲①？

山溜②暗垂终日雨，洞云常作四时秋③。

涧喧石鼓乘槎入④，火冷丹炉采药游。

古桂⑤风吹香寂寂，到来此地即淹留⑥。

【注释】

①十洲：传说中仙人居住的十个岛。②山溜：谓石钟乳滴水。溜，通“霤”，檐下滴水处。③四时秋：指岩内冬暖夏凉的奇观。④石鼓：《宣统高要县志》：“石室岩北壁有石，拊之声蓬蓬然，震彻岩谷。”槎：舟。《宣统高要县志》说石室岩内黑岩可舟游。黑岩有石狮、仙人掌、龙床、龙井，而尤奇伟者为石龙，在岩顶正中，蜿蜒十余丈，麟甲飞动有光，两角分撑，森然欲搏人，复有小龙十数随之。黑岩增设灯光后，新发现的奇观更多，景色更迷人，舟游者甚众。⑤桂：指桂树，秋季开花，极芳香。⑥淹留：停留，久留。《离骚》：“时缤纷其变易兮，又何可以淹留？”

【评析】

本诗描写七星岩景色，具体生动，异常瑰丽。开篇盛赞七星岩胜似仙岛，点明景色之瑰丽迷人。然后生动地描绘石室岩内玉洞云深、冬暖夏凉、石鼓蓬蓬、甘泉泠泠等奇观。可入而乘舟探胜，出而游山采药。最后以桂香留人作结。“涧喧”句内涵丰富，引人入胜。“古桂”句写出明代七星岩满山桂花、芳香扑鼻的迷人景色，读来醉人心肺。

【原文】

圆屋山坐月

圆屋临湖如泛宅①，幽赏宜人更宜夕。
徐来波面晚风凉，乍吐岩头秋月白②。
树影微茫浅绿交③，谁从绝顶结云巢④？
一声梵磬⑤空中落，清夜泠然俗虑抛⑥。
万历戊午秋日，晋安倪范。

【注释】

①圆屋：《肇庆府志》："圆屋山，即石室山。"泛：浮行。②乍：刚，初。秋月白：秋高气爽，月色很白。③"树影"句：意谓皎洁的月色泻在深绿色的树叶上，使树林变成浅绿色。清风吹来，树影与月光交相辉映。微茫，隐约，景象模糊。陈子昂《感遇》："巫山彩云没，高丘正微茫。"④"谁从"句：《宣统高要县志》载："绝顶为崧台，相传上帝觞百神之所。"⑤梵磬：意谓仙乐。⑥泠然：领会，解悟。俗虑：道、佛家谓世俗人事的牵累。

【评析】

这是一幅画面优美、富有情味的星湖月夜图。前四句写星湖夕照、青山吐月、波光荡漾的优美意境，使月夜中的湖光山色变得格外幽美恬静。后四句写远眺青山树海与月光交相辉映的迷人景色，幻觉群仙驾云聚会崧台的盛况。诗人伫立月下，沉思默想，突然仙乐"一声"，幻觉顿失。确有"夜半钟声到客船"之妙，以有声写无声，反衬出月夜之静谧。静则思，思则动，使诗人顿生"俗虑抛"之念，透出了醉心星湖仙境、希望抛开俗世的心迹。这种把诗人无限的幽思融入景色的描写手法，妙在运用得浑然无迹，从而使诗篇骤见空灵蕴藉之美。

石刻39　贺国泰诗《星岩》《石室》《醉石》《钟鼓洞》

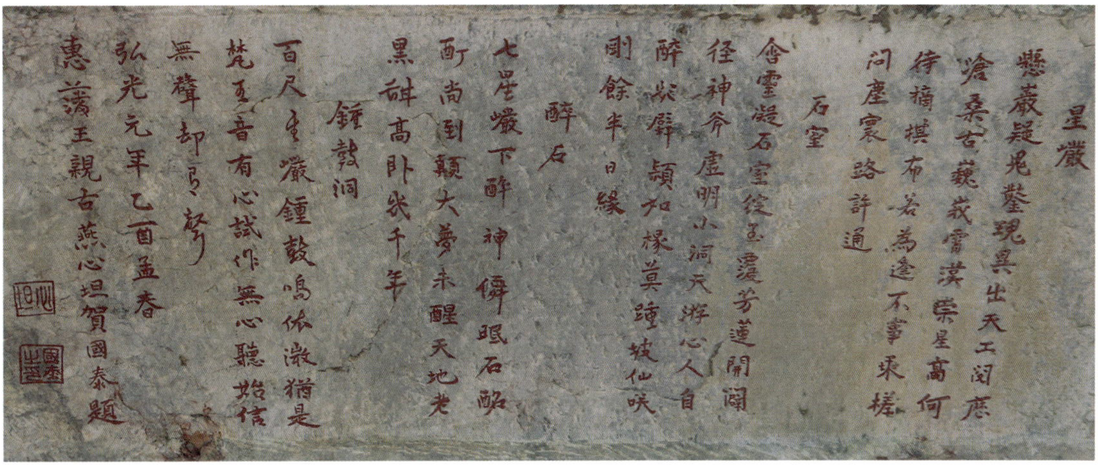

【说明】

贺国泰，明末北京人。生平不详。石室岩璇玑台左壁有他的题诗石刻四首，署“弘光元年（1645）乙酉孟春，惠府王亲古燕心坦贺国泰题”。弘光为南明福王年号，惠王即崇祯帝堂弟朱由梁，曾流落肇庆，后被清廷捕杀。作为皇亲的贺国泰，当时也生活在动荡不安中，心情异常沉重。这四首诗除了形象地描绘了七星岩奇特的景象外，同时反映了作者前途渺茫的忧伤，表现了对时局艰难的悲痛。

【原文】

星　岩

悬崖疑鬼凿，瑰异出天工。阅历沧桑古，巍峨霄汉崇。
星高何待摘，棋布若为逢①。不事乘槎②问，尘寰路许通③。

【注释】

①棋布：若棋子之布于局中。逢：迎合上者之意。意谓像棋子布于局中那样迎合上天之意愿。②乘槎：神话谓乘木排上天。《博物志》：“天河与海

通，近世有人居海渚者，乘槎而去，十余日中，犹睹星月日辰。”③尘寰：人间。许：期望。

【评析】

这首诗写星岩寰峨雄奇，直冲霄汉，鬼斧神工，布局奇特。结句借神话以抒情，期望能乘木排升天，这种超脱尘世的思想正反映了作者无事可做，深感前途渺茫的沉重心情。

【原文】

石　室

含灵[1]凝石室，浣玉覆芳莲[2]。开辟径[3]神斧，虚明小洞天。

游心人自醉，题壁颖如掾[4]。莫踵坡仙笑[5]，刚余半日缘。

【注释】

①含灵：人类。言其含有灵性也。《晋书·桓玄传》：“夫帝王者，功高宇内，道济含灵。”②“浣玉”句：意谓碧玉般的石室好像是覆盖着的芳香的大莲蓬。浣，缠绕。莲，莲蓬。《肇庆府志》：“石室山，又名圆屋山。”③径：竟。④“题壁”句：意谓达官骚人多在此刻石题字。颖，笔头。掾，古代官署属员之通称，泛指达官骚人。⑤“莫踵”句：意谓不好意思在苏东坡面前舞文弄墨。坡仙，指苏东坡。陈益稷诗：“黄州淡月照坡仙。”《七星岩志》：“苏轼被贬海南遇赦北还时曾游星岩，有题名石刻存于星岩内。惜今未寻见。”

【评析】

这首诗先写石室如同覆盖着的碧玉般的莲蓬，极形象地写出了石室乃神人开辟的洞天福地。继而述说千百年来多少游人陶醉于此而赋诗题壁。最后趁势收结，直抒胸臆，借坡仙以自勉，处逆境应有坡仙的达观精神，即使只有短暂的时间也好。

【原文】

醉　石

七星岩下醉神仙，眠石酩酊尚倒颠[①]。
大梦未醒天地老，黑甜[②]高卧几千年。

【注释】

①“七星”二句：传说玉皇大帝在崧台欢宴百神时，李铁拐、吕洞宾和汉钟离酒罢往屏风岩顶乘凉，醉倒石林。五更将临，吕汉二仙醒来，急叫李仙回天，但李仍酒醉如泥，二仙只得忍痛飞升。此后，李仙一直没回天，在人间造化了，他躺着的那块巨石也跟着造化，是谓醉石。《宣统高要县志》载：“屏风岩玉皇殿右面，奇石林立，一石修丈许，斜靠峭壁间，与诸岩石不同，疑飞来客石，如醉人状，名曰醉石。”②黑甜：酣睡。苏轼诗：“一枕黑甜余。”

【评析】

这首诗选景奇特，舍大选小。舍三仙观、玉皇殿、含珠径、仙人履诸风景点不写，而只写一石。是咏石头，咏神仙，还是咏自己？诗人则藏而不露，让读者去揣摩领会。其实这是寓庄于谐之妙着，借辛弃疾“万事云烟忽过，百年蒲柳先衰。而今何事最相宜？宜醉宜游宜睡”之诙谐，抒发诗人眼看年华逝去，时局艰难，除了游、醉、睡之外，无事可干的沉重心情。一腔悲愁，溢于言表。正是似谐实庄，寓意深邃。

【原文】

钟　鼓　洞[①]

百尺垂岩钟鼓鸣，依微尤是梵王音[②]。
有心试作无心听，始信无声却有声。
弘光元年乙酉孟春，惠府王亲古燕心坦贺国泰题。

【注释】

①钟鼓洞：在阆风岩下，又名流霞岛。黎杰《星岩今志》载："钟鼓洞石根没水，槎枒对峙，洞穴委宛。其高广丈余，石扉倒垂，左右可通。北壁凹入，石乳下垂，若缨络宝相者累累。下护阑桢，设为神座；中奉尺许岩石，色黄，异于旁石，云是刘三妹神，来往无踪，能致风雨。"②梵王音：神庙里诵经之音。梵王，大梵天王之简称，印度婆罗门教徒至尊之神，佛教则以彼为佛之侍从。

【评析】

本诗写钟鼓洞发出奇妙的依稀钟鼓齐鸣的悦耳动听的声音。可惜钟鼓洞现在已不是"石根没水"，而是大道环绕。北壁仙台也半湮没。"梵王音"也荡然无存。平铺直叙，一泻无余之作，一般不会引人入胜。反之，抑扬顿挫，往往金声而玉振；曲径通幽，能引人寻踪而探胜。本诗先写洞内钟鼓齐鸣，以突出洞之奇异，引读者去寻踪：为什么会有钟鼓鸣？又为什么似梵王音？只得进而探胜，让读者也来亲手"试作"，探出"始信无声却有声"的奥秘来。此诗之美，在于成功地运用了曲径通幽、寻踪探胜的手法，因而产生了诱人的艺术魅力。诗人既然"有心试作"，又为何"无心听"呢？没有此曲笔，就不会使我们感到"却有声"这个诗境之"幽"来。"声"是全诗的诗眼，有了它，全诗就精彩动人，熠熠生辉。

石刻40　刘日材《七星岩歌》

【说明】

刘日材，江西南昌人，明嘉靖三十三年（1554）任韶州府推官。嘉靖三十四年（1555）冬，奉公檄抵肇，游七星岩，乃拊石而歌，刻于璇玑台左侧石壁。

【原文】

七星岩歌①

石室山头野氛没，石室山傍七星出。

七星何年落人世，化作孤峰斗奇崛②？

巑岏③独立九千尺，雄镇端州百万叶④。

巉厓峭壁流丹霞，聚草盘松落苍雪。

上有迎日之扶桑⑤，下有栖仙之檀越⑥。

悬岩挂石飞欲堕⑦，古洞藏云深且折。

硶研琢削天门通⑧，洞房斜照岩头月。

石窦潺潺落硐声⑨，溪光缭绕回七星。

纤波不动秋江碧，淡烟时共孤峰青。

鹭下鸥浮自朝暮⑩，空山那复玄猿惊⑪。

七星主翁探奇趣，白鹤道人无俗情。

恍然坐我瑶台石⑫，天风飒飒⑬心骨清。

乾坤⑭得意是仙境，岂又弱水之蓬瀛⑮。

嘉靖乙卯腊月既望，湖山道人刘日材书。

【注释】

①歌：歌曲，能唱的诗或文。《尚书·舜典》："诗言志，歌永言。"孔安国传："诗言人之志意。歌咏其义以长其言。"这是古代诗与歌的区别。②崛：特出貌。③巑岏（cuányuán）：山之高锐峻大貌。《楚辞·九叹·惜贤》："登巑岏以长企兮。"王逸注："巑岏，锐山也。"宋玉《高唐赋》："盘岸巑岏。"张铣注："巑岏，山之峻大貌。"④叶：世也。⑤扶桑：神话中树木名。《山海经·海外东经》："汤谷上有扶桑，十日所浴。"陆机《日出东南隅行》："扶桑升朝晖，照此高台端。"作者以扶桑迎日喻七星岩之高。⑥檀越：佛教名词，意谓施主。寺院僧人对施舍财物给僧团者的尊称。⑦"悬岩"句：《宣统高要县志》云璇玑台上"天牖尚开，一石岿然半当牖下，欲坠不坠，或题曰银浦流云"。⑧硆岈（hányá）：山深貌。琢：雕琢。⑨窦：孔穴。硐：通"洞"，水洞。⑩鹭：水鸟名。体型高大而瘦削，喙皆强直而尖，颈和足亦长，趾具半蹼；适于涉水觅食。常活动于江湖或泽地中，主食鱼、蛙、贝类及昆虫。鸥：水鸟名。翼皆尖长，善于飞翔；趾间具蹼，能游水。习性与鹭相似。⑪"空山"句：意谓空山那边时会传来赤黑色的猿互相追打或受惊发出的叫声。猿，灵长类动物，形态跟猴相似。颊下无囊，没有尾巴。⑫恍然：猛然领悟貌。瑶台：古人想象神仙居处。李白《清平调》："若非群玉山头见，会向瑶台月下逢。"⑬飒飒（sà）：形容风雨声。⑭乾坤：《周易》的两个卦名，指阴阳两种势力。阳性的势力叫乾，乾之象为天；阴性的势力叫坤，坤之象为地。引申为天地、日月、男女、父母、世界等的代称。这里指天地或世界。⑮弱水：指仙境。《十洲记》："凤

麟洲在西海之中央，地方一千五百里，洲四面有弱水绕之。鸿毛不浮，不可越也。”蓬瀛：指传说仙境中的蓬莱和瀛洲。

【评析】

这是一首盛赞七星岩乃人间仙境的诗歌。全首二十六句，十三联。前十联用白描手法尽情描绘七星岩美景，后三联通过抒情，赞美七星岩确是人间仙境。

前十联抓住七星岩的主要特征，不加渲染和烘托，用简练的笔墨刻画七星岩雄奇秀美的形态。先用二联交代七星岩诞生的美丽传说，再用一联勾勒七星岩高锐峻大、雄镇端州的奇崛英姿。然后用四联重点描写石室岩内外的风光胜迹：巉崖峭壁、聚草盘松、丹霞苍雪、扶桑檀越、银浦流云、洞折云深、日星毕照；又用三联点出星湖的风光特征：泉声泠泠、溪抱七星、波光峰影、鱼泳鸟飞、空山猿声。这十联写来气象清新，出语洒落，优美真实，技巧纯熟，深入浅出，其刻画是成功的，音律是和谐的，因而能给人以美的享受。后三联则迥然不同，主要通过作者的所见所闻所感来抒发对七星岩的爱，从而巧妙地使读者确认：七星岩乃人间仙境。不然不可能使七星主翁、白鹤道人等乐而忘归脱俗情，也不能使我恍然而心骨清。结联结得有力、动人。用反问语气概括全篇：世上最好的是仙境，而七星岩就是仙境，难道还用花时间去寻找那传说中的弱水之蓬瀛吗?

这首诗歌韵律优美谐和，易于歌唱。尤以转韵更巧妙，一共二十六句，依诗情发展，变换了六个不同的韵脚，声音也由柔和到洪亮（先是柔和级的“质、叶、屑、月”四个仄声韵，后是洪亮级的“青、庚”两个平声韵），声韵意境相得益彰，可谓文情与声情丝丝入扣，宛转谐美。

石刻41 郑芝龙诗《游七星岩水月宫》

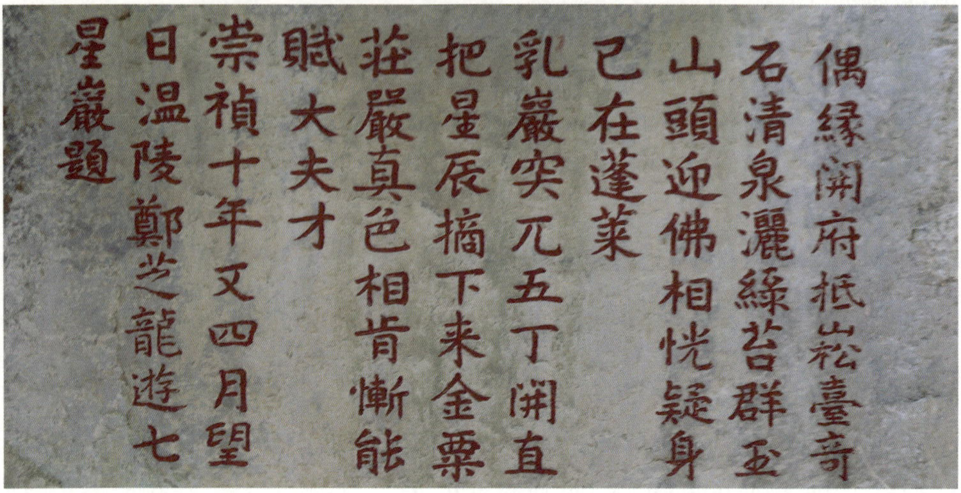

【说明】

郑芝龙（1604—1661），明清之际福建南安人，字飞黄，小字一官。少时在海上起兵。万历、天启年间，他领导福建、台湾人民杀贪官，抗倭寇，打击荷兰侵略者，并进行移民和开发台湾，拓展海外贸易。崇祯初，受两广总督熊文灿招抚，累官至广东总兵，驻肇庆。明亡，1645 年拥唐王在福建建立南明隆武政权，次年清兵入闽，不听其子郑成功的哭谏，不战而降，后被徒北京，因其子占据台湾反清，为清廷诛杀。

郑芝龙明崇祯十年（1637）四月十五日因往水月宫迎佛像，赋诗二首，后刻于石室岩璇玑台左壁。

【原文】

游七星岩水月宫[①]（二首）

一

偶缘开府抵崧台[②]，奇石清泉洒绿苔。

群玉山头迎佛相[③]，恍疑身已在蓬莱。

二

乳岩突兀五丁开④，直把星辰摘下来。

金粟庄严真色相⑤，肯惭能赋大夫才⑥。

崇祯十年又四月望日，温陵郑芝龙游七星岩题。

【注释】

①水月宫：亦名水月禅林。明崇祯九年（1636）两广总督熊文灿建。②“偶缘”句：意谓作者因两广总督之命来肇庆任广东总兵，因而有缘游览崧台山。开府，开设府署。③“群玉”句：意谓在碧玉似的七星岩迎来了新铸的佛像。群玉山，传说中西王母的居处。李白《清平调》：“若非群玉山头见，会向瑶台月下逢。”作者非指西王母之居处，而是实指七星岩，因为以“玉”形容七星岩已非鲜见，以群玉喻七星岩更美更真切，若非如此，“恍疑身已在蓬莱”就难解。佛相，指水月宫中新铸的佛像。④突兀：高耸特出貌。五丁：传说中的大力士。《华阳国志》：“蜀有五丁力士，能移山。”⑤金粟：金粟如来的简称，这里指佛像。色相：佛家语，禅学以一切有形之物，皆为色相。⑥“肯惭”句：意谓（今天实在高兴），我要赋诗吟咏水月宫的佛像，即使面对辞赋家宋大夫也不会自惭形秽。大夫，指战国时楚国大夫宋玉，辞赋家。曾作《神女赋》《高唐赋》，皆写神仙事。

【评析】

《宣统高要县志》载，熊文灿招抚郑芝龙时，使芝龙与海寇刘香战，自言摩利支天（梵语，即观音）菩萨现形空中，香因败灭。以为菩萨即元女，乃范（用模子浇铸）铜为像，极宏伟，倾资十余万建宫报之，终年奉祀。而建筑之木材，不知何名，在山中不知历几千百年，久而弗坏。游客观为古物，多叹异之。郑诗即因此而作。诗作除描写七星岩巍峨高峻与灵秀之外，还记下了兴建水月宫之缘由、水月宫之雄奇、铜像之宏伟以及迎佛像之盛况。可惜水月宫大铜像毁于十年动乱中，星湖管理处后集资按原样塑像，仍立中殿，观者甚众。

今天民间仍流传着“摩利支天菩萨现形空中”的神话传说。其实，此乃郑芝龙为了夸耀自己，慑服敌人而捏造出来的愚弄人之举，殊不可信。

石刻42　冯敏昌诗《七星岩五首》

【说明】

冯敏昌（1747—1806），字伯求，号鱼山，钦州人。清乾隆进士。为刑部河南司主事。工书法，善画松石兰竹，苍秀脱俗，简淡中饶有劲逸气。诗则贯穿李杜韩黄，自成蹊径，是清代著名诗人。喜旅游，足迹几遍祖国名山大川。著有《华山小志》《师友渊源录》《小罗浮草堂诗钞》等。嘉庆元年（1796）在肇庆端溪书院主讲。赋诗颇多。其中《七星岩》五首，依次描绘了星岩全景、石室岩大岩、莲花洞、玉屏岩和出米洞。体制宏大，百四十句，凡七百言，一首一韵，描绘生动，各具特色，可作导游。这组诗与李北海《端州石室记》、黎简《南服陨石》并称“石室三绝”。刻于石室洞璇玑台壁。今选第一首，简析之，余四首附后。

【原文】

七星岩五首

一

层城①凌元天，高可见列星。斗星堕精液，环列正如屏。
苍苍七岩开，各各标奇形。厥②阵回长蛇，又若轰连霆③。
峨冠耸正方，高屋建重瓴。斗魁曰崧台，帝觞百神灵。
绝奇尤斗杓，轩然紫微庭。④谁令银汉回，洗出层厓青？
岂知尺寸质，内照咸荧荧⑤。是为碧琳腴⑥，往往飞仙铭。
重闻沥湖⑦波，倒浸涵玲珑。恍惚三神山⑧，风引来南溟。
沧海忽桑田，何由验前经。且看平地势，尚欲横青冥⑨。

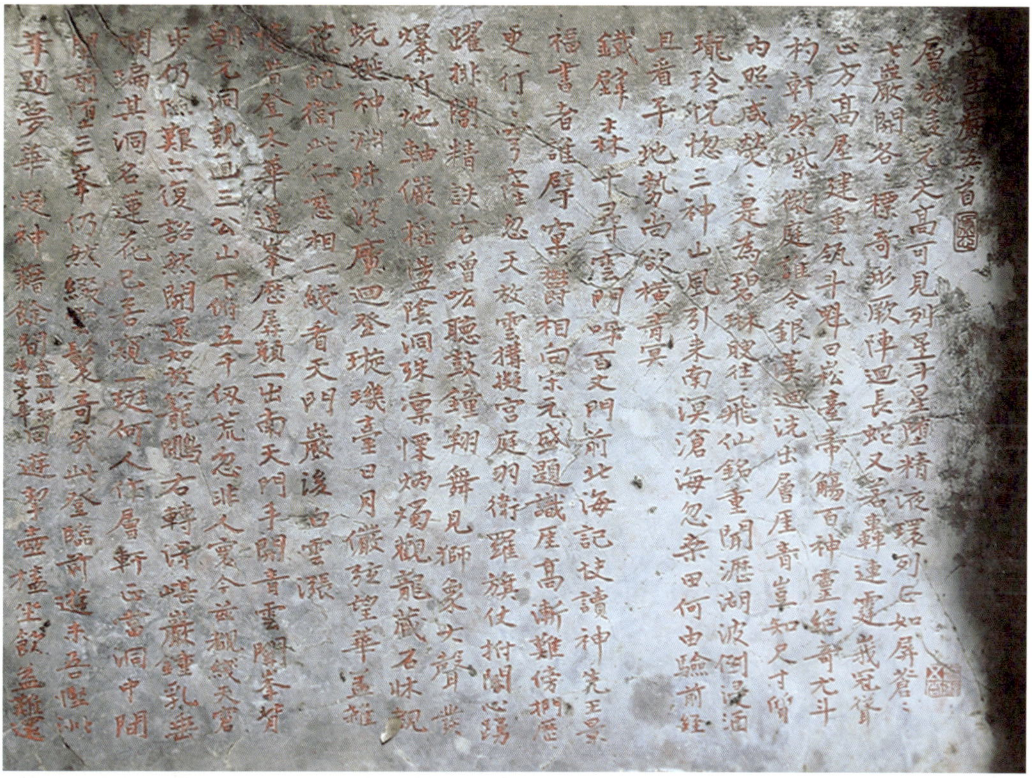

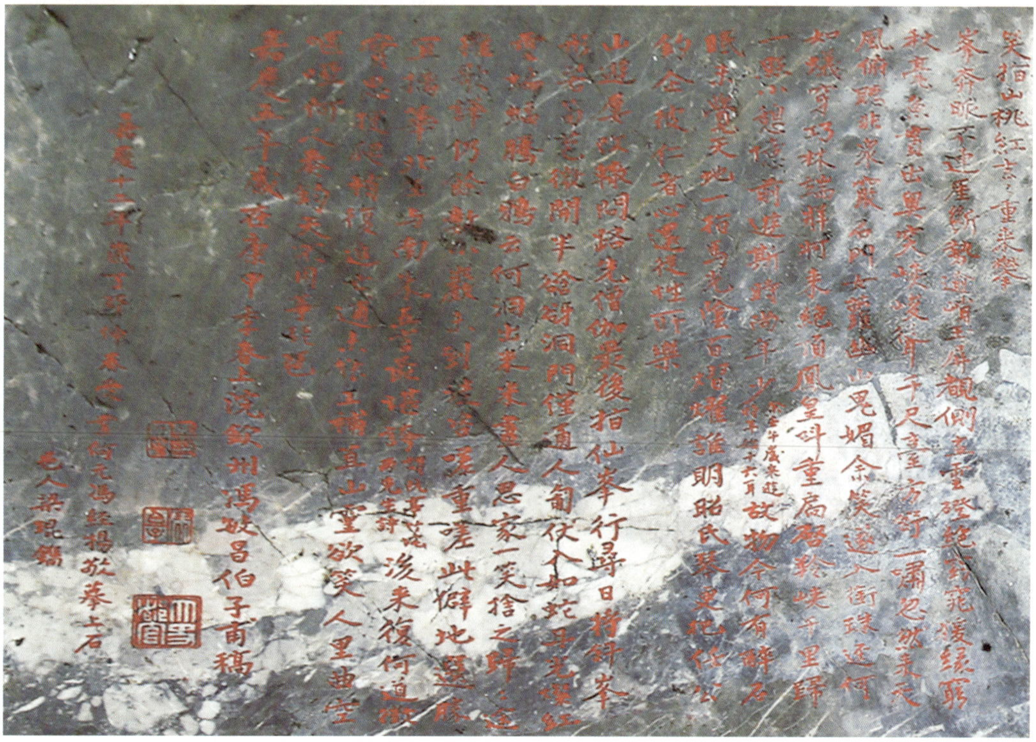

【注释】

①层城：谓昆仑山之巅。《水经注·河水》：“昆仑之山三级。下曰樊桐，一名板桐；二曰玄圃，一名阆风；上曰层城，一名天庭，是为太帝之居。”②厥：其也。③霆：雷之余声。④“斗魁”四句：北斗七星，一天枢，二天旋，三天玑，四天权，五天衡，六开阳，七摇光。一至四为斗魁，五至七为斗杓。《宣统高要县志》载：“石室岩一名定山，唐天宝六年改称嵩（崧）台山。山上为嵩台，其下为石室，室内有斗魁台，明代改为璇玑台。”传说玉皇大帝曾在七星岩巅之崧台大摆筵席，欢宴百神。紫微，天子之所居。⑤荧：光艳。⑥碧琳：青碧色的美玉。司马相如《上林赋》：“玫瑰碧琳。”腴：肥美，引申为丰满。⑦沥湖：星湖。《肇庆府志》：“沥湖在城北五里……春夏潦涨，极目浩渺。”⑧恍惚：隐隐约约。三神山：神仙所居之山。《史记·封禅书》：“蓬莱、方丈、瀛洲，此三神山者，其传在渤海中，……诸仙人及不死之药皆在焉。”⑨青冥：指天。

【评析】

本诗描绘七星岩的成因及全景。开篇气势不凡，以昆仑山之巅的层城喻之，点尽七星岩之高峻雄奇。继而以拟人法风趣地道出七星岩的成因。“堕精液”三字，不落俗套，生动传神，点出七星岩乃天上人间的精华演化而成，因而是天之骄子。七子环列如屏，各具体态：其阵如长蛇斗折，其声如余雷隆隆；巍峨耸立，高屋建瓴；有玉帝欢宴百仙的崧台，有天子所居的长廊。想象丰富，意境优美。“谁令”以下十句，以设问告诉读者，七星岩是经过天河的洗礼才飘落人间的，非等闲之物。“回”字妙极，显出七星岩之圣洁。“洗”字形象准确，洗出七星岩的苍翠、光艳与灵秀。那七堆碧玉，连飞仙也铭记不忘。倒映在明澈的沥湖中的七星岩，在碧波荡漾中，更显得玲珑剔透，仿佛是从渤海吹来的蓬莱仙山。到此，诗人把星湖之灵秀说绝了。最后四句，谓七星岩虽经沧海桑田，仍高峻雄奇，横卧青天。与开头呼应，并引出下一章——铁壁森千寻的石室岩。

【原文】

二、石室岩

铁壁森千寻，云门呀百丈。门前北海记，快读神先王。
景福书者谁？擘窠郁相向。宋元盛题识，厓高渐难傍。
扪历更行行，穹窿忽天放。云构拟宫庭，羽卫罗旗仗。
拊阍心踊跃，排阊精詄宕。噌吰听鼓钟，翔舞见狮象。
大声发爆竹，地轴俨摇荡。阴洞殊凛慄，炳烛观龙藏。
石林睹蜿蜒，神渊昧深广。回登璇玑台，日月俨弦望。
华盖杂花葩，卫此仁慈相。一线看天门，岩后白云涨。

三、莲花洞

忆昔登太华，莲峰历孱颜。一出南天门，手开青云关。
峰背朝元洞，觌面三公山。下俯五千仞，荒忽非人寰。
今兹睹线天，窘步仍险艰。亦复豁然开，还如放笼鹇。
右转得嵁岩，钟乳垂斓瑞。其洞名莲花，已若窥一斑。
何人作层轩，正当洞中间？阑前堕三峰，仍然缀云鬟。
奇哉此登临，前游未吾悭。泚笔题梦华[①]，凝神藉余闲。
同游挈壶榼，坐饮益难还。笑指山桃红，去去重来攀。

四、玉屏岩

峰奔脉不连，崖断势逾峭。玉屏睹侧立，云蹬绝窈窕。
猿缘穷秋毫，鱼贯出奥宎。峡峻耸千尺，台方舒一啸。
忽然来天风，俯听非众窍。石门女萝幽，山鬼媚余笑。
遂入衔珠径，何如蚁穿巧。林端牂牁来，绝顶凤凰叫。
重扃启羚峡，千里归一照。小憩忆前游，斯时尚年少[②]。
故物今何有，醉石眠未觉。天地一指马，光阴百熠耀。
谁明昭氏琴，更把任公钓。企彼仁者心，还从性所乐。

五、出米洞

山游屡改辙，问路先僧伽。最后指仙峰，行寻日将斜。

峰形若笋苞，微开半谽谺。洞门仅通人，葡伏入如蛇。

丹光灿红云，蝙蝠腾白鸦。云何洞出米，米尽人思家。

一笑舍之归，归途杂歌哗。仍余数小岩，未到徒咨嗟。

重嗟此僻地，选胜宜摛华。北王与南朱，五言最堪夸[3]。

后来复可道，征实思搜爬。稍复追亡逋，未能工补苴。

山灵欲笑人，里曲空呕哑。何人奏钧天，不用筝琵琶？

嘉庆五年岁在庚申季春上浣，钦州冯敏昌伯子甫稿。嘉庆十二年岁丁卯仲春，受业何元、冯经扬敬摹上石，邑人梁琨镌。

【注释】

①作者自注：“余题此轩为梦华。”②作者自注：“余壬午岁来游，时年始十六耳。”③作者自注：“谓阮亭竹垞两先生诗。”阮亭，是王士禛的别号，山东新城人，故曰北王。竹垞，是朱彝尊的别号，浙江秀水人，与王士禛并称为南北两大诗人。

石刻43　景日昣记《造观音像于石室之事》

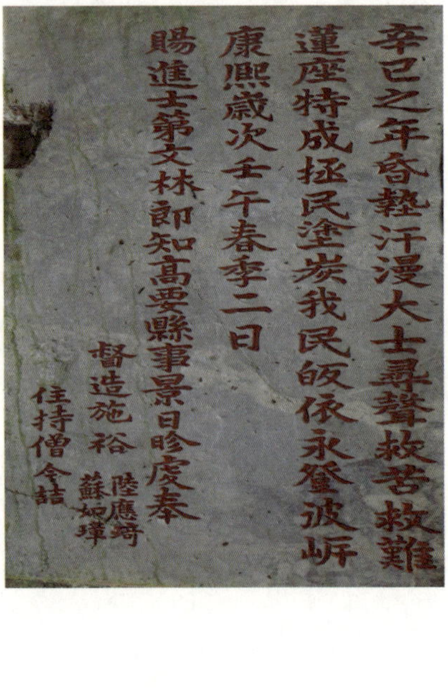

【说明】

景日昣，河南省登封人，进士。康熙三十六年（1697）任高要知县。任内曾主持筑景福围。后来升户部侍郎。

【原文】

辛巳之年，昏垫汗漫。大士寻声，救苦救难。莲座特成，拯民涂炭。我民皈依，永登彼岸。

康熙岁次壬午春季二日，赐进士第文林郎知高要县事景日昣虔奉，督造施裕、陆应琦、苏如璋，住持僧令喆。

【评析】

康熙四十年（1701）夏天，肇庆周围暴雨成灾，肇庆决堤四十余丈，被淹农田 7 900 余顷。农民饥寒交迫，爆发了抢夺地主谷物的斗争。有人宣扬决堤是白莲塘的鹅怪作祟之故，于是造观音像以镇鹅怪。石刻记载的就是造观音像于石室以镇鹅怪之事。

石刻 44　李樸诗《石室》

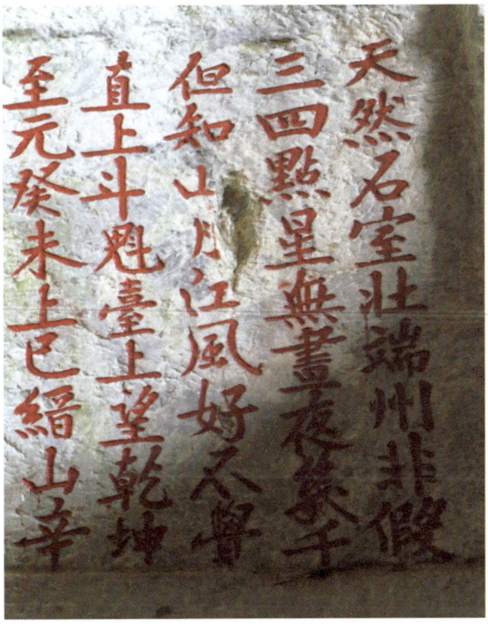

【说明】

李樸，字德秀，元代初端州人，曾任梅州推官（专管府之刑名）。他热爱家乡，尤其景仰星湖，于是写下咏石室七律二首，刻于璇玑台对壁，可惜被压刻了一部分。《肇庆历代诗选》（广东人民出版社，1986 年）根据清代黄子高编《粤诗搜逸》补足其中的一首，才使这首端州人写端州景的好诗重放光彩。

【原文】

石　室

天然石室①壮端州，非假神输鬼运谋。
三四点星无昼夜，几千年水自春秋。
但知山月江风好②，不觉红尘冉冉流。
直上斗魁台上望，乾坤浩荡白云浮③。
至元癸未上巳缙山辛□□□□□□。

【注释】

①石室：石室岩洞。②此句《肇庆历代诗选》作“但知玉乳涓涓滴”，本书采用璇玑台石刻诗原句。理由有二：一是忠实于石刻；二是此句写石室顶上美丽的明月，岩前柔和的江风。如此意境更阔大，星湖更优美，同时又照应了“无昼夜”。③此句与另一首咏《石室》的“天上地理本相通”有异曲同工之妙。

【评析】

这首描写星湖优美风光的诗，成功地表现了元代星湖山水之美，抒发了作者热爱家乡、赞美星湖的炽热之情。全诗色彩绚烂，融情入景，真挚感人，有不尽之意。它写出了石室夭矫峻奇的雄姿、七星光照千秋的奇观、山月江风的清爽、璇玑台的玄妙。结句尤佳，把端州、石室、诗人巧妙地融合在茫茫的宇宙间，使天、地、人三者合而为一，不露痕迹地点出了人间仙境。

【译文】

您是天然的
您的光临使端州更加壮观，
不是神
不是鬼
是造物者的筹谋。
七星光耀我端州
不分夜和昼，
几千年来水一片
不分春和秋。
多美丽啊
石室顶上的明月，
多柔和啊
石室岩前的江风，
空气是那样的清新
景色是那样的迷人
这里没有尘族的漂流。
我登上那璇玑台，
望呀望，
啊！
天地是那么壮阔浩大
端州
石室还有我
仿佛都在白云间游浮。

石刻 45　洪颐煊题名《鲍镇方等来游》

【说明】

洪颐煊，字旌贤，号筠轩，浙江临海人。著名文学家、史学家。著有《平津馆读碑记》《续记》《三续记》《读书丛录》《诸史考异》等。嘉庆六年（1801）贡生，官直隶州州判，署新兴县事，罗定通判。家中藏书三万余卷。

洪颐煊道光六年（1826）四月十日游七星岩，题名并由梁漱芳刻字。刻于璇玑台前左石壁上，篆书。端正秀丽，游人瞩目。

【原文】

道光六年岁在丙戌四月十日，繁昌鲍镇方、临海洪颐煊同男瞻墉来游。

古端州梁漱芳刻字。

石刻 46　文璧诗《七星奇观》

【说明】

文璧，号文溪，宋末元初江西庐陵（今吉安市）人，乃民族英雄文天祥胞弟。南宋末年，元军南下，时文璧为惠州太守，以城降元，为临江总管。文天祥组织义军抗元，兵败被俘，就义前，曾给文璧寄诗文，有“遗命以弟璧之子为后”的嘱托。文璧依嘱，将其次子过继文天祥，并携家丁 16 人及家眷隐居于宝安县（今深圳市宝安区）黄松岗。元朝大德年间，文璧的孙子文应麟秉承文天祥遗志，不服元朝管治，搬迁到福永大茅山岭下村居住，开村立业，形成今天宝安区福永镇凤凰、白石厦、新田三村文姓宗族。

文璧于至元二十七年（1290）到肇庆，游七星岩时赋诗二首，刻于石室洞璇玑台对壁，均无题。题目为编者所加。

【原文】

七星奇观

此郡岩分上下中，七星奇观更称雄。
似闻石燕灵根出，疑与鲛鱼别穴通①。
池②上飞仙骑北斗，山间过客操南风③。
深陵高谷④知何限，独立斜阳哭路⑤穷。

【注释】

①鲛鱼：鲨鱼。《说文·鱼部》："鲛，海鱼也。"一说与"蛟"通，古人以为蛟乃龙类，能引发大水。此句意谓石室岩有水与各洞穴相通。②池：瑶池，仙境。《神仙传》："昆仑阆风苑有玉楼十二层，左瑶池，右翠水。"③南风：南方的音乐，这里泛指乐器。④深陵高谷：陵谷。《诗·小雅·十月之交》："高岸为谷，深谷为陵。"比喻世事变迁，高下易位。骆宾王《叙寄员半千》："坐历山川险，吁嗟陵谷迁。"诗句似从此化出。⑤哭路：二字在石刻中残缺，现据阮元《广东通志》补出。审石刻，该二字还值得研究。

【评析】

这是一首心怀国仇家恨而又不得不屈辱于异族统治下的官吏的吐苦诗。首联以一些寻常的词语入诗，写来平平无奇。颔联颈联形象飞动，意境清新，尽写七星岩之幽深灵秀。而在艺术形式上则讲究格律，富艳精工，下字运意，皆有法度。尾联寓情于景，灵活巧妙，哀怨而激越，沉痛但不绝望。借《诗·小雅·十月之交》之典，以喻山河变色，世事变迁，以言作者仇恨之深之广。这里包括了作者个人身世之感、亲人亡逝之痛，也包括了沉重的亡国之恨。国仇家恨全概括在这七个字中。"独立斜阳"，极形象，极坦率地描绘作者面对国仇家恨而无所作为的沉痛心情。其寄人篱下孤独无援的哀怨在“独”字尽出，如见他在号叫，在呼喊，面前却是夕阳西下。无可奈何之际，只有“哭路穷”了。“哭”字撕心裂肺，凄楚悲切。如此作结，显示了无比的艺术感染力。本诗成于宋亡后的十一年，其兄文天祥就义之后七年，因而不能不打动那批宋代遗老们怀念故国之心。当然，作者的某些作为却反映了封建社会知识分子的软弱性，与其兄富贵不能淫、威武不能屈的品格大相径庭。

【原文】

又　赋

谁凿混沌窍，中为轻青天。刚风运鳌背，弱水嘘龙涎。
灵草能延寿，魁台可揖仙。元公知命者，曾此石崖镌。
至元庚寅上元，庐陵文溪文璧。

石刻 47　莫耀衡题字“奇观”

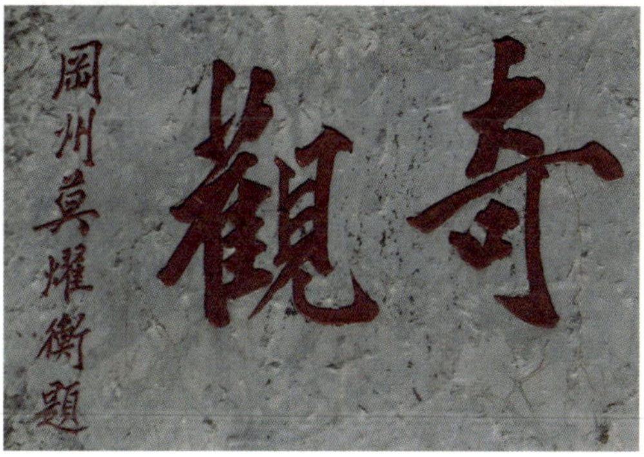

【说明】

莫耀衡，《宣统高要县志 · 职官志》载：莫耀衡于清光绪三十四年（1908）任肇庆教谕。其间游七星岩，题“奇观”二字，刻于石室洞璇玑台对壁上侧，大字楷书。

【原文】

奇观

冈州莫耀衡题。

石刻48　俞大猷诗《题七星岩》

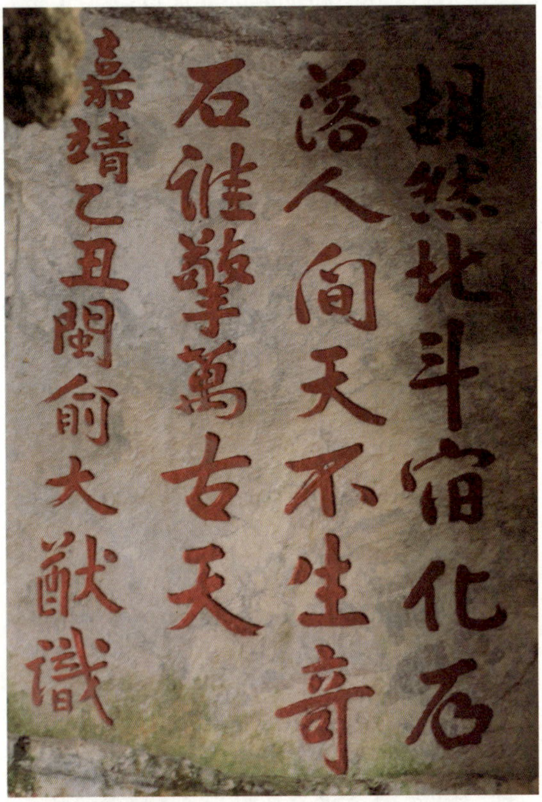

【说明】

俞大猷（1503—1579），明朝抗倭名将。字志辅，号虚江，福建泉州人。好读书，知兵法。嘉靖中武举人，除千户，守御金门。嘉靖二十八年（1549），擢署都指挥佥事，佥事广东都司。时倭寇（日本海盗）扰浙东，受命为宁波、台州诸府参将，屡以舟师破倭寇，时称俞家军。嘉靖三十五年（1556），为浙江总兵官，平宁波舟山倭寇。后被诬系狱。未几，令其戴罪戍边。嘉靖四十年（1561），又擢福建总兵官，与戚继光共破倭寇。嘉靖四十三年（1564），改镇广东，在潮州、海丰等地防倭。一生忠诚为国，老而益坚，后病逝家中。有《洗海近事》《续武经总要》《正气堂集》《剑经》传世。

嘉靖乙丑（1565），俞大猷巡视端州，游七星岩，有感于七星岩气势之雄伟而赋五绝一首以言志，刻于石室洞璇玑台右壁。

【原文】

题七星岩

胡然北斗宿，化石落人间？① 天不生奇石，谁擎万古天！

嘉靖乙丑，闽俞大猷识。

【注释】

①“胡然”二句：意谓何以北斗星座要化成七星岩飘落人间呢？传说七星岩乃北斗七星奉玉皇大帝之旨飘落人间化成的。

【评析】

诗以自问自答的形式达到借景言志的目的，这是它最大的特色。开篇奇突，气势非凡，劈头问青天，有李白、苏轼把酒问天的遗风与浪漫主义色彩。为什么天上的北斗七星要化成七星岩飘落人间呢？这一问，对那无限宇宙里的奇迹，大有神往与迷惑交驰之感。这一问，使那北斗七星落人间的传说平添了神奇的浪漫色彩！遐思之际，却又突然收束。收得自然且气魄雄伟，以七星岩自比，更是出人意料，却是意料之中，妙不可言。七星岩，你是擎天柱，可当今奸相严嵩当权，政治腐败，内忧外患，摇摇欲坠，谁来擎住明朝这个天下呢？我！真是掷地有声。到此，诗人那擎天之志已表露无遗，其一生忠诚为国、老而益坚的高大形象跃然纸上，屹立人前。全诗结构新颖，气势雄健，形象生动，浪漫主义色彩浓烈。

石刻 49　陆鳌诗《万仞苍崖》

【说明】

陆鳌，浙江平湖人，进士出身。明崇祯二年（1629）任肇庆知府，所修《肇庆府志》现存日本京都大学。

诗人常游星湖，在石室岩、阆风岩和玉屏岩有多处石刻诗。崇祯壬申年（1632）赋七律一首，刻于石室岩璇玑台右壁。无题，题目为编者所加。

【原文】

万仞苍崖

万仞苍崖目眩观，珠联灵窍秘仍宽[1]。
鼓钟籁宛庄严地[2]，狮象形森般若坛[3]。
玉乳乱垂台润古，冰崖纷叠洞光寒。
从空漏出人天[4]界，仄磴盘纡碧汉端[5]。
当湖陆鳌题，郡人何湛然［刻］。

【注释】

①“珠联”句：意谓天上人间最珍异的东西都集中在这神秘而宽阔的洞天福地。珠联，旧时比喻人才或美好的事物凑集在一起。《汉书·律历志上》：“日月如合璧，五星如连珠。”②“鼓钟”句：意谓这里有石鼓石钟和屈曲的管乐，是一个庄严肃穆的圣地。籁，古代一种管乐器。宛，屈曲。《宣统高要县志》云：“石室岩有石，拊之声蓬蓬然，震彻岩谷，曰石鼓。有石下垂如悬钟状，曰石钟。又有形如螺者，吹之其声呜呜然，曰石角。”③般（bō）若：佛教名词。梵语，意译为“智慧”。又解为脱离妄想，归于清净。大乘佛教称之为“诸佛之母”。坛：古有大事多设坛，用于祭祀及朝会、盟誓等大事。《宣统高要县志》云：“石室洞内黑岩，有石当门雄视作守卫状，曰石狮。光岩石状态益奇诡，若龙若凤，若狮若象，或翔或伏，若奔若斗。”④人天：人间与天上。《魏书·释老志》：“人天道殊。”⑤仄：倾斜。盘纡：迂回曲折。碧汉：天河、银河。徐夤《鹊》诗：“碧汉填河织女回。”

【评析】

本诗生动地描绘了七星岩险峻奇丽的外景、仙洞般圣洁的内景。笔意清丽峻拔，很有气势，意境开阔而壮美。

首句起势峻拔，以夸张的手法，描绘七星岩的雄峻高耸。“万仞”以具体数字说明山之高耸，“目眩”从感观上描写山之峻峭缥缈，一静一动，相映成趣。次句以简练的笔法，勾勒出石室洞的特点：宽阔而宝藏多。引人寻宝探胜，巧妙地引出下文。颔联具体描绘千姿百态的岩石：随物状形，栩栩如生。如见钟鼓齐鸣，管乐和之；石狮雄视，群象奔斗。“庄严地”“般若坛”用得出神入化，仿佛置身于佛坛圣地，大有得道飞升之韵味。颈联进一步描绘洞内景象：石钟乳像倒悬的无数冰川，纷叠多姿，洁白晶莹，给人以圣洁之感。乳汁滴滴，寒光闪耀，静中有动，生气活现。尾联用“烘云托月”的手法，描写七星岩直插云天的气势：先是由洞内往外望，从孔隙中可以看见人间与天上相接的界线，以此烘托出七星岩之高耸瑰玮；后则想象，从陡斜的登山石级盘迂而上，就可以直达银河之端，以此烘托出七星岩之峻峭险奇。这里极写七星岩连接天际，山水一色，仿佛与银河相通，与首句描绘山之雄峻高耸相呼应，相得益彰。全诗描绘出一幅壮丽迷人的画卷。

石刻 50　陈文高题额“石室慈云”

【说明】

陈文高，生平不详。清道光二年（1822），偕男敬酬“石室慈云”题额。刻于璇玑台右壁上侧，行书。

【原文】

石室慈云①

道光二年岁次壬午孟春吉旦，沐恩顺邑信士陈文高偕男祥霖敬酬。

【注释】

①慈云：佛家语，慈荫也。王子韶《鸡跖集》：“如来慈心，如彼大云，荫注世界。”后用慈悲泛指对人的同情和怜悯。

石刻 51　丁应堂题额“福地慈云”

【说明】

丁应堂，生平不详。清道光元年（1821），题“福地慈云”四字，刻于璇玑台右壁上。

【原文】

福地慈云

道光元年岁次辛巳季夏吉旦，浙绍暨阳丁应堂熏沐敬题。

石刻 52　高睿题额“天然宫殿”

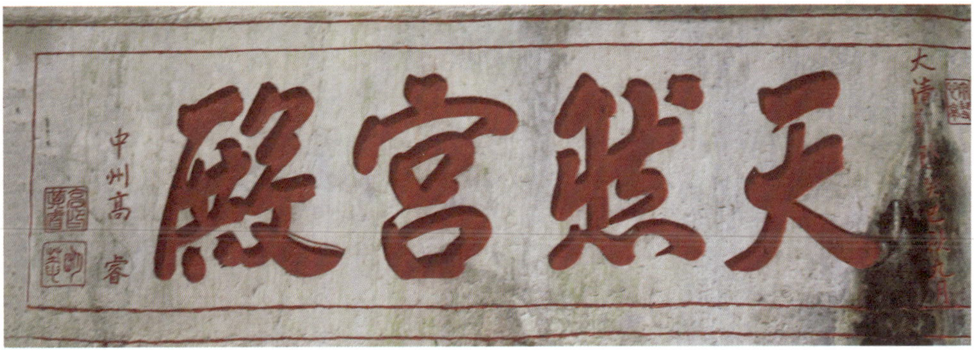

【说明】

高睿，汉军镶黄旗人，官学生员，世袭男爵，乾隆三十五年（1770）任肇庆知府。乾隆三十八年（1773）癸巳秋九月题额“天然宫殿”四个楷书大字，刻于璇玑台前。

【原文】

天然宫殿

大清乾隆癸巳秋九月，中州高睿。

石刻53 郭都贤诗《首春人日右辖王澹庵招游星岩》

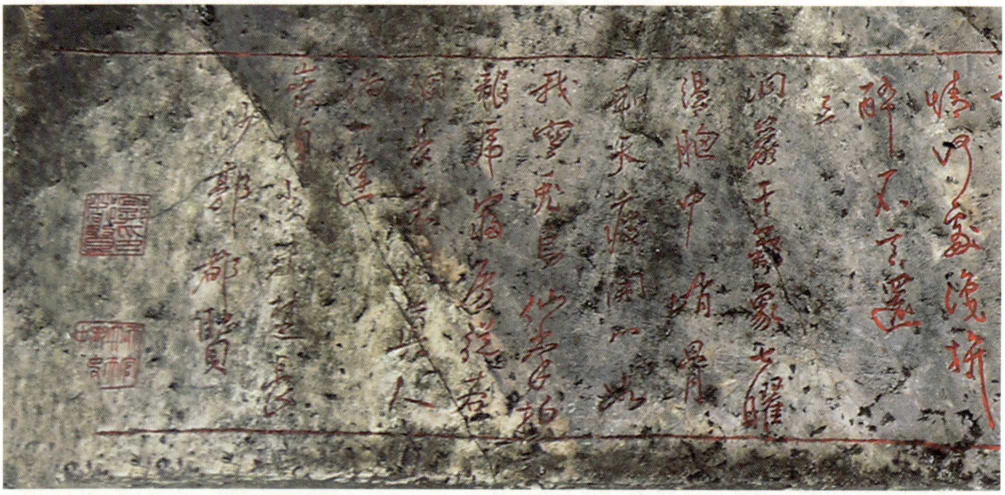

【说明】

郭都贤，湖南益阳人，字天门。明天启进士。崇祯中官至兵部侍郎，巡抚江西。清兵入关后，见南都政事浊乱，知势不可为，遂祝发为僧，隐于玉沙湖。号顽道人，又号些庵，种菊自娱，与世隔绝，苦无定居，客死他乡。都贤工诗文书画。有《补山堂集》《些庵杂著》存世。

郭都贤于崇祯癸未年（1643）春人日游七星岩，赋五言律诗三首，刻于璇玑台右侧。同年周希曜和诗三首，刻于郭诗左下侧。

【原文】

首春人日右辖王澹庵招游星岩①

一

不独岩观壮，兹游可当春。偶随星作客，消得日逢人②。

北斗名疑幻，南宫墨逼真。③一钩萝④影外，缑岭⑤忆前身。

二

错落仍珠海，胡为星倒悬？沥湖银汉⑥水，箭栝石门天⑦。

鸟道追僧影，龙宫狎客⑧眠。游情何处识，拼醉⑨不言还。

三

洞岩千气象，七曜⑩荡胸中。峭骨和天瘦，开心如我空。

兔乌⑪仙掌拍，龙虎寓属⑫从。若个长来往，真人⑬倘一逢。

崇祯癸未楚长沙郭都贤。

【注释】

①首春：开春。人日：旧称阴历正月初七为“人日”。《北史·魏收传》引晋议郎董勋《答问礼俗》：“正月一日为鸡，二日为狗，三日为猪，四日为羊，五日为牛，六日为马，七日为人。”②“消得”句：意谓那阳光灿烂的七星岩处处是游人。③“北斗”二句：意谓人们如果怀疑七星岩乃北斗七星所化，那么它是南方列宿则是千真万确的。④萝：女萝，隐士的服装。

有时也借指隐者的住处。⑤缑岭：缑氏山，在河南偃师县南。据《列仙传》载，相传王子晋能吹笙作凤鸣，游于洛水之间，被道士浮丘公引上嵩山。三十多年后，见桓良曰："告我家，七月七日，待我缑氏山头。"到时，晋果然乘白鹤驻山巅，举手谢时人而去。⑥银汉：银河；天河。⑦"箭栝"句：意谓石室岩中的莲花洞就像箭括和石门。箭栝，"栝"与"括"通，峰名。《华山记》："箭括峰上有穴，裁见天日。攀缘自穴中而上，有至绝顶者。"此指石室岩莲花洞内外景色。石门，《水经注》："滏水东南过石门硖，山高崭绝，壁立洞开。俗谓之石门口。"⑧狎客：陪伴权贵游乐的人。《陈书·江总传》："总当权宰，不持政务，但日与后主游宴后庭，共陈暄、孔范、王瑗等十余人，当时谓之狎客。"⑨拼醉：不顾一切地饮酒。⑩七曜：古人以日、月与火、水、木、金、土五大行星为七曜。古代星历家以七曜配二十八宿，又以各种鸟兽配二十八宿。⑪兔乌：兔，月亮；乌，太阳。⑫寓属：猕猴之类，多寄寓木上，故云寓属。说穴居之属，曰寓属。⑬真人：谓修真得道之人。语出《庄子·天下》："关尹、老聃乎，古之博大真人哉。"其后道家于成仙者，率奉以真人之号。

【评析】

这是一组写景抒情诗。写七星岩之景，抒隐逸之情。特点为主题相同，题材各异。第一首写开春人日游人畅游七星岩的情景，从而赞美七星岩风光壮丽，同时也流露出作者想避开现实的隐逸思想。第二首写七星岩水秀山清。先写珠海峰影、沥湖水秀，再写山洞清幽、龙宫客眠，最后以"拼醉不言还"赞美七星岩山水之令人陶醉。第三首写石室洞内气象万千，令人心花怒放，各种岩石随物状形，美不胜收。作者最后说：如果多来几次，说不定会在这里遇上神仙。明确而巧妙地点出了七星岩就是人间仙境。

这组诗写于明王朝灭亡的前一年。当时作者眼见清兵迫关，朝廷门户之争未绝，疆场则将骄卒惰，内地则灾荒频繁，农民起义烽火愈燃愈炽。而这里却是一片升平景象。遇上这个人间仙境实属难得，因而畅游山水，开怀痛饮。谁知“举杯消愁愁更愁”，面对满目疮痍而无所作为，只得皈依佛道，归隐去也。这对研究郭都贤走由官而隐之路的思想发展过程是一个重要佐证。

石刻 54　周希曜和诗《游星岩和郭天门先生韵》

【说明】

周希曜，江南旌德人，举人，崇祯十三年（1640）任广州府新安县知县。明崇祯癸未年（1643）游七星岩，于璇玑台见郭都贤五言律诗三首，欣然命笔，也得五律三首，后刻于郭诗左下侧。

【原文】

癸未正同顾公纶重游星岩
和郭天门先生韵

一

不尽岩游兴，相携且问春。僧供新岁榼，鸟识旧来人。
斗极元名幻，云端倘遇真。更疑缥渺处，逐队是前身。

二

突兀标灵异，嵌空月窟悬。珠玑如匝地，象纬自经天。
丹灶迎君暖，石床稳我眠。萍踪剧话里，深夜未言还。

三

折腰事甫竣，荡涤在云中。气势吞全粤，光铓接太空。
髯苏怪石供，颠米丈人从。更爱钟鼓洞，寻声倘得逢。
宝安长宛陵周希曜题，幻寄岩衲弘恩书。

石刻55　吴桂芳题字“璇玑台”

【说明】

吴桂芳，见本书七星岩石刻30的作者介绍。

【原文】

璇玑台

【评析】

北斗七星中，第二星名天璇，第三星名天玑。该石刻所在的大石块，是洞内凸起的最大最高的地方，像古代天文台的观星处，故名。明嘉靖四十四年（1565），吴桂芳在璇玑台壁刻“璇玑台”三个篆书大字，规格为0.76米×1.60米。

石刻56 陈绳祖诗《游石室》

【说明】

陈绳祖，清代湖南祁阳人。任朝议大夫岭西观察使期间到过肇庆。乾隆四十三年（1778）春正月偕友同游石室，赋七律二首以言志，后刻于石室洞璇玑台右侧石壁下。

石刻在石壁近水处，规格为0.83米×1.30米，篆书，分行排列。室洞内有三条通道。东通副墨岩、黑岩，西通光岩，中路可直登璇玑台。中华人民共和国成立后无大变化，不知何时，石室岩变成了水岩，陆路不通，只能走水路。清代陈绳祖的石刻诗处于石壁之下，自然也就难觅了。

【原文】

游石室

一

森罗北斗郁岧峣①，佳日偏宜胜引招。
阴洞蛟龙蟠玉骨②，上方钟鼎走山妖③。
峡云凝处双飞凤④，石鼓声中上下潮⑤。
呼吸已能通帝座，只疑风雨百灵朝。⑥

二

炎嵩⑦重来总宿因，玉山行处净无尘⑧。
青霄有路悬崖隔，红叶如花灌木春⑨。
过眼云霞惭官客⑩，探奇腰脚让樵人⑪。
一尊⑫休负余阳好，贝叶林中现圣身⑬。

【注释】

①郁：繁盛。岧（tiáo）峣：山高峻貌。曹植《九愁赋》：“践蹊隧之危阻，登岧峣之高岑。”②阴洞：指黑岩。详见本书七星岩石刻8李邕《端州石室记》注㉔。蟠：盘曲而伏。③钟鼎：作者自注：“玉虚宫古鼎贰，皆明季物。”明季，明代末期。走山妖：即山妖走。指钟声之震慑力。④双飞凤：指的是“双凤翱翔”的神话传说。《肇庆府志》载：“石室最胜处为观音岩，

中为璇玑台，其上有悬石，凝缀若双凤然，苞羽腾跃之势毕具。每阴霾欲雨，或见其翱翔出入。无何，为中贵（宦官）凿其一去，舟至羚羊峡，遇骤雨，几不免。乃亟弃之江。今一尚存。”⑤“石鼓”句：黎杰《星岩今志》载：“黑岩内有池，相传与潮汐上下。”⑥“呼吸”二句：作者自注：“崧台在绝顶，无路可通，樵子间能一至。”此二句指的是“帝觞百神”的神话传说。很久以前的一天，玉皇大帝出南天门，忽见七星岩就像一串晶莹璀璨的明珠，和湛蓝蓝的湖水交相辉映，美丽无比。回宫后，即下旨：四月的一个朗月之夜，在七星岩之巅——崧台大摆筵席，欢宴百神。⑦炎嵩：可能借同音字直指“严嵩”，以暗指当今和珅专权之弊政。明嘉靖年间，严嵩父子专权二十多年，弄得朝政腐败，民不聊生。作者自注：“二十八年前，特先大夫文肃公游此。”⑧“玉山”句：作者自注：“星岩遍体皆石，莹洁如玉。”⑨“红叶”句：作者自注：“山中方见红叶。”⑩过眼云霞：即过眼云烟。苏轼《宝绘堂记》：“譬之烟云之过眼，百鸟之感耳，岂不欣然接之，然去而不复念也。”意思是烟云从眼前掠过，以后就不再想念。原来比喻身外之物，可以不加重视。后来比喻很容易消失的事物。官客：本指做官者，此指作者。⑪樵人：打柴人。⑫一尊：一座神佛。此也喻作者。⑬贝叶：作者自注：“洞口贝多树甚夥，时祭奠其下。”贝叶是印度贝多罗树的叶子，用水沤后可以代纸，印度人多用以写佛经，故佛经也称为“贝叶经”。《大慈恩寺三藏法师传》卷六：“丁卯，法师方操贝叶，开演梵文。”圣身：宗教徒对所崇拜偶像的尊称。作者借此以表白洁身自好。

【评析】

石室岩峰峦奇秀，风景绝佳，作者根据石室峻奇的景色和有关传说，点染成篇，融情入景，抒发对石室的爱慕之情，表达了胸有大志却怀才不遇的愤慨。

第一首几乎全为写景。作者把石室洞内的奇景与神话传说巧妙地结合在一起，既写景，又道出了神秘而丰富的内涵。首句写石室之高峻，同时又引出北斗七星奉玉皇大帝之旨下凡端州的神话传说。“峡云凝处双飞凤”句，以简洁的笔法写出观音岩双凤石悬空欲飞的奇观，又引出了“双凤翱翔”的神话传说。据说明代诗人陈献章听了这个故事后，伤心极了，他立下誓言，“愿借山人一只骑”，亲自去把失掉的那只凤凰找回来。失掉的就永远失掉了，哪能找回呢！嗟叹之余，他只得写下七绝一首，让后人去寻找。诗云：“鬼凿寒岩万丈开，翩翩双凤忽飞来。而今石化孤鸾在，何处人间去不回。”尾联以“帝觞百神”的神话传说，极言石室岩乃星湖的精华之所在，不然玉帝是不会在此欢宴百仙的。

第二首主要是借景以直抒胸臆。当时作者正处于中国的封建社会盛极而衰，进入日薄西山的阶段。乾隆晚年，和珅当权，贪污枉法，无恶不作，致使政治腐败，农村破产，农民起义此起彼伏。作为朝议大夫，作者心中不无忧国忧民的悲愤之情。因而发而为诗，直抒胸臆。开篇即以指桑骂槐的手法直斥当今“严嵩”专权之弊，胆大心细，令人佩服。“玉山行处净无尘”语意双关，借赞美岩石之莹洁如玉喻己，表白了要洁身自好，誓不与和珅之流同流合污的决心。“青霄有路悬崖隔”同样是语意双关，表面写石室岩直插云天，实际是抒青天有路、独我不得出的怀才不遇之悲愤。颈联寓意深邃，表白自己只是过眼云烟的政客，于仕途已无所作为，盼望腰脚比自己硬朗而有魄力的后来者努力探奇，青云直上，为拯国救民做点大事。当然，自己决不会放弃“夕阳无限好”的宝贵时光，辜负朝廷的期望，起码要保持“圣身”，决不同流合污，结得自然有力。

石刻 57　陈建侯诗《游七星岩》

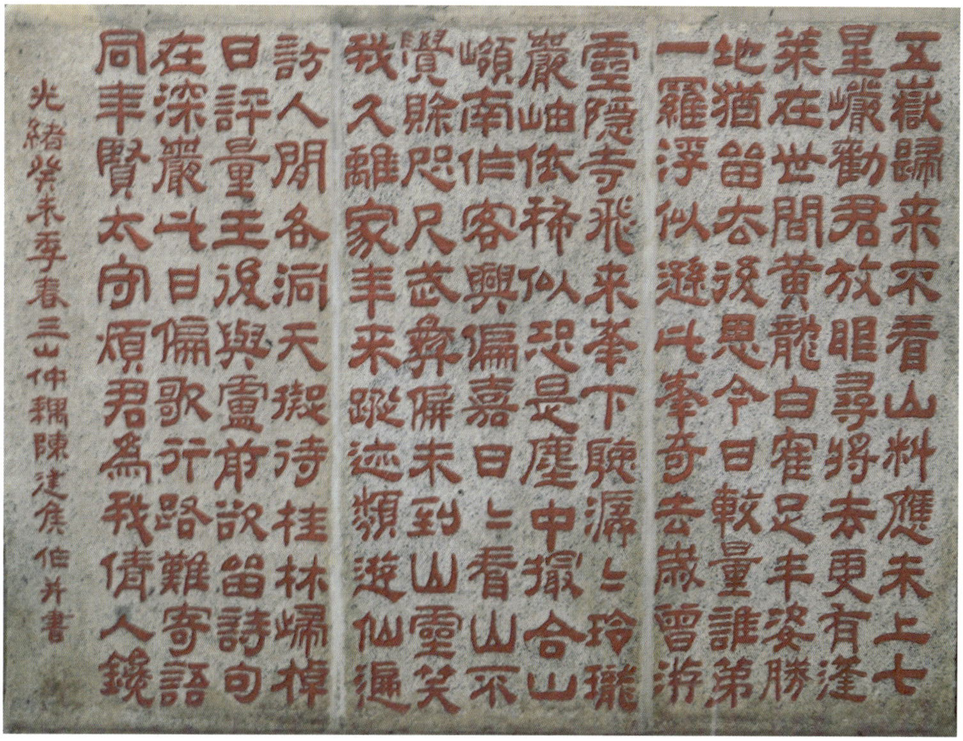

【说明】

陈建侯（1837—1887），福建福州人。清咸丰五年（1855）举人，官户部主事。咸丰十一年（1861）以镇压捻军有功，升直隶州知州。后历官安陆、汉阳、德安、武昌知府。光绪七年（1881），因母丧服阕辞官，后南游各地。光绪十三年（1887），黄河在郑州决口，调赴差。陈建侯奉命咨访故老，博求治水方略，跋涉风雪中，以劳致疾，至商丘卒。

陈建侯于光绪九年（1883）春到肇庆，游七星岩，赋诗一组，共六首，二十四句，分十五行，书刻花岗石碑三块，立于石室洞璇玑台左侧，极显目，游人多在此驻足观赏。

【原文】

游七星岩六首

一

五岳归来不看山，料应未上七星岩。[1]

劝君放眼寻将去，更有蓬莱在世间。

二

黄龙白鹤足丰姿，胜地犹留去后思。

今日较量谁第一，罗浮[2]似逊此峰奇。

三

去岁曾游灵隐寺[3]，飞来峰[4]下听潺潺。

玲珑岩岫依稀似，恐是尘中撮合山。[5]

四

岭南作客兴偏嘉[6]，日日看山不觉赊[7]。

咫尺武彝[8]偏未到，山灵笑我久离家。

五

年来踪迹类游仙，遍访人间各洞天。

拟待桂林归棹[9]日，评量王后与卢前[10]。

六

欲留诗句在深岩，此日偏歌行路难[11]。

寄语同年贤太守，烦君为我倩人镵[12]。

光绪癸未季春，三山仲耦陈建侯作并书。

【注释】

①“五岳”句：语出明代旅行家徐霞客：“五岳归来不看山，黄山归来

不看岳。”意谓七星岩比五岳、黄山更美。②罗浮：名山，在广东增城、博罗县内，袤直五百里，峰峦四百余，瑰奇灵秀。相传东晋葛洪得仙术于此。③灵隐寺：在杭州西湖西北，著名古刹。④飞来峰：在灵隐寺东南，名山。⑤“玲珑”二句：意谓星岩山水与西湖山水何其相似，两地玲珑精巧的岩洞和潺潺的甘泉，仿佛是天上人间有意从中撮合的。岫，山穴。撮合，从中说合。⑥偏嘉：偏爱。⑦赊：久。⑧武彝：即武夷，名山，在福建崇安县南。相传昔有神人武夷君居此，故名。绵亘百二十里，有三十六峰，三十七岩，清溪九曲。⑨归棹：驾舟回来。⑩“评量”句：初唐王勃、杨炯、卢照邻、骆宾王，皆以文章齐名，号称“初唐四杰”。杨炯尝与人曰：“吾愧在卢前，耻居王后。”（《唐书·王勃传》）此处化用之，意谓要像评估四杰那样评价各地名山胜水。⑪行路难：化用乐府《杂曲歌辞》旧题《行路难》。《行路难》原是流行于北方的民歌，词意悲凉，情意真挚。这里是说要离开七星岩却又难分难舍。⑫倩人镵：雇人刻石。

【评析】

这组诗构思新颖精巧，每章既能独立成篇，却又相互联结，表现了同一个主题，构成一个完整的统一体。韵律多变，一章一韵，六个非常有规律的韵脚（下平声咸韵、上平声支韵、上平声删韵、下平声麻韵、下平声先韵、上平声寒韵）错落有致，音韵和谐，极尽变化之能事。

这组诗最大的特点是采用烘云托月的手法，以景衬景，以情衬景，高度赞美七星岩的风光。烘托手法通常用在诗的开头或结尾，本诗组却通篇连用，且手法灵活。前五首以景衬景，第六首则以情衬景。第一首，以名闻天下的五岳反衬出七星岩更美；第二首，以“去后思”的罗浮胜景反衬出七星岩更奇；第三首，说七星岩和遐迩闻名的西湖山水是天生的一对，以衬七星岩之灵秀；第四首，以作客岭南忘怀故乡而被武夷山神见笑，衬出七星岩更使他留恋，有苏东坡长作岭南人的风采；第五首，以桂林归来再评各地的名山胜水，衬出七星岩之不亚于甲天下的桂林山水，强调赞美七星岩非妄言，而是在比较中得出，因而说服力很强；第六首，以“行路难”之情，反衬出七星岩之美确使他欲去不能，故决意刻诗于花岗岩石，与七星岩共存。结得缠绵悱恻，怪不得游人多在此驻足。

石刻58　黎简诗《南服陨石》

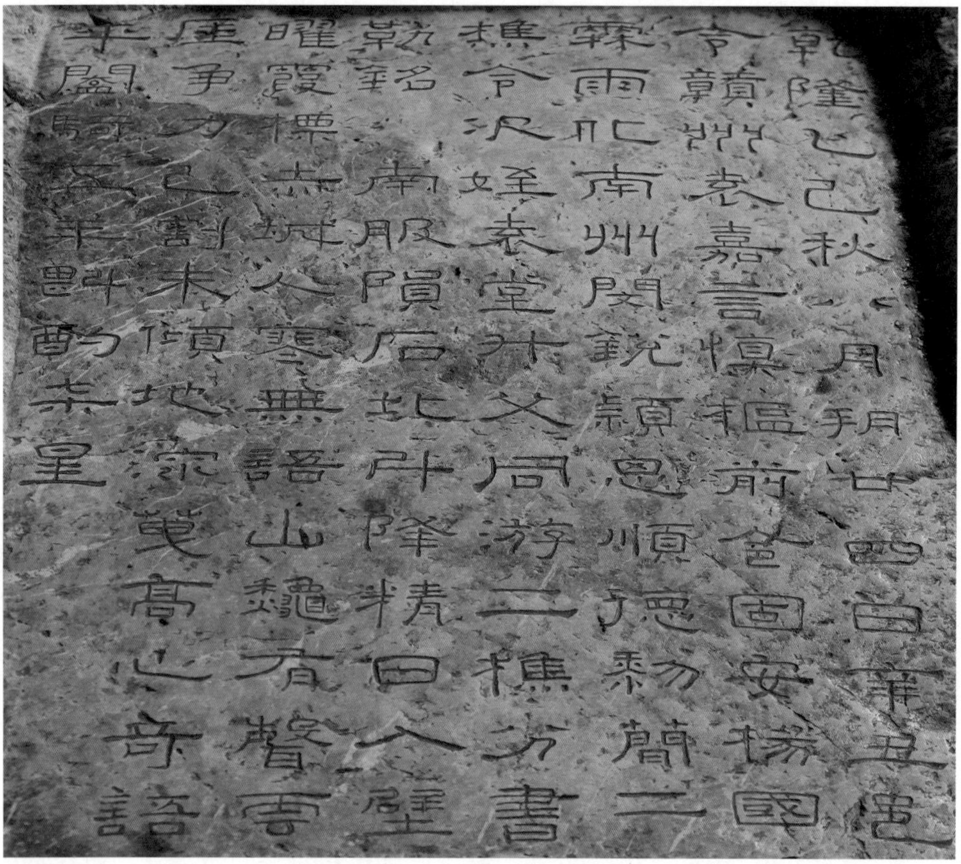

【说明】

黎简（1747—1799），字简民，广东顺德人，乾隆拔贡。少负诗名，居百花村，海内名流至粤，必折节造访。性耿介，不慕利，因病终身不仕，常来往于罗浮（东樵）、西樵之间，号二樵。他以诗、书、画三绝驰名于世。诗中有画是他的诗最大的特点。他刻意创新，言人所不能言，独树一帜。著有《五百四峰草堂诗文钞》、戏曲《芙蓉亭》等。乾隆乙巳（1785）秋八月与亲友游星湖，写下四言古诗一首，刻于石室洞璇玑台壁。无题，题目为编者所加。

【原文】

南服陨石

乾隆乙巳秋八月朔廿四日辛丑，邑令赣州袁嘉言慎枢、前令固安杨国霖雨化、南州闵锐颖思、顺德黎简二樵，令次侄袁堂升父同游，二樵分书勒铭。

南服陨石①，北斗降精。日入壁曜，霞标赤城②。
人寒无语，山秋有声。云厓争力，已割未倾。③
地深天高，心奇语平。阖骑五羊，斟酌七星。④

【注释】

①南服：南方。陨石：天空中细碎的小星球，在经过地球大气层时没有完全烧掉，残落到地面上者。以铁质为主的叫陨铁，以石质为主的叫陨石。这里用以比喻七星岩是从天上掉下来的。②“霞标”句：这里用赤城山红霞夕照的壮丽景色赞喻金碧辉煌的七星岩。标，旌旗。赤城，山名，在浙江天台县北，土色皆赤，状似云霞。③“云厓”二句：意谓风云与星岩争胜，它虽被砍削得异常陡峭，却岿然屹立，未有偏侧。④“阖骑”二句：意谓我们何不骑上五羊，与北斗七星畅饮以表敬意呢？斟酌，酌酒以供饮。杜甫《羌村》：“如今足斟酌，且用慰迟暮。”

【评析】

此诗与李北海《端州石室记》、冯敏昌《七星岩》并称为“石室三绝”。此诗之绝，在于把七星岩的形象、品格及神韵描绘得十分精当。它想象奇峻，刻意创新，铸词造语独到，能启人逸思。开篇劈空而来，轰然有声，生动传神，令人叹为观止。“日入”四句，以细腻的笔触、鲜明的色彩，勾画出一幅别具特色的星岩秋日夕照图。色、声、情并存，浓淡相宜，近景远景，错落有致，体现了诗中有画的特色，刻画出星岩雄奇壮丽、庄严肃穆的英姿。“云厓”四句，借助丰富的想象，用拟人法，以清峻奇恣的笔墨，写出星岩顶天立地、刚强谦逊的品格。收束浪漫，妙趣横生，恍如置身仙境，意境飘逸，令人神往。

石刻 59　叶剑英诗《游七星岩》

【说明】

叶剑英（1897—1986），原名宜伟，字沧白，广东梅县人。1927 年加入中国共产党。先后任红军前敌总指挥部参谋长、八路军参谋长、中国人民解放军参谋长、广东省人民政府主席、军事科学院院长、中共中央军委副主席、国防部部长。1955 年被授予元帅军衔。后任中共中央副主席，全国人大常委会委员长等职。1986 年病逝。

叶剑英于 1961 年 4 月游览七星岩，18 日赋七绝一首，刻于石室岩西岩壁碧霞洞右侧石壁上。规格为 2. 50 米 ×1. 16 米。

【原文】

游七星岩

借得西湖水一圜①，更移阳朔②七堆山。

堤边添上丝丝柳③，画幅长留天地间。

叶剑英，一九六一年四月十八日。

【注释】

①西湖：位于杭州。一泓碧水，三面青山，小岛临波，长堤垂柳，名胜古迹极美。苏东坡有诗咏西湖："水光潋滟晴方好，山色空蒙雨亦奇。欲把西湖比西子，淡妆浓抹总相宜。"圜：同"圆"，圈也，即一湖水。亦通"环"，环绕。②阳朔：在桂林东南，漓江经此，注入西江，周围有十几座山峰，像一片片莲瓣，环拱成一朵美丽的莲花，阳朔就坐落在这朵碧莲的中心。③丝丝柳：指细长而轻盈的条条嫩柳。汤显祖《牡丹亭·寻梅》："一丝丝垂杨线，一丢丢榆荚钱。"

【评析】

苏东坡名句："欲把西湖比西子，淡妆浓抹总相宜。"被认为在所有咏西湖的诗中，是给西湖最恰当的评语。桂林近郊的阳朔，风景优美，仪态万千，向有“桂林山水甲天下，阳朔山水甲桂林”的美称。叶帅则别具匠心地把二者之优融合在七星岩身上，妙笔写下了不亚于苏东坡名句的又一佳句：“借得西湖水一圜，更移阳朔七堆山。”佳句一出，肇庆七星岩兼有“桂林之山，杭州之水”的声誉，知名度更大，慕名而来者更众。

全诗以浪漫手法与雄奇笔调，创造出一个充满诗情画意的境界；又以青山、绿水、长堤、垂柳，构成一幅生机勃勃、春意盎然的画卷，给人以清新、舒适、甜蜜的美感享受。

石刻60　唐弢诗《游七星岩次叶剑英元帅韵》

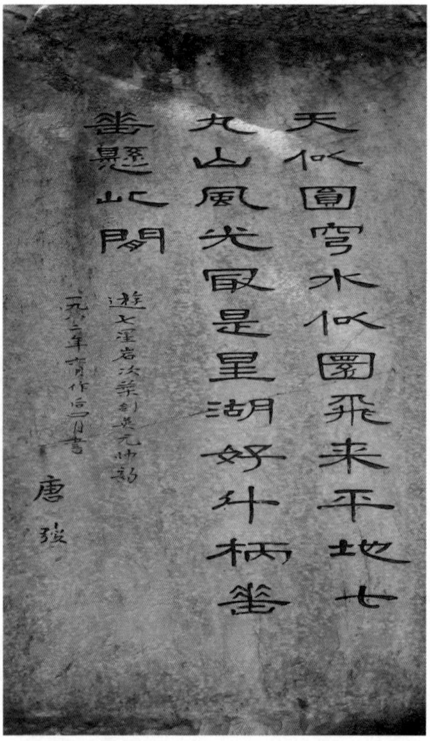

【说 明】

唐弢，浙江镇海人。历任复旦大学、上海戏剧专科学校教授。1982 年 6 月作诗，后 4 月书，隶书。刻于由西麓往玉皇殿路，马鞍亭至小石林途中。

【原文】

天似圆穹水似圜，飞来平地七丸山。

风光最是星湖好，斗柄垂垂悬此间。

游七星岩次叶剑英元帅韵。一九八二年六月作，后四月书，唐弢。

石刻61　沈钧儒题字“水月岩云”

【说明】

沈钧儒，浙江嘉兴人。中华人民共和国成立后，任中央人民政府委员、最高人民法院院长、全国人大常委会副委员长、全国政协副主席、民盟中央主席。1961年2月，在石室岩路壁往湖心亭路口石壁上，刻“水月岩云”四字。

【原文】

水月岩云

一九六一年二月，沈钧儒。

石刻62　麦华三题字“石室岩”

【说明】

麦华三（1907—1986），广东番禺人。著名书法家，曾任中国书法家协会理事，广东书法家协会副主席。著有《古今书法汇通》《书法源流》等。

1979 年，在登石室岩顶中途石壁上题刻“石室岩”三个大字。

【原文】

石室岩

麦华三书。

石刻 63　李文泰题字“斋戒”

【说明】

李文泰（1840—1913），字叔宽，号小岩。广东湛江吴川市人，同治举人，清代广东十大才子之一，曾任李汉魂的老师。掌教广州书院，著有《李小岩诗文集》。在登石室岩顶中途石壁上题刻“斋戒”二字。

【原文】

斋戒

小岩书。

石刻 64　胡根天题字“玉屏岩”

【说明】

胡根天，广东开平人，早年留学日本，20 世纪 20 年代初，创办广州市立美术学校。中华人民共和国成立后，任广州市政协副主席，民盟广州市委会顾问，中国美术家协会广东分会副主席。1981 年在七星桥头石壁上题刻“玉屏岩”三个行书大字。

【原文】

玉屏岩

辛酉年仲秋，胡根天书。

石刻 65　黄培芳诗八首《道光辛丑暮春游七星岩》

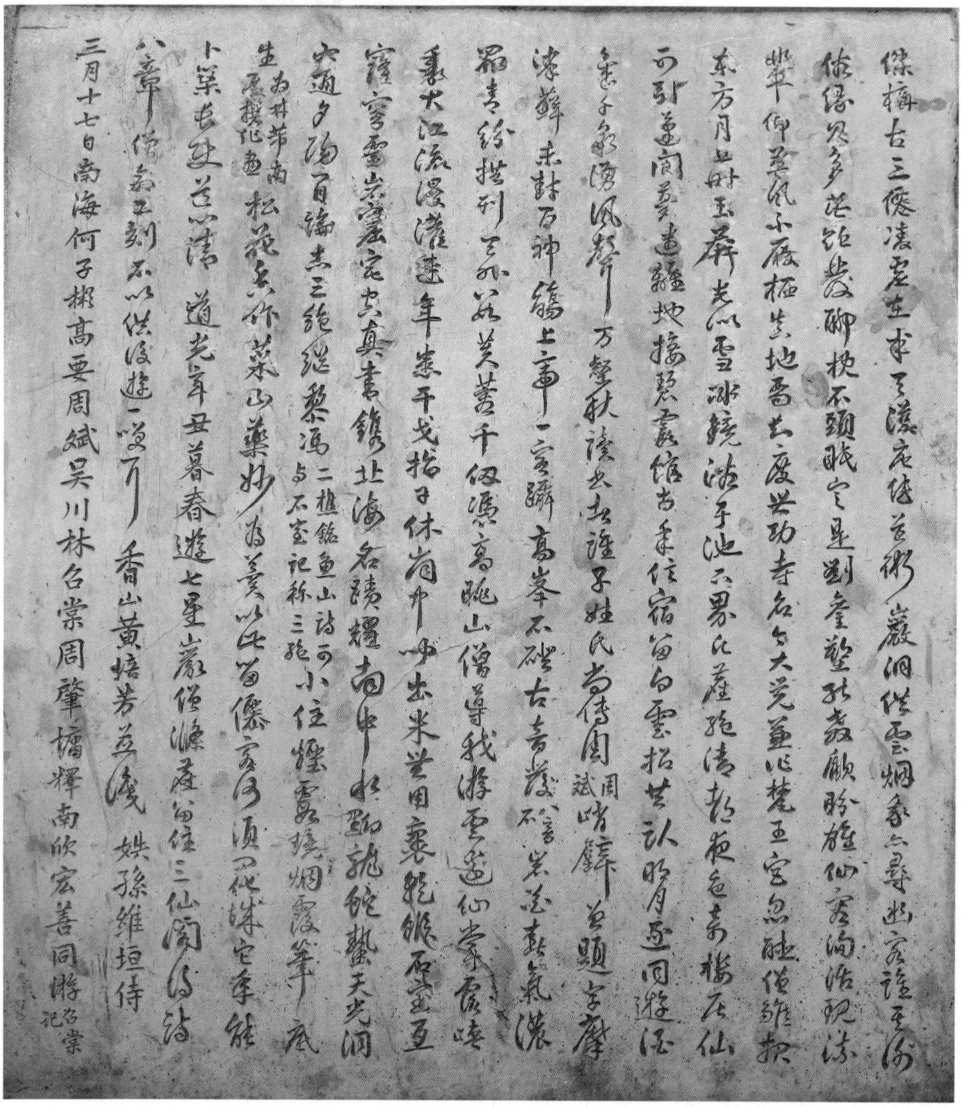

【说明】

黄培芳（1778—1859），字子实，又字香石。清代广东香山人。嘉庆九年（1804）副贡生，官内阁中书。诗人、书画家，与张维屏、谭敬昭并称“粤东三子”。诗格高浑，性娴静，喜山水。曾三至罗浮山，于绝顶筑粤岳祠以观日出，自号尊岳老人。著有《浮山小志》《岭海楼诗文钞》。

道光年间，他参与修《肇庆府志》，到星岩游览，在石室岩题字。辛丑年（1841）暮春游七星岩，留住三仙观，得诗八章，命工刻石，现存于玉屏岩三仙观前石壁上。

林召棠，广东吴川人。于道光三年（1823）中状元，授翰林院修撰，是清代广东三状元之一。曾主讲肇庆端溪书院15年。

【原文】

道光辛丑暮春游七星岩

一

结构古三仙[①]，凌虚在半天。汉唐传道术[②]，岩洞供云烟。

我亦寻幽客，谁其谢[③]俗缘。贝多[④]花欲发，聊枕石头眠。

二

定是刘銮塑，能教顾盼雄[⑤]。仙容洵活现，流辈仰英风。[⑥]

不履栖真地，焉知度世功。[⑦]寺名今大觉，兼作梵王宫[⑧]。

三

忽听僧雏报，东方月上时。玉屏光似雪，冰镜[⑨]浴于池。

下界凡尘绝，清都[⑩]夜色奇。楼居仙可引[⑪]，蓬阆[⑫]梦迷离。

四

地接碧霞馆，当年信宿留[⑬]。白云招共卧，明月逐同游。

酒气千泉涌，风声万壑秋。读书者谁子？姓氏尚传周。[⑭]

五

峭壁曾题字，摩掌[⑮]藓未封。百神觞上帝[⑯]，一客[⑰]蹑高峰。

石蹬古音发[⑱]，岩花春气浓。众青[⑲]纷拱列，天外数芙蓉[⑳]。

六

千仞凭高眺，山僧导我游。云边仙掌路，峡里大江流。[21]

漫灌连年患[22]，干戈指日休。峒中云出米，无用裹干糇。[23]

七

石室亘窿穹[24]，灵岩窟宅空。真书镌北海[25]，名迹耀南中。

水黝龙蛇蛰[26]，天光洞穴通。夕阳闲论古，三绝继黎冯[27]。

八

小住烟霞境，烟霞笔底生[28]。松花[29]香作菜，山药[30]妙为羹。

以此留仙客，何须问化城[31]。他年能卜筑[32]，长使道心清[33]。

道光辛丑暮春游七星岩，僧涤尘留住三仙阁，得诗八章，僧命工刻石，以供后游一笑耳。香山黄培芳并识，嫡孙维垣侍。三月十七日，南海何子彬，高要周斌，吴川林召棠、周肇墉、释南欣、宏善同游，召棠记。高要刘广瑞刻字。

【注释】

①三仙：即三仙阁，又名三仙观、大觉寺，在玉屏岩腰。明万历年间总督刘继文建，祀汉钟离、李铁拐、吕洞宾三仙。②“汉唐”句：传说汉钟离为汉代人，受道于李铁拐而成仙。唐宋时，汉钟离以其道再授吕洞宾。故谓汉唐传道术。③谢：谢绝。④贝多：即鸡蛋花，色如蛋黄，极香，可作饮料，乃星湖土特产。⑤顾盼雄：即顾盼自雄。形容左看看右看看，自以为了不起的神情。《宣统高要县志》云：“三仙塑像，神采跃动如生，眉目棱棱，若随人所至而瞩之者。”⑥洵：实在，诚然。活现：活灵活现。流辈：犹侪辈，谓同辈或同一流的人。⑦履：指仙人履。《宣统高要县志》云：“三仙观往玉皇殿蹬道中，有巨人迹深印入，一大一小，俗呼仙人履。游人每纳足其中为戏。”栖：停留；游。度世：犹出世。旧谓脱离现世。⑧梵王宫：即

梵宫，佛寺也。梵王，即大梵天王。⑨冰镜：明月。孔平伯诗："团团冰镜吐清辉。"⑩清都：天帝所居之宫阙。⑪引：接引。⑫蓬阆：指蓬莱和阆风。传说蓬莱在东海中，阆风在昆仑山颠，皆仙人居处。⑬信宿：连宿两夜。《诗·豳风·九罭》："公归不复，于女信宿。"毛传："再宿曰信；宿，犹处也。"《水经注·江水二》："流连信宿，不觉忘返。"⑭"读书"二句：周，作者自注："周斌。"意谓高要才子周斌就是读书种子。《齐东野语·书种文种》："山谷云：'士大夫子弟，……不可令读书种子断绝。有才气者出，便当名世矣。'……练兼善尝对书太息曰：'吾老矣，非求闻者，姑下后世种子耳。'"《纲鉴易知录》载："（明成祖）发北平，僧道衍送之郊，跪而密启曰：'南有方孝孺者，素有学行，武成之日，必不降附。请勿杀之，杀之则读书种子绝矣。'"⑮摩掌：亦作"摩娑""摩莎"。抚弄也。⑯"百神"句：传说玉皇大帝曾在七星岩巅之崧台欢宴百神。⑰一客：作者自称。⑱古音发：作者自注："八音石。"玉屏岩腰有一块大石，表面平滑，长广丈余。独出岩外，称扶啸台。以石叩之，能发声，各处声音不同，称八音石。⑲众青：众多树木。⑳"天外"句：意谓星湖上荷叶田田，荷花点点，远眺犹如飘于天外。芙蓉，荷花的别称。荷，亦称莲。叶曰荷叶，花曰荷花，可供观赏、药用；实曰莲藕，肇庆土特产。㉑"云边"二句：意谓仙掌岩高入云端，滔滔西江穿峡而去。峡，即肇庆，又名高要峡、羚羊峡。㉒漫灌：输水灌溉。《宣统高要县志》云："西江流经高要，濒江田园坦地，得资灌溉，农产物受益不少。"㉓峒：石峒，又称出米洞。糇（hóu）：干粮。《诗·大雅·公刘》："乃裹糇粮。"㉔窿穹：像天空那样中间隆起四面下垂的形状。这里形象地描绘出石室的形状。㉕"真书"句：意谓李北海的真迹《端州石室记》，光耀南中国。㉖黝（yǒu）：淡黑色。蛰：动物冬眠时潜伏在土中或洞穴中不食不动的状态。㉗"三绝"句：作者自注："二樵铭、鱼山诗可与石室记称三绝。"意谓黎简的《南服陨石》、冯敏昌的《七星岩》，可与李北海的《端州石室记》称为三绝。㉘“烟霞”句：作者自注：“为林芾南殿撰作画。”即为林召棠作画。黄培芳晚年以琴书自娱，林泉终养。㉙松花：松至二、三月开花，可酿酒，制饼，作菜。㉚山药：本名薯蓣，可入药，可食。㉛化城：佛家语。《法华经》：“导师多诸方便，于险道中，过三百由旬，化作一城，疲极之众，心大欢喜，叹未曾有……于是众人，前入化城。”后来也用以称佛寺或幻境。㉜卜筑：选择筑室的地方。筑，造房子。㉝道心：悟道之心。李端《寄庐山真上人》：“夜静猿声证道心。”

【评析】

这组五言律诗，风格清幽飘逸，语言自然流畅，写景状物，生动传神，诗如其人。

这组诗结构独特：八首蝉联，前呼后应，两两相对，各具特色。紧扣“佛道”二字，直抒“娴静”之情。第一首以“道术”始，第八首以“道心”结，前呼后应，匠心独运。第一、二首，均以三仙观为中心，抒娴静之情。第一首写三仙观凌空高筑，云烟缭绕，意境清幽，是诵经讲道的胜地。第二首描绘“三仙”的容貌，生动形象，神态活现，流露出寻幽探胜仰慕仙家之情。第三、四首写玉屏之夜，是整个诗组的精彩处。第三首，先写月光似雪又像冰，点夜之净洁清幽，再点玉屏夜色之清奇，楼接天宫，宛然仙境，其美何极。然后以玉屏就是梦幻中的仙境作结，结得蕴藉，不露痕迹地下启第四首：碧霞赏月，饮酒赋诗，飘然若仙。之后，笔锋一转，盛赞肇庆“人杰地灵”，巧妙地小结了前四首。第五、六首写作者登山览胜，见景抒情。写得神动色飞，如见其人，览胜之乐、娴静之情溢于言表。在写景中有蹑足登顶的：爬峭壁，登崧台，踩高峰，击八音石，采摘岩花；有凭高远眺的：起伏不断的林海，芙蓉飘香的星湖，高入云端的仙掌岩，出米有声的出米洞，直穿肇庆峡的西江水。值得一提的是，览胜之余，还抒发“干戈指日休”的忧国忧民之情。第七首集中描绘石室岩：洞深幽清，处处藏宝；名胜古迹，石刻诗文，比比皆是。第八首借为林芾南作画，赞叹七星岩如画之美，表达爱恋七星岩之心，直抒娴静之情。《清史稿》称作者“诗格高浑，有山水清音。性闲静，然闻登临揽胜，辄神动色飞”，这组诗就是明证。

石刻 66　周扬诗《石破天惊》

【说明】

周扬（1908—1989），湖南益阳人，著名文艺理论家，曾任中宣部、全国文联领导。

1978 年 12 月 17 日，周扬游七星岩，赋诗一首，刻于玉屏北路。无题，题目为编者所加。

【原文】

石 破 天 惊

波涛①似海，陶铸②新人。七峰突起，石破天惊③。

周扬，一九七八年。

【注释】

①波涛：波澜，常比喻像波澜一样壮阔起伏的现象。②陶铸：烧制瓦器和熔铸金属。比喻造就，培育。皮日休《房杜二相国》：“遂使后世民，至今受陶铸。”③石破天惊：极言震动之甚。李贺《李凭箜篌引》：“女娲炼石补天处，石破天惊逗秋雨。”

【评析】

本诗只有十六字，初看以为“门户洞开，一览无余”。其实要读懂它，也非易事，要领会真意，尝出诗味，要花点时间。因为诗人用的是倒装法和隐喻法，语言虽平白却“神余言外”。为了突出时代特点，加强语势，诗人有意颠倒因果，把四海翻腾、新人辈出、捷报频传的大好局面抛出，然后才点出其因。给人以振奋，给人以希望，同时也给人以新鲜感。在修辞上，诗人采用不直吐胸臆的隐喻手法，给读者留下欣赏的余地。

石刻 67　粟裕诗《北斗七星降凡间》

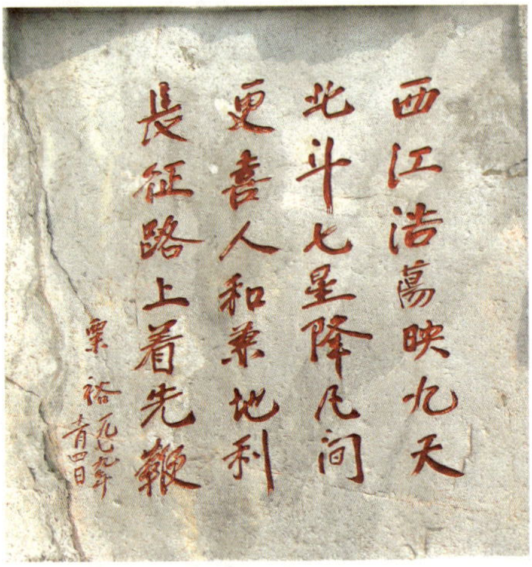

【说明】

粟裕（1907—1984），湖南省会同人。1955 年授大将军衔。曾任中国人民解放军总参谋长、国防部部长、军事科学院副院长。粟裕 1979 年游七星岩，刻诗于玉屏岩西麓至马鞍亭，转北望小山峰石壁上。

【原文】

北斗七星降凡间

西江浩荡映九天，北斗七星降凡间。
更喜人和兼地利，长征路上着先鞭。
粟裕，一九七九年十一月四日。

石刻 68　黄雨诗《星湖夜色》

【说明】

黄雨，广东澄海人。1938 年开始发表作品，1948 年在香港创办《新诗歌》杂志。中华人民共和国成立后，任广东民间文艺家协会副主席。著有《野火集》《历代名人入粤诗选》《新评唐诗三百首》等书。黄雨 1984 年游七星岩，作诗《星湖夜色》。书法家谢家因书，刻石于玉屏岩西麓至玉皇殿路边。

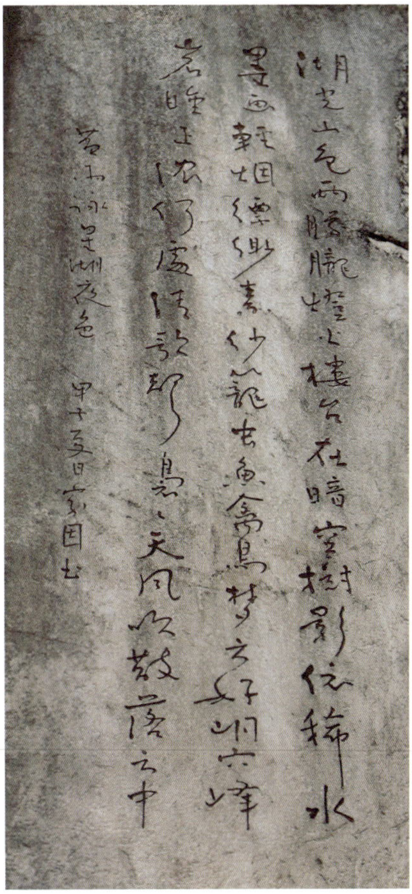

【原文】

星湖夜色

湖光山色两朦胧，灯火楼台在暗空。
树影依稀水墨画，轻烟缥缈素纱笼。
虫鱼禽鸟梦方好，洞穴峰岩睡正浓。
何处清歌声袅袅，天风吹散落云中。
黄雨咏星湖夜色。甲子夏日，家因书。

石刻 69　光未然诗《游星湖抒怀》

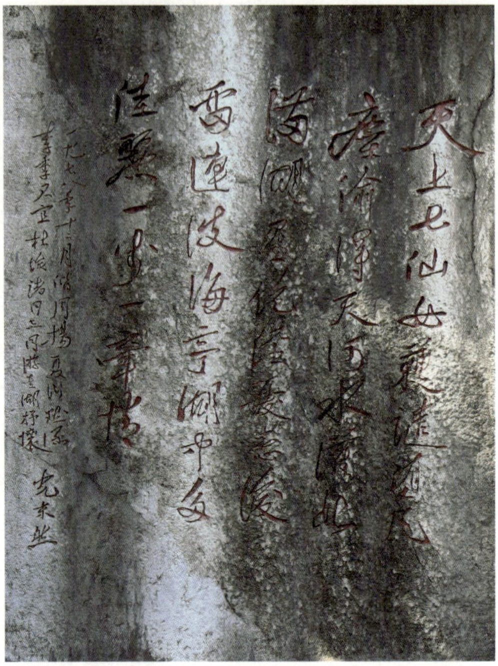

【说明】

光未然，笔名，原名张光年，湖北省光化人，现代作家。1937 年加入中国共产党，1939 年创作了著名诗组《黄河大合唱》，享誉全国。中华人民共和国成立后，任中国作家协会书记处书记、《文艺报》主编。1978 年 12 月，光未然偕周扬、夏衍、默涵、李季、君宜、杜埃诸同志游星湖抒怀。刻石于玉屏岩西麓至玉皇殿路边。

【原文】

游星湖抒怀

天上七仙女，获谴堕凡尘。偷得天河水，灌此满湖星。

饱经忧患后，留连波海亭。湖中多佳丽，一步一牵情。

一九七八年十二月，偕周扬、夏衍、默涵、李季、君宜、杜埃诸同志同游星湖抒怀。光未然。

石刻70　屈大均题字“小千尺塽”

【说明】

屈大均，广东番禺人。清初与陈恭尹、梁佩兰称为“岭南三大家”。著有《广东新语》《四书补注兼考》《翁山诗略》等。《广东新语》云：“玉屏有一罅，两崖双夹，容一二人，上有一石圆而小，半当唇齿之间。旧名含珠径，予以其状若华山千尺塽，因刻云：‘小千尺塽’。”塽：音爽，指两山相夹，地高而明朗的地方。

【原文】

小千尺塽

番禺屈大均。

石刻71　商承祚题字“双珠径”

【说明】

商承祚，广东番禺人，著名古文字学家，中山大学中文系教授。1979年12月，商承祚题刻“双珠径”三个篆书大字，刻于玉屏岩西麓往小石林路边石壁上。

【原文】

双珠径

一九七九年十二月，商承祚书。

石刻72　李又白题字“醉石”

【说明】

李又白，字再谪。明末清初高要县腰岗村人。《宣统高要县志》云：“李又白，善诗文，精书法，为邝湛若高足。嗜吹箫，每遇月夕，通宵吟弄。明朝亡后，不娶妻，不应试，隐居七星岩。二十四岁时，值月夜，题咏月诗，堕而亡。不知何时，在玉屏北路小石林石壁刻‘醉石’二字，上署再谪白题。”

【原文】

醉石

再谪白题。

石刻 73　俞瀚题诗《题醉石》

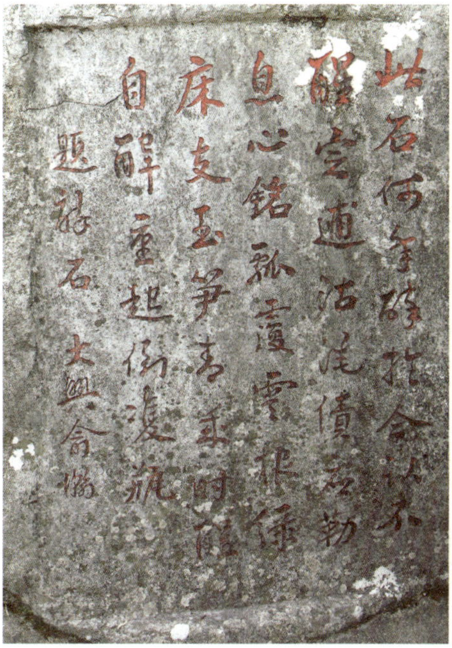

【说明】

俞瀚，字楚善，绍兴人，时任高要知县。清乾隆三十七年（1772），俞瀚游七星岩，见“醉石”有感而发，希望年轻人不要拖欠酒债，应该清醒自解猛醒回头，让“醉石”翻转过来。遂刻石于由西麓至玉皇殿的小石林石壁上，草书。

【原文】

题醉石

此石何年醉，于今卧不醒？定逋沽酒债，应勒息心铭。

瓢覆云根①绿，床支玉笋春。几时醒②自解，重起倒双瓶？

题醉石，大兴俞瀚。

【注释】

①云根：唐宋诗人多谓石为云根。以云触石而生也。②酲：喝醉了，神志不清貌。

石刻 74　袁梓贵文《天柱岩路记》

【说明】

袁梓贵，字仲芳，一字琴知。高要附城人。清道光二十四年（1844）举人，后屡试不第，终身不仕，在家乡教书为生。少即工书，中年益进，所作蝇头小楷，有擘窠势。为文沉博艳丽，诗亦如此。解天文，尝制天球，著有《天文图者考》数十万言。性高介，与俗不偶。肇庆旧有义学，其租久为豪家侵夺。知县吴信臣请袁梓贵作义学讲席，豪家恐吓知县，并以流言中伤袁梓贵。袁梓贵愤而辞职。不久得病，自知不起，乃扶病自书挽联及墓碣，以养父抚孤之事托其挚友梁振芳而逝。

【原文】

天柱岩路记

顽石附岩而生。性本巉磛[1]不驯。弗治之，头角愈逞，跬步[2]悉危涂焉。陈子藏修天柱[3]，悯由是路者，日苦蹎啮[4]，慨然欲平之。纠同志[5]，谋粮缮器[6]，集徒役，势与石斗。石岩[7]且横者先治之，弗降，燔[8]且敲碎其体，勿惜。巨者去依附，群瓦解焉。有尚抗者，即以所降石击之。然后徐布所获，以填吾路之窊[9]，胥怗[10]。

如今路之弗平众矣。趣[11]治者，治曰无法。无法哉？无人也。得其人，法其法[12]，天下路不足平。而榛楛[13]争地，豺狐[14]逼人，吾民日蹎啮于顽确[15]，跬步悉危涂，则谁之咎也？嗟夫！吾安得尽陈子而与之平当世之路也哉！

陈子，培桂也。与陈子芳瑞、梁子栋、张子楷、梁子锦瑛、杨子翱、汤子超骏、何子汝松共凡八人。咸丰元年春，县人袁梓贵撰并书。区远祥镌。

【注释】

①巉磛（chánkěn）：形容岩石的高峻、怪险与顽固。②跬步：半步；跨一脚。《荀子·劝学》："故不积跬步，无以致千里。"③陈子：子，古时男子之美称，此指陈培桂。藏修：谓入学修业。《礼记·学记》："故君子之于学也，藏焉，修焉，息焉，游焉。"孙希旦集解："藏，谓入学就业也。修，修正业也。"天柱岩上旧有大鉴寺，陈培桂于寺内藏修。④蹎（diān）：跌倒。啮：缺口。⑤纠：结集，连合。同志：志趣相同的人。此指陈芳瑞、梁栋、张楷、梁锦瑛、杨翱、汤超骏、何汝松七人。⑥缮器：修补道路用的工具。⑦岩（què）：（山）多大石也。⑧燔（fán）：焚烧。《韩非子·和氏》："燔诗书而明法令。"⑨窊（wū）：低曲不平。⑩胥：通"与"，皆也。

怗：帖服；顺从。⑪趣：赶快。《史记·项羽本纪》："周苛骂曰：'若不趣降汉，汉今虏若，若非汉敌也。'"⑫法其法：前"法"作动词用，依照；后"法"作名词用，法规。⑬榛：丛木。楛：荆棘。喻土地贫瘠，荆棘丛生。《诗·大雅·旱麓》："瞻彼旱麓，榛楛济济。"⑭豺：性凶猛、贪馋。狐：善用手段迷惑人，性狡猾。喻凶残、贪婪与狡猾的官吏豪绅。⑮顽：不容易变。确：瘠薄之地。

【评析】

本文是一篇借开路以抒怀的散文。从表面看似乎是记述开辟登天柱岩石路的初衷和施工过程，实质却是借开路以抒发自己为民请命，誓与横行霸道的贪官污吏、土豪劣绅决战到底的豪情壮志。文章紧扣"路"字，围绕"平当世之路"这个中心展开。语言简洁生动，笔调沉郁，感情真挚。

平实自然，简洁生动，是这篇记的特点。如写开路的初衷：岩石凹凸不齐，有像狼牙利剑的棱角，时伤人体，寸步难行。故由当时正在天柱岩上大鉴寺内寄居和治学的陈培桂先生首倡开路的义举。然后写开路的过程。这些都是平平写来，有物有序，尤其是对斗顽石填路穿的描写，简洁生动，形象突出，勾勒出一个十分热闹的劳动场面，好像闭上眼睛就可以看见他们。

用拟人手法，给石以生命、知觉和情感，故写来形象突出，风趣自然，感情真挚。"顽""驯""逞""斗"四字，非但写出石的顽固不化、不驯、好逞能的特性，而且写出了它们的性格、举止和情感。"弗降""尚抗者""胥怗"三个词，既写出了开路的艰苦，又点出了岩石从顽抗、溃败到完全帖服的全过程。就像一个顽童被驯服后成为一个乖孩子一样，写得有血肉有灵魂有感情，给人以喜悦之感。

借开路抒怀是全文的意旨，作者不惜花大量的笔墨发议论，抒真情。先以"如今路之弗平众矣"紧扣上文，提出问题。再以"无法哉"引出"得其人，法其法，天下路不足平"，以反诘语气一针见血地回答了问题，直斥当局者无法无天的丑恶行径。观点明确，简洁有力。无法无天势必造成“豺狐逼人”、豪绅当道、民不聊生的悲惨局面。这是谁的罪责呢？当局者。行文至此，意旨已明，本可收束。然而作者却以愤激的语调大声疾呼“平当世之路”，掷地有声，字字铿锵，表达了与横行霸道的贪官土豪斗争到底的心声。读其文者，或则拍手称快，或则胆战心惊。

【译文】

顽石依附山岩而生，其特性本来就是高险顽固而不听使唤的，如不好好整治它，它的棱角会愈加对人逞凶，行人每跨一步都是危险的。（当时）陈培桂先生在天柱岩入学修业，常目睹行人因走这条崎岖不平的山路被顽石绊倒，甚至跌得皮开肉绽，因而见义勇为地决心修筑一条好路。于是邀集志趣相同者，谋划粮草，修整工具。（施工开始了，陈培桂）集合同志及其仆役到了天柱岩，与顽石展开决斗。他们先把大而横放的顽石搬动放平，然后对那些不驯服的顽石以火烧烤并打碎，毫不可惜。而对那些巨型的大石，先去掉傍着它的树木乱石，然后推倒它、搬动它。对成堆而互相勾连着的，就瓦解分离它。还有负隅顽抗的，就以被降伏的大石轮番撞击。最后按情况充分利用得到的碎石，拿来填塞路上那些低曲不平的地方。（结果，一切危害人的顽石）都顺从了人们的意愿（，登山路修好了）。

今天不平之路多着哩。赶快治理它吧。当局者说没有办法。果真没有办法吗？是因为没有能人啊。如果找到一个贤德的能人，依照他的法规治理，天下之路怎么不可以平呢？这里土地贫瘠，荆林丛生，豺狼当道，豪绅横行。我县民众每日都在此薄土瘠地上痛苦地呻吟着、挣扎着，摆在他们前面的每一步路都是危险的，那么，这是谁的罪责呢？哎呀！我怎样才能完成陈培桂先生的愿望，并与他一起铲平当今世上的不平路呢？

石刻 75　郭沫若诗《冬宿天柱岩》

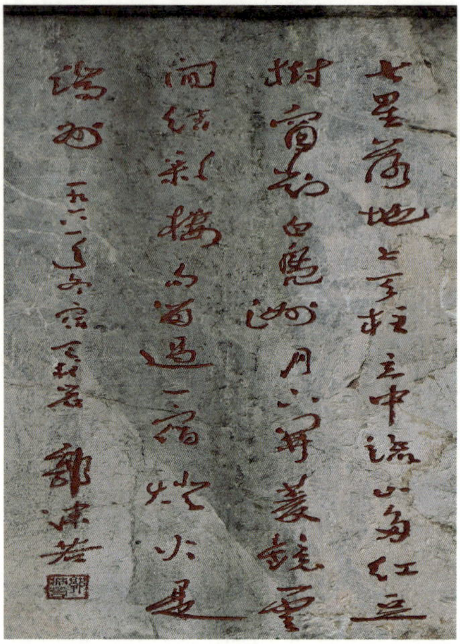

【说明】

郭沫若（1892—1978），四川乐山人。生平著述很多，现有《沫若文集》行世。1927 年参加南昌起义，同年加入中国共产党。中华人民共和国成立后历任政务院副总理、中国科学院院长、全国人民代表大会常务委员会副委员长。1978 年 6 月 12 日病逝于北京。

1961 年冬，郭沫若宿天柱岩，有感而赋五律一首，后刻于天柱岩南登山路口石壁上。

【原文】

冬宿天柱岩

七星落地上，天柱立中流。山多红豆树[①]，窗对白凫洲。

月下开菱镜[②]，云间结彩楼。勾留过一宿[③]，灯火是端州。

一九六一年冬宿天柱岩，郭沫若。

【注释】

①红豆树：即相思树。古人常用以象征爱情或相思。王维《相思》："红豆生南国，春来发几枝。愿君多采撷，此物最相思。"②菱镜：即菱花镜。古代以铜为镜，映日则发光，影如菱花。菱，俗称菱角。一年生水生草本。种陂塘湖中，茎端出叶，略成三角形，浮于水面。夏月开小白花，实有四角、三角、两角，故谓之菱角。星湖多种菱。③勾留：勾本作"句"，谓因事羁留。白居易《春题湖上》："未能抛得杭州去，一半句留是此湖。"

【评析】

本诗构思巧妙，意境明朗，色彩艳丽，语言浅近，音韵流畅，勾勒出一个既是童话又非童话的现实世界，体现了郭沫若清新俊逸的诗风。首联以北斗七星幻化成岩的美丽传说给人以神秘空灵之感，再点天柱岩就像中流砥柱那样屹立群星之中，显出其出类拔萃的英姿。颔联交代诗人坐观星湖的所见所感，先写七星岩相思树之多，再写星光下白凫洲上若隐若现似见非见的奇丽景象。这里有山有水有洲，更添上惹人情思的南国红豆，然后戛然而止，不再写出看见了什么，想些什么，有意给人以遐思，把咀嚼之味留给了读者。这正是大手笔之所为。前二联给我们描绘出一个神秘、奇丽、变幻莫测的童话般的意境，给人以美的享受，给人以爱的情思。后二联画面优美，宁静绮丽，意境明朗，简直就是童话世界。俯视，皓月菱镜，浮光跃金；仰望，云间彩楼，五光十色；远处，名城端州，万家灯火。那万花筒般的景象，相映成趣，妙不可言。如非童话世界是没有如此美景的，然而它确确实实是现实世界的端州。结得妙，一语千金。

石刻 76　陈灿章等赠李磊夫碑“每饭不忘”

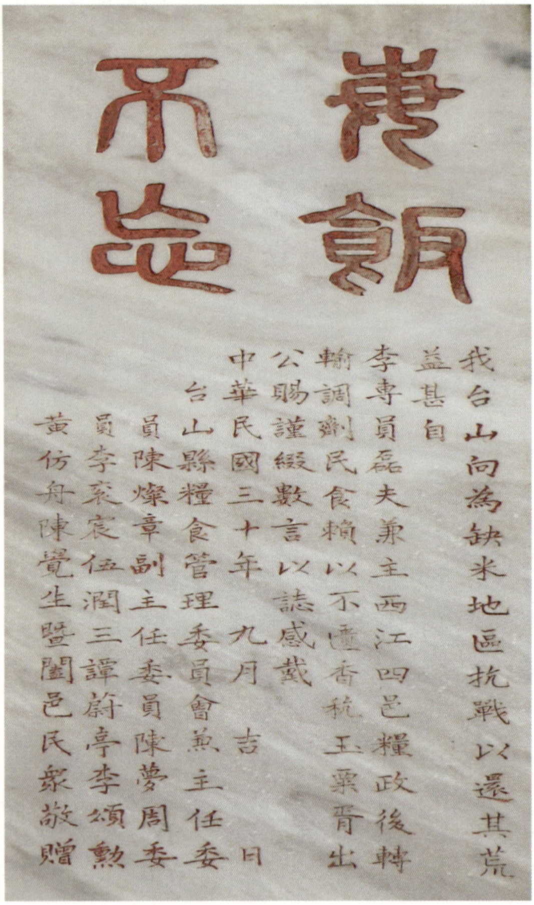

【说明】

该碑文刻于 1941 年 9 月，位于玉屏岩停车场右侧阆风岩石壁上。“每饭不忘”四字为篆书。无题，题目为编者所加。

【原文】

每 饭 不 忘

我台山向为缺米地区。抗战以还，其荒益甚。自李专员磊夫[①]兼主西江四邑[②]粮政后，转输调剂，民食赖以不匮[③]。香粳玉粟，胥[④]出公赐。谨缀数言，以志感戴。

中华民国三十年九月吉日[⑤]，台山县粮食管理委员会兼主任委员陈灿章，副主任委员陈梦周，委员李衮宸、伍润三、谭蔚亭、李颂勋、黄仿舟、陈觉生，暨阖[⑥]邑民众敬赠。

【注释】

①李磊夫：番禺县人，民国二十五年（1936）十月十六日起任广东省第三区行政督察专员，民国三十年（1941）十一月一日卸任。②四邑：旧称台山、开平、新会、恩平为四邑。民国二十九年（1940）四月，广东省粮政局成立西江四邑运销处，由第三区行政专员公署管辖，任务是购运米粮，接济西江缺粮县份及四邑各地。③匮（kuì）：缺乏。④胥：通“与”，皆也。⑤吉日：朔日，阴历每月初一。⑥阖（hé）：全也。如阖家。

【评析】

该碑为台山陈灿章暨阖邑民众赠李磊夫，以表彰他为解决台山等地粮荒所立的功劳。文中虽有令人肉麻之语（“每饭不忘”），过分夸张之辞，吹捧个人之实（“香粳玉粟，胥出公赐”）。但更重要的却是反映日本侵略中国的滔天大罪（“抗战以还，其荒益甚”）。当时，粮荒的何止台山！何止四邑！又何止广东！就以肇庆一隅为例，前后惨遭敌机轰炸达二百余次，损失惨重。据《宣统高要县志》载：“物资之损失不可以数计，而男妇老幼之或死或伤者，惨酷之状，目不忍睹，耳亦不忍闻也。”就连风景区七星岩也在所难免，先后惨遭敌机轰炸五次，投弹 108 枚，炸死炸伤 36 人，炸毁房屋 112 间。又据《宣统高要县志》载：当时米价飞涨，人民流离失所，“县府在三十年冬于文庙设难民收容所，于市内设施粥站六处，日煮米由六十斤至二百斤，领者由数百人至数千”。陈灿章等人把它刻在阆风岩石壁上，让子孙后代铭记这笔血泪账，这就是本碑文的重要意义。

石刻 77　梁清平题字七星岩“揽胜”牌坊

【说明】

梁清平，肇庆人。任广西横县知事。民国后为高要县政府秘书，修民国《高要县志》。其书法颇有名气。民国二十三年（1934）四月，高要人余骏谋捐建七星岩“揽胜”牌坊，梁清平书并刻石。牌坊正面是“揽胜”二字，背面是“山色湖光”四字，行书。

余骏谋，字佶闲，民国时期粤军将领余汉谋的胞兄。

【原文】

揽胜

民国二十三年四月，县人余佶闲捐建，梁清平书。

山色湖光

民国二十三年四月，县人梁清平书。

石刻 78　古庙门楣题额“石洞古庙”

【说明】

“石洞古庙”题额，古冈方则书，是星湖石刻中第二幅凸字石刻。

传说唐朝之前，出米洞附近住着一户周姓人家，主人精于农事，常教人耕地，开荒引水，排涝修渠，按时令劳作，深得乡民敬重。周氏去世后，每遇灾年人们常会聚集在一起，想念周氏，研究对策。不久，人们便把周氏神化了，称之为周氏神。明万历十三年（1585）《重建石洞庙记》云：“唐贞观年间（627—649），周氏神以秉政圣王显灵于石洞，乡人即在其旁建祠，迎接周氏神回石洞，立庙作为祈祷之地。贞观元年封周氏神为贞政公，刘汉加爵。宋称秉政王，元加秉政大圣王。为民降福，水旱疫疗，有祈辄应。每当神诞之期，近乡士庶，远乡城镇，奔走祠下，鸡豚酒醴，恭祝神前。周氏神降福人间，排灾解难，有求必应。大地回春，风调雨顺，民康物阜，福善祸淫，风醇俗美。历代官绅士庶，题字送匾，作文赋诗，颂扬周氏神的功德。”

【原文】

石洞古庙

嘉庆岁序丁巳仲冬榖旦，古冈方则书。

石刻 79　梁以时题“石洞古庙”对联

【说明】

梁以时，肇城明直里人，道光十一年（1831）举人。官翁源训导。道光二十二年（1842）冬题刻“石洞古庙”对联一副。

【原文】

福地天开郡中名胜，

奇峰人立神所凭依。

道光壬寅三月，

梁以时题并书。

石刻 80　谢茂赞题“石洞古庙”对联

【说明】

谢茂赞，高要县莲塘人，余不详。道光二十二年（1842）冬敬奉石柱一对，内刻“石洞古庙”对联一副，立于庙门两侧。

【原文】

功奠南荒雄禹服，祥开西土绍尧封。

道光壬寅冬月，沐恩弟子莲塘谢茂赞敬奉石柱一对。

石刻81 “石洞古庙”神殿对联

【说明】

光绪二十五年（1899），沐恩弟子梁士稿、福寿店等敬送对联一副。对联颂扬周氏神的功德，让人们战胜了贪婪，战胜了水患，开辟了广阔的殿堂。

【原文】

天造奇观开户牖，人叨恺泽壁堂阶[1]。

【注释】

①叨：贪婪。恺，通“凯”，古代军乐，凯旋献俘时奏之，以示胜利归来。泽：水积聚的地方。

石刻 82 倪范诗《同何用晦游石洞》

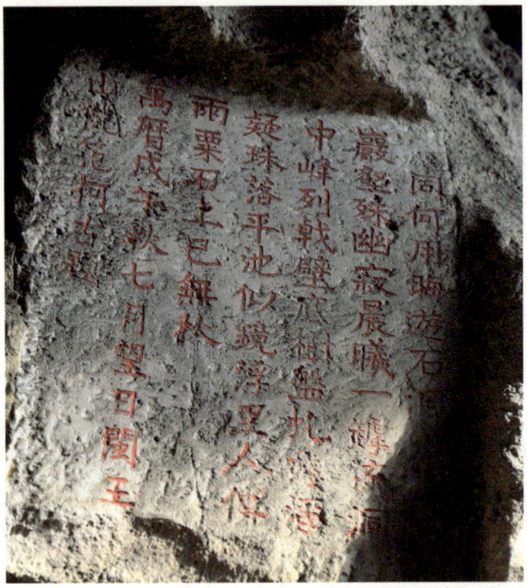

【说明】

本诗刻于出米洞内，描绘出米洞景，于平淡中见真切。

【原文】

同何用晦游石洞①

岩壑殊幽寂，晨曦一罅流。②洞中峰列戟，壁底树盘虬。③

残溜疑珠落，平池似镜浮。里人传雨粟④，石上已无秋⑤。

万历戊午秋七月望日，闽三山倪范柯古题。

【注释】

①石洞：指出米洞。《肇庆府志》载："出米洞，岩穴幽邃，上虚通天。西水泛涨，岩没数丈。惟洞屹立水中，世传此洞能浮。洞内有石窍深不可测。相传窍中日出米供守者，守者冀其多，斸（zhǔ，本义为大锄，引申为砍，掘）大之，米遂绝。"②壑：坑谷。罅流：意谓晨光在罅隙中流动。③"洞中"二句：意谓洞中岩石森立，如戈如矛，陡峭山崖下的树木盘曲

如虬。虬，传说中一种有角的小龙。杜牧《题青云馆》：“虬蟠千仞剧羊肠。”④里人：乡人。雨粟：天降粟如雨，此指石洞出米的传说。《论衡·感虚》：“夫言天雨粟，鬼夜哭，实也。言其应苍颉作书，虚也。……夫谷之雨，犹复云布之，亦从地起，因与疾风俱飘，参于天，集于地，人见其从天落也，则谓之天雨谷。”⑤“石上”句：谓今天石洞已不出米了。秋，谷熟曰秋。

【评析】

平淡，往往与“单调”“乏味”联系在一起，但梅圣俞却说：“作诗无古今，惟造平淡难。”本诗最大的艺术特色就是平淡。它平得有趣，淡得有味，自然真切。它不做作，不堆砌，没有雕琢的痕迹，却给人以“清水出芙蓉，天然去雕饰”之美感。诗人抓住“幽寂”二字，突出异于七星岩的奇景：岩穴幽邃，上虚通天，石林如戟，壁树盘曲，够“幽寂”了。究竟“幽寂”到何种程度？甘泉滴滴，洞浮镜中。还不够？不够。诗人再把读者引到深不可测的石窍中去寻出米之源。然后出人意料地以出米洞不出米作结，寓意深邃，饱含哲理。告诫人们，不要贪得无厌，否则“贪于小利以失大利者也”（《吕氏春秋·权勋》）。真是平得有趣，淡得有味，达到了“平淡入妙”的境地。此外，颈联写水，尾联写米，又一妙着。写出了出米洞能浮、能出米两大奇观，同时也点出这个水米俱备的洞天福地就是人间仙境。

石刻83　秦咢生书石《祥风甘雨图》

【说明】

《祥风甘雨图》是广东省美术研究所李炳荣、罗丽芳创作。徐敏、杨捷、李永生、冯国强、巩陵协作，秦咢生书石。1983年，星湖管理处立。

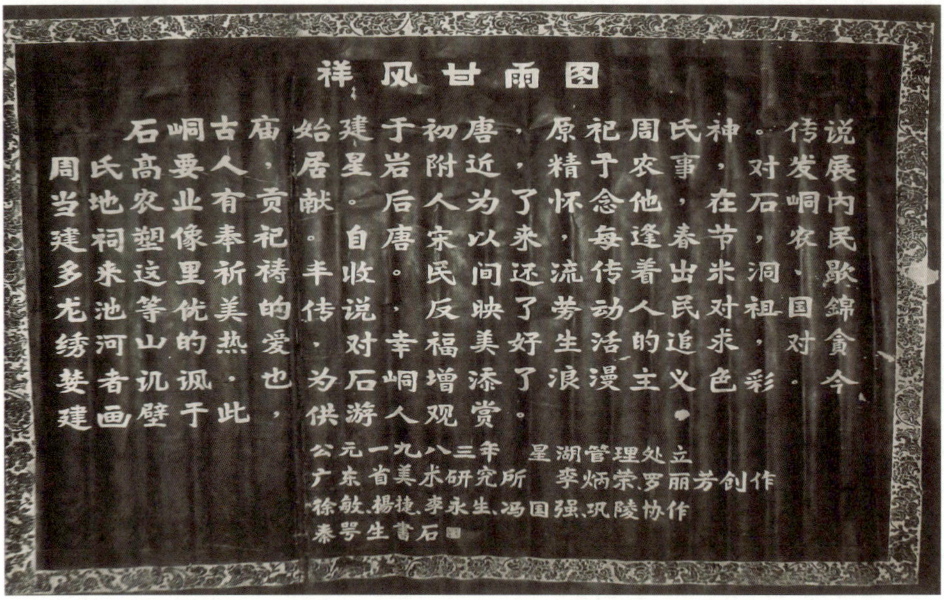

【原文】

祥风甘雨图

石峒古庙始建于初唐，原祀周氏神。传说周氏高要人，居星岩附近，精于农事，对发展当地农业有贡献。后人为了怀念他，在石峒内建祠塑像奉祀。自唐宋以来，每逢春节，农民多来这里祈祷丰收。民间还流传着出米洞、歇龙池等优美的传说，反映了劳动人民对祖国锦绣河山的热爱，对幸福美好生活的追求，对贪婪者讥讽，也为石峒增添了浪漫主义色彩。今建画壁于此，供游人观赏。

公元一九八三年，星湖管理处立。广东省美术研究所李炳荣、罗丽芳创作。徐敏、杨捷、李永生、冯国强、巩陵协作，秦咢生书石。

鼎湖山石刻

石刻 1　叶剑英题字“鼎湖山”牌坊

【说明】

1950 年初，时任中共中央华南分局第一书记兼广东省人民政府主席的叶剑英闻说肇庆郊区农民要求炸七星岩采石烧石灰，以解农时之需，即指示各单位：七星岩是全国风景区，其周围的岩石要保护好。1953 年又指示：要扩大湖面面积，将农田灌溉和风景欣赏结合起来。1955 年星湖工程指挥部在肇庆成立，星湖水库开工。叶帅调回中央后仍经常关心星湖的建设，

1979 年派人把“鼎湖山”题字送回肇庆。不久，“鼎湖山”新牌坊便屹立在鼎湖景区的入口处。

【原文】

鼎湖山

石刻 2　陶铸题字“鼎湖幽胜”牌坊

【说明】

1958 年，时任广东省委书记的陶铸来肇庆视察时，称赞肇庆与欧洲风景名城日内瓦一样，有山、有江、有湖。后来多次来肇，并寄语肇庆人民把它建成“东方日内瓦”。后来肇庆得到了很大的发展，成为全国著名的旅游城市。陶铸荣升为国务院副总理。十年动乱，陶铸蒙冤，1969 年逝世。“鼎湖幽胜”是 1962 年题的，大字行草。规格为0. 70 米 × 2. 40 米，后刻于鼎湖山进山牌坊中央。

【原文】

鼎湖幽胜

石刻3　梁高岳题字“径入寒翠”

【说明】

清道光乙巳年（1845）夏五月梁高岳题。刻于袈裟田公路石壁上。

【原文】

径入寒翠

石刻4　叶云龙题字“步入青云”

【说明】

民国庚申年（1920）中秋粤军参谋处长叶云龙（广东东莞人）题。刻于袈裟田公路石壁上，规格为1.50米×0.40米，行书。

【原文】

步入青云

石刻5　罗文卿题字“翠微香界”

【说明】

罗文卿，广东揭阳人。清道光年间画家，擅于设色和花卉。道光乙巳年（1845）夏五月题字“翠微香界”，刻于翠微桥附近。

【原文】

翠微香界①

【注释】

①翠微：指青翠掩映的山腰幽静处。香界：谓佛寺也，指庆云寺。

石刻6　岑学吕题字“鼎湖”

【说明】

岑学吕，字佰Repe，号师尚老人。广东顺德容奇人。曾任东莞县长、张学良秘书、广东都督府秘书。后归依虚云和尚。主编《虚云和尚法汇（附年谱）》，著《山中》《山外》《忆得》各集，晚年寓居香港。

民国二十年（1931）年题字“鼎湖”，刻于半山亭后面崖壁上。

【原文】

鼎湖

石刻7　半山亭古联三副

【说明】

过寒翠桥，再过香界桥，便入深山古道，缓行数十米，便是半山亭。游人小歇亭内，远眺山色，近赏古联，神清气爽，疲劳顿消。

刻于半山亭内石柱上的三副古联，年代和作者不详。

【古联一】

相逢大笑下车笠[1]，屏息诸缘[2]入宝山。

【注释】

①车笠：《太平御览》卷四〇六引晋周处《风土记》："越俗性率朴，意亲好合，即脱头上手巾，解要（腰）间五尺刀以与之为交，拜亲跪妻，定交有礼……祝曰：'卿虽乘车我戴笠，后日相逢下车揖，我虽步行卿乘马，后日相逢卿当下。'"旧时称不以贵贱而异的友谊为"车笠交"。②缘：佛教所说的事物赖以存在的各种关系，其中为事物生起或坏灭的主要条件的叫作因，为其辅助条件的叫作缘。佛教认为一切事物都由因缘和合生成，事物本身不是独立存在的实体，也不具有任何质的规定性，以之论证一切事物都是虚幻不实的。

【古联二】

客游图画里，僧语水云间。

【注释】

这副古联，既点鼎湖胜境，又点佛教圣地。景物是实，佛法为虚，一虚一实，相得益彰；以虚衬实，以实映虚，迷离玄奇之致。

【古联三】

到此处才进一步，愿诸君勿废半途。

【注释】

这副古联虽平白如话，却充满禅机，不单只作应景解。世事犹如登山，“入之愈深，其进愈难，而其见愈奇”（王安石《游褒禅山记》），必得知难而进，全力以赴，才能达到“奇伟、瑰怪”之极境。

石刻 8　荣睿大师纪念碑（正面）

【说明】

荣睿大师，日本奈良兴福寺僧，于唐开元二十一年（733）与普照大师入唐留学，凡 16 年，后因病圆寂于鼎湖山龙兴寺（详见《日僧荣睿大事记》）。为纪念大师，1963 年在鼎湖山香界桥对面建了一座“荣睿大师纪念碑”。

1984 年 4 月，“日本岐阜县友好访华团”在碑亭前植树，并刻碑文。碑文为：“荣睿大师显彰岐阜县友好

访华团植树纪念，一九八四年四月十四日。”行书。荣睿大师纪念碑正面为鎏金楷书大字。纪念碑背面为时任全国政治协商会议副主席、中国佛教协会会长赵朴初亲撰并手书的“荣睿大师赞”，热情地赞颂了荣睿大师背井离乡，“行坚志笃”的勇武精神。

1980 年，在纪念碑旁加建了荣睿大师纪念亭。亭子灰瓦赭柱，翘檐四展，檐口雕刻兽面，亭顶鸱尾对峙，为仿唐代扬州大明寺建筑。

【原文】

日本入唐留学僧荣睿大师纪念碑。公元一千九百六十三年十月，鉴真和上逝世一千二百周年纪念委员会敬立。

石刻 9　荣睿大师纪念碑（背面）——“赵朴初题荣睿大师赞”

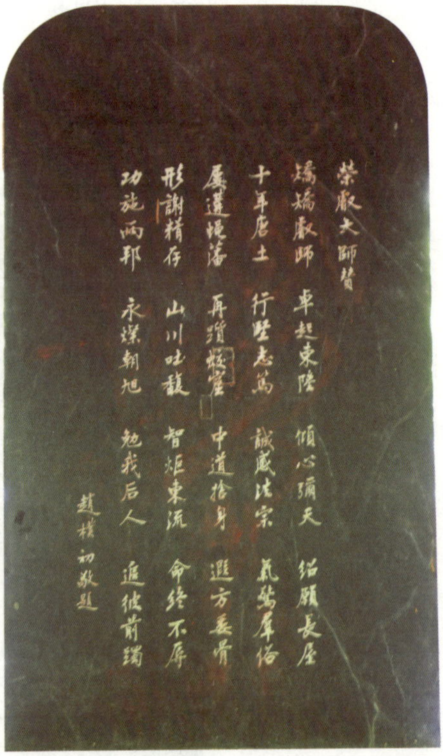

【原文】

荣睿大师赞

矫矫①睿师，卓②起东陆。倾心弥天，绍愿③长屋。

十年④唐土，行坚志笃⑤。诚感法宗，气惊群俗。

屡遘蝇藩⑥，再踬蛟窟⑦。中道舍身，遐方委骨。⑧

形谢精存，山川吐馥⑨。智炬东流，命终不辱。⑩

功施两邦，永灿朝旭。勉我后人，追彼前躅⑪。

赵朴初敬题。

【注释】

①矫矫：勇武貌；翘然出众貌。②卓：与众不同。③绍愿：意谓为了学习和传播大唐佛学而背井离乡。④十年：荣睿自 733 年入唐，直至 748 年圆寂于鼎湖山龙兴寺，共 16 年。这里说“十年”，是因诗句字数的限制，只举成数。⑤志笃：志向专一不变。⑥屡遘蝇藩：意谓屡次遭受困扰和挫折。遘：遭遇。藩：篱笆，引申为挫折。⑦再踬蛟窟：意谓再次遭受打击，甚至被捕入狱。此指 744 年，荣睿被控“诱引鉴真赴日”，而被拘禁绍兴数月之事。踬：被绊倒，引申为遭受打击。⑧“中道”二句：意谓中途病逝，把自己的尸骨托付在异国。⑨馥：香；香气。谢朓《思归赋》：“晨露晞而草馥，微风起而树香。”⑩“智炬”二句：意谓你不辱使命，智慧的火炬（指佛法）已经传到了日本，现正发扬光大。此指 754 年，鉴真大师第 6 次东渡日本成功，荣睿遗愿终于得到实现。⑪躅（zhú）：足迹。

石刻 10 鉴真和尚逝世 1 200 周年纪念委员会撰文《日僧荣睿大事记》

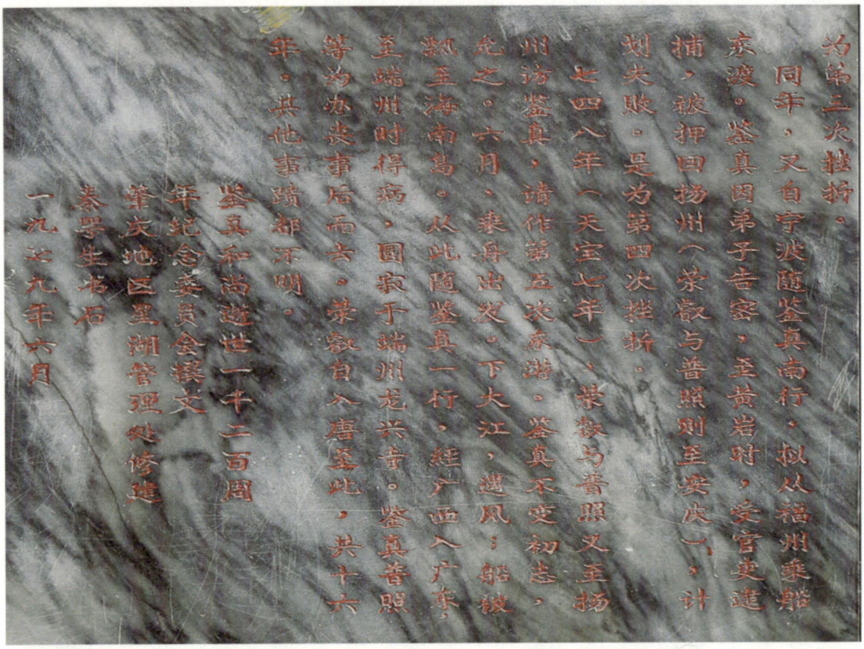

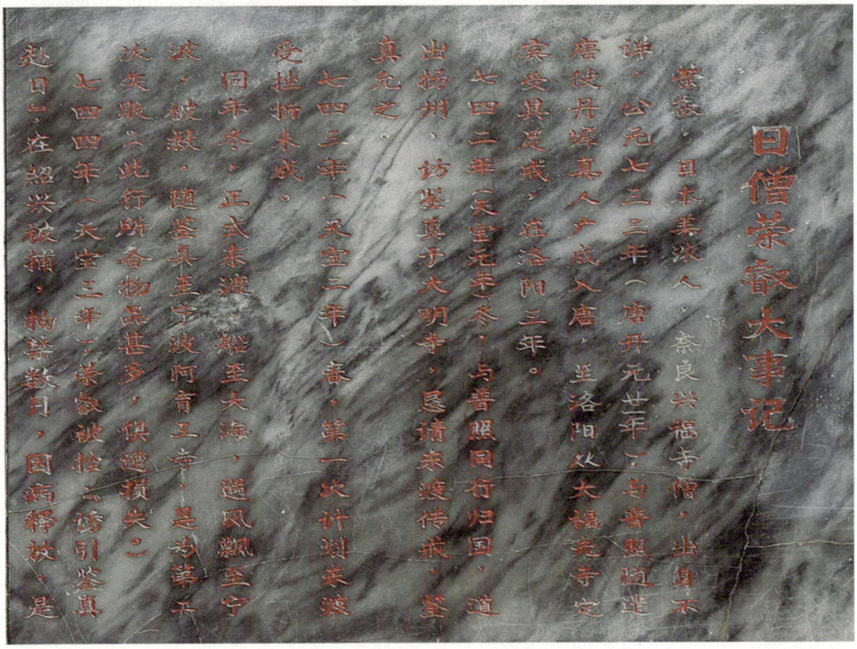

【说明】

鉴真和尚逝世1 200周年纪念委员会撰文。由肇庆地区星湖管理处修建，位于荣睿大师纪念碑亭前左侧。秦咢生书石。

【原文】

日僧荣睿大事记

荣睿，日本美浓人，奈良[①]兴福寺僧，出身不详。公元七三三年（唐开元二十一年），与普照随遣唐使丹墀真人广成入唐，至洛阳从大福先寺定宾受具足戒[②]，在洛阳三年。

七四二年（天宝元年）冬，与普照同行归国，道出扬州，访鉴真于大明寺，恳请东渡传戒，鉴真允之。

七四三年（天宝二年）春，第一次计划东渡，受挫折未成。

同年冬，正式东渡。船至大海，遇风飘至宁波，被救。随鉴真至宁波阿育王寺，是为第二次失败。（此行所备物品甚多，俱遭损失。）

七四四年（天宝三年），荣睿被控"诱引鉴真赴日"，在绍兴被捕，拘禁数月，因病释放，是为第三次挫折。

同年，又自宁波随鉴真南行，拟从福州乘船东渡。鉴真因弟子告密，至黄岩时，受官吏逮捕，被押回扬州（荣睿与普照则至安庆），计划失败。是为第四次挫折。

七四八年（天宝七年），荣睿与普照又至扬州访鉴真，请作第五次东游。鉴真不变初志，允之。六月，乘舟出发。下大江，遇风；船被飘至海南岛。从此随鉴真一行，经广西入广东，至端州时得病，圆寂[③]于端州龙兴寺[④]。鉴真普照等为办丧事后而去。荣睿自入唐至此，共十六年。其他事迹都不明。

【注释】

①奈良：日本古名城，今为奈良县首府，710—784 年间曾做首都，名平城京。②具足戒：佛教名词，别称“大戒”。佛认为这样的戒条是完全充足的，谓之“具足”，故名。③圆寂：梵文意译，佛教名词。佛教对僧尼死亡的一种美称。④龙兴寺：即今鼎湖山西坑的白云寺。

石刻 11　佛教石刻二则“阿弥陀佛”“无量寿佛”

【原文】

阿弥陀佛

无量寿佛

【注释】

二则石刻均位于补山亭附近，正书。阿弥陀佛为梵文音译，佛教名词，是佛教净土宗的主要信仰对象，为“西方极乐世界”（佛教名词）教主，能接引信佛人氏往“西方净土”（佛教名词），故又称“接引佛”。阿弥陀佛有十三个名号，“无量寿佛”为其一。《阿弥陀经》说，只要专心称念阿弥陀佛名号，死后便可往生“西方净土”。

这两则石刻内容相同，刻于何时，不详。

此外，庆云寺门前挡土墙上，嵌有“南无阿弥陀佛”六个大字。“南无”，谓敬礼之意。佛教徒常用来加在佛或经典题名之前，表示对佛、法的尊敬。

石刻 12　连绵石刻“曲径通幽处”

【原文】

曲径通幽处

【注释】

往庆云寺的半山有一岔路，分立两石，左刻“此路上鼎湖山”，右刻“此路游飞水潭”。沿左边小道直上，有“倚山亭”相迎，亭旁石壁上刻有古人题“曲径”隶书二字，再进又有明朝方世杰题的“幽处”行书二字。清道光丁未年（1847）孟冬新兴人张晋游此，憾“曲径”只言路之曲，“幽处”仅说林之幽，欠画龙点睛之处，便在两石刻之间补题一楷书“通”字。因此，游人从倚山亭仰望，便见连绵石刻“曲径通幽处”了。

石刻13　孔广陶题名“偕胡敬修等人来游”

【说明】

清同治二年（1863）春，孔广陶刻于庆云寺路石磴转折处。楷书。

孔广陶，号少唐，广东南海人，精鉴藏书。著有《孔氏岳雪楼书画录》。他是清代著名藏书家孔继勋之子。孔继勋于道光五年（1825）创建岳雪楼以藏书，号称“三十三万卷书堂”。清末以后，孔家逐渐破落，有不少藏书流散海外，其中一些珍品为日本人藤田所得。

胡敬修，字道五，番禺人。纳粟就教职，历署平远、新兴、开建等县训导，惠州府教授。充丰湖、端溪、羊城等书院监事。著有《南雪草堂诗》。

李征霨，原名鸣韶，字孟夔，号阮庵，南海人。少孤贫，笃于学，有文名。道光九年（1829）县试第一。道光十一年（1831）乡试举副贡第一。次年（1832）选授高要县训导，兼署德庆州学正。后选取知县，因母老谒选。隐居乡里。续写《南海县志》《广州府志》。

【原文】

同治癸亥春，偕番禺胡敬修、胡承恩，南海李征霨来游。孔广陶题。

石刻 14　吴柯撰《鼎湖山庆云寺补山亭记》

【原文】

鼎湖山庆云寺补山亭记

范[①]金为器，不能使其即器也，补其缺而器完矣；斫[②]木为轮，不能使其即轮也，补其缺而轮合矣。南阎浮提[③]为缺陷世界，中间都邑宫观之壮，衣冠文物[④]之美，始焉草昧[⑤]，渐次增治而后可观。大之千山千水，小之一丘一壑之胜，亦复如是。

鼎湖山庆云寺，岭南名刹也。天作地藏[⑥]，待其人之继起。昔也龙湫[⑦]虎穴，今为绀宇珠林。补造化之缺者，栖壑老人开创之力也。六传继体，草堂、石门、二湖、如幻、刍庐，至今东樵[⑧]迹公，次第补缺。宗律[⑨]之规模，门庭之高峻，僧蓝[⑩]之巩固，供具[⑪]之庄严，美矣！备矣！蔑[⑫]以加矣！惟是山之前后左右，更须广建亭榭，为往来休息凭高望远之所不可缺者，补之有待其人。

予初至山，为东樵来也。维舟峡口，沿溪而入。行水石间数里，乃抵山麓，足蹇[13]力匮矣。有建亭溪浒，甃[14]石为台，可坐可卧者，前广州别驾[15]佟公之善补其缺也。隔溪有基，方筑室焉。设茗饮以待倦客，则岭东观察胡公将补其缺也。坐既定，复振衣鼓勇，搴[16]裳涉涧遵九曲迳，扪萝先登，十步一息。闻钟鼓声，隐隐云际。遥见东樵植杖古松之下，相视而笑，携手并坐松阴石磴间，盘桓久之。寻[17]为风日所迫，坐未定而三移其席。语东樵曰："此而不亭，无以蔽风雨，御寒暑，亦名山之缺也，请补之。"东樵从臾言曰"斯山之界，后屏鼎湖，前临象石，瀑布水帘，映带左右，皆胜览也。方议建亭而有待。此亭之建，为入山初地，胜览中枢。俯首揖小歇之宾，仰面观庆云之云。凝睇四顾，山色溪声，接于耳目。十方[18]无壁，四面无门，虽有缺陷，补之无弗补矣。"予闻而喜之，倾橐[19]出俸，授知事僧刻日鸠工。亭既成，颜[20]曰"补山"，表曰"宗律名山"。盖以寓内名山之有佛者，宗律两岐，鲜能兼而一之，诚缺事也。鼎湖不惟一之，且兼净业焉，是补缺之太[21]者。吾之名斯亭也，岂曰小补之哉！高凉郡守歙溪吴柯撰。

【说明】

从半山亭出发，约行数十米，便到莲花峰山麓，沿山麓攀登，可至庆云寺，从庆云寺再往上，便是吴柯捐建的补山亭了。亭内高悬一联：到此已无尘半点，上来更有碧千寻。清风徐来，热气全消，静品此妙联，一点凉意直透心怀。

吴柯，江南人，清康熙四十四年（1705）任广东高州郡守。应好友庆云寺七代住持成鹫和尚（号东樵山人，撰修《鼎湖山志》）之邀，于康熙四十九年（1710）游鼎湖山，捐建补山亭并撰写《鼎湖山庆云寺补山亭记》，刻石镶嵌于亭内壁间。

【注释】

①范：指用模子浇铸。《礼记·礼运》："范金合土。"陈澔就说："范金，为形范以铸金器也。"②斫(zhuó)：本义为大锄，引申为砍、斩。③南阎浮提：梵文旧译，又译南赡部洲、南阎浮洲、南瞻部洲，即佛教"四洲"之一。④衣冠：古代士以上的服装。引申指世族、士绅。文物：与今天的解释不同，旧为礼乐、典章制度的统称。《左传·桓公二年》："夫德，俭而有度，登降有数。文物以纪之，声明以发之，以临照百官，百官于是乎戒惧而不敢易纪律。"⑤草昧：蒙昧，原始未开化的状态。《易·屯》："天造草昧。"孔颖达疏："草谓草创，昧谓冥昧，言天造万物于草创之始，如在冥昧之时也。"⑥天作地藏：天造地设之意。《孔子家语·问礼》："形体则降、魂气则上，是谓天望而地藏也。"⑦龙湫：即龙潭。杜甫《寄从孙崇简》："嵯峨白帝城东西，南有龙湫北虎溪。"鼎湖山老龙潭，传说有一青龙，被鼎湖山开山祖智常禅师降服。⑧东樵：即成鹫和尚，字迹删。⑨宗律：佛教宗派繁多，庆云寺开山祖栖壑和尚号称对禅宗、净土宗和律宗三宗俱善，因而庆云寺法规的特点是三宗俱善。⑩僧蓝：佛寺伽蓝的简称，即佛教寺院的通称。⑪供具：佛教指供佛的香花、饮食、幡盖等物。⑫蔑：无也。《左传·襄公二十九年》:"蔑以加于此矣。"⑬蹇（jiǎn）：跛足。⑭甃（zhòu）：以砖修井，后凡以砖砌物皆曰"甃"。⑮别驾：官名。⑯搴（qiān）：撩起；揭起。卢照邻《释疾文》："搴裳访古。"⑰寻：连续不断而来。⑱十方：佛教称东、西、南、北、东南、西南、东北、西北、上、下十个方位为"十方"。唐太宗《三藏圣教序》："弘济万品，典御十方。"⑲橐（tuó）：袋子。⑳颜：题字于匾额。㉑太："大"的古字。

【评析】

构思新颖、巧妙，是《鼎湖山庆云寺补山亭记》的特点。13个"补"字贯穿全文，就像一串佛珠，回环往复，珠珠生辉，令人玩味。第一段以物喻理，阐明世间万物都处于逐步完善之中：小的如一件用具，大的如通都大邑、万水千山，乃至礼乐、宗教和典章制度，开始时都是蒙昧粗糙的，不尽如人意的。世间万物能逐步符合人们的理想和要求，这是“补”之功。第二段以鼎湖山庆云寺为例，说明它之所以能有今天这样壮观的景象，乃前人尤其是开山祖栖壑和尚之功劳。然后笔锋一转指出“亭榭”不足之缺陷，因而非“补”不可了。第三段先以自己跋山涉水艰难地登上鼎湖山的亲身感受，证明“广建亭榭”之必要；再记述捐钱建“补山亭”的经过；然后赞颂庆云寺佛学取各家之长，集禅宗、净土宗和律宗于一家的伟大创举；最后再以“补”字结束全文，如同十三粒珠子紧紧地连成一串。

借记事以寄寓哲理，这是本文的另一特点。本文清楚地阐明了这样一个道理：世间万物都在不断的变化、发展中去寻找自身的完美。大的如鼎湖山佛教圣地、栖壑和尚“三宗俱善”新佛学的创立与发展，小的如“补山亭”的兴建。作者还进一步阐述了寻求自身完美的决定条件，是人的主观因素，而不是自然界的恩赐。这个非常质朴的观点，至今还在“补山亭”内外熠熠生辉。

【译文】

用模型浇铸金属器具，不能使它立刻成形，需经加工修整，才能完美；砍下树木做车轮，不能使它立刻成为车轮，需经加工修整，才能使轮子匹配。南阎浮提是一个有缺陷的世界，其中通都大邑、宫室庙宇之壮丽，世族士绅之富贵，礼乐、佛法和典章制度之完善，开始时总是蒙昧粗糙而不尽如人意的，经过渐次的增添整理，才有今日的好景象。大至万水千山，小至一丘一壑的名胜也是这样。

鼎湖山庆云寺，是岭南名刹。这天造地设的圣地，正等待着人们继续修整它、完善它。过去这里是龙潭虎穴，现在到处是红墙碧瓦的庙宇、珍贵的林木。使鼎湖山这个小天地不足之处得到改进的，是庆云寺开山祖栖壑长老的功劳。现在庆云寺已六传衣钵，计有草堂、石门、二胡、如幻、乺庐，至今则是号东樵的迹删公，他们一个接一个地完善鼎湖山及庆云寺的环境。今天，宗律之规律，门庭之高峻，寺院之坚固，供具之庄严，甚是壮丽、完备啊！可说是已达到了无以复加的境地。只有山之前后左右，还需广建亭榭，这是往来游客休息或凭高远眺所不可缺少的，这些都等待后人继续去修缮。

我初次来到鼎湖山，是为我的好友东樵迹删公而来的。我把船停靠在羚羊峡口，遂沿溪直入，在水石间行，走了数里，才抵达山脚，此时足已跛力也乏了。可巧前面有一个亭子建在溪边，临水边垒石筑台，可坐可卧，这是前广州别驾佟公修缮的，它填补了无憩息地之不足。隔溪有一地基，正在修筑房子。设茶水以招待疲倦的游客，这是岭东观察胡公修筑的，用以补无茶水之不足。坐了不久，我决定再度启程，于是起身拂拭衣裳，鼓足勇气，撩起衣衫，徒步过溪涧，沿着弯弯曲曲的小路，攀着萝藤先登，每十步一歇。忽闻钟鼓声传来，其声隐隐约约，仿佛在云际之间。远处，东樵迹删公扶着拐杖伫立在古松之下，我们相视而笑，携手并坐在松荫与石蹬之间，在此停留了很久，但其间不断遭山风烈日侵袭，还未坐定就转移了三次位置。我对东樵说："这里不修筑一个亭子，就无法遮挡风雨，抵御寒暑，这就成为闻名古今的鼎湖山之不足了，我的心愿是能补此之不足。"东樵跟着回答说："这里是本山的分界处，后有鼎湖山作为屏障，前面正对象石岭。瀑布水帘，互相映衬，彼此关联，此皆游览之胜地。现正议论着建亭之事，但还需等待时日。此亭建成后，将为入山初地，游览胜景的中枢。可以拱手迎接小歇之后登山的宾客，仰面大可欣赏庆云寺顶上的五彩云霞。举目四望，山色溪声，悦耳悦目。十方无壁，四面无门，虽有不够完美之处，只要充实它，也没有什么不可以修补的。"我听了东樵的话语后，高兴极了，即拿出袋子里所有的金钱，授命知事僧为我操办建亭之事，限定日期动工。亭子建成后，我在匾额上题写“补山”二字，前门横额则题写“宗律名山”四字。从分布在天下各名山的佛寺来说，禅宗和律宗是两支不同的宗派，很少能兼而有之地统一起来，这的确是一件很遗憾的事情。鼎湖山庆云寺不仅把二者统一起来，而且还兼有净土宗之优，这番业绩是补缺者之所为。我以“补山”来命名这个亭子，目的是想说：这只是微不足道的小补罢了！高凉郡守歙溪吴柯撰。

石刻 15　慈禧太后“敕赐万寿庆云寺”

【说明】

慈禧太后（1835—1908），又称西太后、那拉太后；满族；叶赫那拉氏；清末同治、光绪朝的实际统治者。咸丰皇帝妃，咸丰帝死后，封为太后。

庆云寺“敕赐万寿庆云寺”匾是光绪年间慈禧太后所赐。

【原文】

敕赐万寿庆云寺

石刻16　彭泰来文《募修鼎湖山庆云寺序》

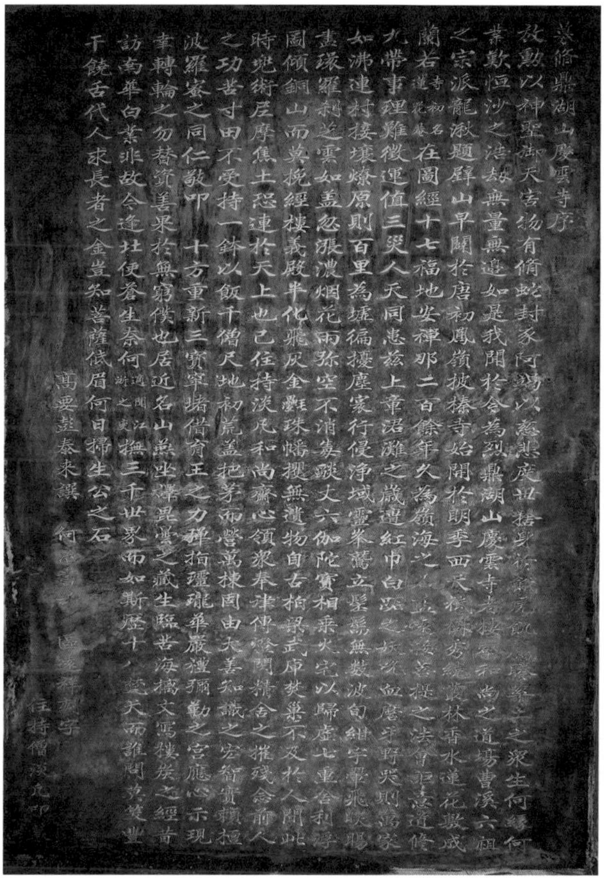

【说明】

彭泰来（1790—1867），字子大，号春洲，又号昨梦生，鼎湖区广利镇龙头村人。少以诗及古文辞受知于翁方纲、钱大昕。嘉庆十八年（1813）拔贡，赴京考试不第，遂绝意功名。后任英德县教谕。总督祁贡欲延见之，不往。《清史列传》称其诗“天才飚发，出入于少陵（杜甫）、昌黎（韩愈）诸家”。善属文，兼工隶草，精篆刻。著有《诗义堂后集》6卷、《昨梦斋文集》4卷、《高要金石略》4卷、《端人集》4卷等。咸丰十一年（1861）撰写“重修庆云寺碑文”，后刻于庆云寺门口左侧石碑上。

【原文】

募修鼎湖山庆云寺序

放勋[1]以神圣御天，害物有修蛇封豕[2]。阿竭[3]以慈悲度世，舍身于饿虎饥鹰，眷率土[4]之众生，何缘何业[5]？叹恒沙[6]之浩劫，无量无边。如是我闻[7]，于今为烈。

鼎湖山庆云寺者，栖壑和尚之道场，曹溪六祖之宗派。龙湫题壁，山早辟于唐初；[8]凤岭披榛，寺始开于明季。[9]西天祇树[10]，秀绕丛林，香水莲花，敷成兰若[11]。寺初名莲花庵，在图经十七福地，安禅那[12]二百余年。久为岭海之名蓝，远接菩提之法会[13]。

讵意道修九带[14]，事理难征。运值三灾，人天同患。兹上章涒滩[15]之岁，遭红巾白跖之妖[16]。吮血磨牙，野哭则万家如沸；连村接壤，燎原则百里为墟。遍扰尘寰，行侵净域。灵峰鹫[17]立，髼鬆[18]无数波旬；绀宇翚飞[19]，睒睗[20]尽环罗刹。芝云如盖，忽涨浓烟；花雨弥空，不消毒焰。丈六伽陀宝相，垂火宅以归虚；七重舍利浮图[21]，倾铜山[22]而莫挽。经楼义殿，半化飞灰；金毡珠幡，攫无遗物。自古柏梁武库焚巢[23]，不及于人间。此时兜术尼摩焦土[24]，恐连于天上也已。

住持淡凡和尚，斋心领众，奉律传灯[25]。闵精舍之摧残，念前人之功苦。寸田不受，持一钵以饭千僧；尺地初荒，盖[26]把茅而营万栋。固由大善知识[27]之宏智，实赖檀波罗蜜之同仁[28]。敬叩十方，重新三宝[29]。窣堵借育王之力[30]，弹指玲珑；华严[31]礼弥勒之宫，应心示现。幸转轮[32]之勿替，资善果于无穷。仆也，居近名山，燕坐译毗昙之藏[33]；生临苦海，摛[34]文写楼炭之经。昔访南华，白业非故；今逢北使，苍生奈何?（适闻江浙之变。）抚三千世界而如斯[35]，历十八梵天[36]而谁问！莫笑丰干饶舌[37]，代人求长者之金；岂知菩萨低眉[38]，何日扫生公[39]之石。

高要彭泰来撰，何治书丹，区远祥刻字。住持僧淡凡叩募。

咸丰拾壹年孟秋之月吉日[40]。

【注释】

①放勋：唐尧的称号，一说是尧的名。②修蛇封豕：即封豕长蛇，泛指野猪和长蛇，比喻贪暴者、侵略者。《左传·定公四年》："吴为封豕长蛇，以荐食上国。"杜预注："言吴贪害如蛇豕。"③阿竭：即阿难。释迦牟尼的从弟和弟子之一，随侍释迦20余年，长于记忆。佛经开头第一句"如是我闻"即阿竭所说。④率土：语出《诗·小雅·北山》："率土之滨。"犹言四海之内。"率土"为"率土之滨"的省语。⑤业：佛教名词，泛指一切身心活动。佛教分类很多，一般分三业：身业（行动）、语业（言语）、意业（思想活动）。⑥恒沙：即恒河沙数，佛经中语，形容数量多到无法计算。⑦"如是"句：佛经的开卷语。佛（释迦牟尼）灭度后，弟子录集佛的言论，因阿难在佛身边最久（参见注释③），就推阿难宣唱佛说，阿难以"如是我闻"开场，意为我听到佛如此说。⑧"龙湫"二句：指智常禅师开山题壁之事。龙湫即龙潭。庆云寺附近有老龙潭，一青龙潜于潭中，被智常禅师降服，并题潭壁："涅槃妙心，正法眼藏。"此题刻为鼎湖山极珍贵之文物。⑨"凤岭"二句：据《鼎湖山志》记载："形如飞凤，上为三宝峰，凤之首也；左为青狮岭，右为白象岭，凤两翅也，中为莲花洞，凤之腹也，庆云寺建此。"凤岭，即凤来山。榛（zhēn），树丛。明季，明末。⑩"西天"句：意谓像印度佛教圣地祇树园那样的寺院。西天，古印度。祇（qí）树，即祇树给孤独园，简称祇园，亦谓之祇树园，世称祇桓精舍。其遗址在今印度舍卫城南。佛经言，释迦牟尼成道后，给孤独长者用大量黄金购置舍卫城

南祇陀太子园地，建筑精舍，请释迦说法。祇陀太子也奉献了园内树木，因此以两人名字命名。相传释迦牟尼住此宣扬佛法 20 余年。⑪敷：布；粉饰。兰若：佛教名词，“阿兰若”之简称，即寺庙。⑫禅那：即禅定。佛教修行方法之一。⑬菩提：佛教名词，指豁然开朗，如人睡醒、如日开朗的彻悟境界；又指觉悟的智慧和觉悟的途径。法会：指佛教界举行的各种集会。⑭讵（jù）：岂也。九带：多次干扰。⑮上章涒滩：据中国历法，古代用干支纪年，十干叫作“岁阳”，十二支叫作“岁阴”。《尔雅 · 释天》“岁阳”：“太岁在甲曰阏逢，在乙曰旃蒙……在庚曰上章……。”又“岁阴”：“太岁在寅曰摄提格，在卯曰单阏……在申曰涒滩……。”按推算“上章涒滩”就是清咸丰庚申年（1860）。⑯“红巾”句：咸丰四年（1854）七月五日广东天地会首领陈开在佛山起义，李文茂、陈显良在三元里响应。蓄发易服，头裹红巾，称“红巾军”，拥护太平天国。陈开、李文茂率众 10 余万人围攻广州，英、美、法侵略者以武器粮米接济清军，陈显良斥责了他们的干涉行为。次年四月，陈开、李文茂率红巾军 4 万人进军广西桂林，建立大成国；陈显良等留广东继续斗争；另部周春、陈荣进军江西，与太平军会师。咸丰十年（1860）周春、侯诚戴等率众 10 万，由贺县、怀集经广宁、四会、三水等地进攻肇庆清军，曾一度攻上鼎湖山庆云寺。红巾军退出后，当地的封建势力借剿“红巾军”为名，乘机洗劫庆云寺，寺内全部建筑，悉数被焚毁。⑰鹫（jiù）：鹰科部分种类的通称。皆大型猛禽，如秃鹫。⑱髬髵（pī ér）：猛兽鬃毛竖起。⑲绀：天青色。翚（huī）飞：语出《诗经 · 小雅 · 斯干》：“如翚斯飞。”后来用以形容宫室壮丽。⑳睒睗（shǎnshì）：疾视。㉑舍利：梵文音译，意译为“身骨”，佛教名词。相传释迦牟尼遗体火化后结成的珠状物，后亦指德行较高的和尚死后烧剩的骨烬。庆云寺至今珍藏有舍利子，“一绿二红二白”，其中“一绿二红”为释迦化身，“二白”为石箭和尚化身，为鼎湖山镇山之宝。浮图：佛教名词，一译浮屠，即佛塔。㉒铜山：语出《世说新语·文学》：“铜山西崩，洛钟东应。”《东方朔传》：“孝武皇帝时，未央宫前殿钟无故自鸣，三日三夜不止。诏问太史待诏王朔，朔言恐有兵气。”㉓柏梁：即柏梁台，汉武帝在柏梁台和群臣联句，共赋七言诗，每人一句。帝尝置酒台上，诏群臣和诗，能七言诗者，乃得上。武库：古代储藏器物的仓库。晋人号杜预为杜武库，言其无所不有。而晋武库失火，所藏王莽头、孔子履尽焚失。㉔兜术：梵文音译，亦作“兜率陀”，佛教所说欲界六天中的第四天，义释为知足，妙足等。意思是受乐知足而生欢喜之心。尼摩：即摩尼，宝珠之总称，梵语。《圆觉经》：“譬如清净摩尼宝珠，映于五色，随方各见。”故佛珠泛指摩尼珠。㉕传灯：犹言传法，以灯传法也。《玉海》：“祥符二年，杨亿等上景德传灯，录三十卷。”㉖盖：古人称编茅覆屋为盖屋。㉗知识：经验。㉘檀：施也，即布施。故施主亦称檀那。波罗蜜：梵语音译，其义为度彼岸。谓由此岸而度登彼岸，离生死而入涅槃也。这里意谓佛教徒及信奉佛教的俗人。㉙三宝：佛教名词。佛、法、僧为“三宝”。㉚窣堵：即窣堵波，梵语音译，此言塔也。育王：即阿育王，一作阿输迦，梵语音译，意作无忧王，古印度国王也。建国之初，王征战杀戮过多，遇一沙门说法，遂生悔悟，归信佛法，广建寺塔。即位十七年，在华氏城（今比哈尔邦）举行过第三次佛典集结，并派传道僧到国外传教，对佛教发展影响很大。㉛华严：即华严寺。在山西大同市西南隅，寺内的大雄宝殿始建于辽代，气势雄浑，是我国现存最大的佛殿，亦是全国重点文物保护单位。㉜转轮：即轮回，佛教名词，谓世界众生辗转生死于六道中，如车轮之旋转，是既死而转生，既生而复死。《心地观经》：“有情转回生六道，犹如车轮无始终。”㉝燕：安闲。译：今言解释经义。藏：指三藏。佛教有三藏，即经藏、律藏、论藏。藏者，谓一切所应知之义，均蕴积于此中，犹如积金之库也。这里泛指佛经。㉞摛（chī）：传播；铺陈。㉟抚：持；把。三千世界：即三千大千世界，简称“大千世界”，佛教名词，是古印度传说的一个广大范围的世界的名称，即释迦牟尼所教化的范围内的世界。㊱十八梵天：即十八天、色界十八天。佛教把宇宙分为三界，就是欲界、色界、无色界三个层次。欲界，为食欲和淫欲的众生所住的世界；色界，位在欲界之上，已无食欲和淫欲而只享受精妙境像的众生所住的世界；无色界，在色界之上，为离开物质享受而只有精神存在于定心状态中的世界。㊲丰干饶舌：喻多嘴。典故出自《宋高僧传》卷十九：唐高僧丰干，初居天台山国清寺供舂米之役。先天年（712—713）中，行化京兆。闾丘胤将任台州太守，问台州有何贤达？丰干曰：到任记谒文殊。后闾丘胤到任至国清寺，于僧厨见寒山、拾得，二僧笑曰："丰干饶舌"。㊳菩萨低眉：比喻人的慈祥善良。典故出自《太平广记》卷一七四引《谈薮》："隋吏部侍郎薛道衡，尝游钟山开善寺，谓小僧曰：'金刚何为努目？菩萨何为低眉？'小僧答曰：'金刚努目，所以降伏四魔；菩萨低眉，所以慈悲六道。'道衡怃然不能对。"㊴生公：梁时高僧，尝讲经于虎丘寺，聚石为徒，宣讲至理，石皆点头。世有生公说法顽石点头之语。㊵吉日：即朔日，农历每月的初一。

【评析】

碑文是镌刻在碑石上的文章，有的也叫刻石文。这种文体一般是记述人物的事迹、颂扬其功德的，也有记述重大事件、说明其目的意义的。本文属后者。

全文分 4 段。第一段是总起。起句"放勋以神圣御天，害物有修蛇封豕"，要言不烦，气重千钧，为立论定下了主调：天下善恶分明。继之以阿竭"慈悲度世""舍身于饿虎饥鹰"的伟大胸怀，引出当今浩劫之可叹可悲。有理有据，顺理成章。

第二段先阐述鼎湖山开山祖智常禅师的功劳，再阐述庆云寺开山祖栖壑和尚辛勤建寺的功德，致使庆云寺名闻岭南，法会频繁。

第三段记述兵火毁寺之详情。"讵意道修九带，事理难征"是全文内涵最丰富、文笔最精彩之处。它顺接上文，笔锋突转，引出兵火毁寺的隐情。

文中对兵火毁寺、浓烟毒焰、鸟兽惊惶、万家哀号、百里归墟的惨状和大火前后的环境、气氛做了具体、形象的描绘，除了表现作者对庆云寺毁于一旦之惋惜、对僧俗遭难的深切同情之外，更重要的是道出作者的难言之隐。据文意和材料所证，火烧庆云寺是一宗悬案。据传说，红巾军收占鼎湖山时，庆云寺的和尚还用千人镬煮饭给他们吃。红巾军决不会在众目睽睽之下烧毁寺院，抢夺财物，以自毁军容，失信于民。当时水坑村的封建势力与庆云寺僧矛盾异常激烈，很可能在红巾军撤出后，借清剿“红头贼”之名，洗劫寺院以报私仇。兵火毁寺，作者用一曲笔，说明此事有难言之隐。毁寺，岂可排除清兵所为？以火烧庆云寺，嫁祸红巾军，迫使僧俗与红巾军为敌。对此，作为清朝小官的彭泰来，自不便说亦不敢说。

第四段颂扬淡凡和尚在困境中率领众僧共渡难关、宣传佛事并挑起重建庆云寺重担的功业；表明作者“代人求长者之金”乃出自善心，表彰募捐者功德无量。

封建社会的碑文，绝大多数是歌功颂德的谀辞，使人读来味同嚼蜡。这篇碑文虽然也有歌功颂德之言，但内容真实，全文融叙事、议论、抒情于一体，和谐自然。加上描写生动、感情洋溢、曲笔巧妙，更增强了它的艺术感染力。

【译文】

唐尧以神圣治理天下，然而却仍有那贪暴者。阿竭以慈悲为怀，助众生以脱离苦海，甚至舍身喂饿虎饥鹰，他关怀四海众生，这与他又有什么缘分或因果呢？可叹佛门弟子经历那无量无边的灾难。其中像佛祖所说的灾难，今天尤为惨烈。

鼎湖山庆云寺是栖壑和尚礼拜、诵经和宣讲佛事的场所，属于曹溪六祖慧能禅宗南宗的一支。鼎湖佛教圣地的开山祖是唐初的智常禅师，以老龙潭旁的题刻为证；而庆云寺的开山祖则是栖壑和尚，他在凤岭披荆斩棘，于明朝末年修建这座寺院。就像古印度佛教圣地祇树园那样庄严幽雅，寺庙四周林木环绕，莲花遍地，顺溪流飘香。庆云寺最初名叫莲花庵，在图经上为十七福地，佛教徒在这里安静地修行了二百多年。长期以来这座寺院是岭南的著名古刹，还经常远接各方的菩提法会。

岂料佛道修行之事常受干扰，事理曲直难以得到公正的评论。万物总会碰到无法预料的灾难，人和大自然常同受其害。咸丰庚申年（1860）庆云寺惨遭红巾军和土匪的攻掠。匪徒们吮血磨牙，到处杀人，哭声遍野，千家万户，沸反盈天；一个个村庄被洗劫，大火燎原百里，远看尽是废墟一片。匪徒们遍扰民间之后，又来侵扰那清净圣洁的佛教圣地。灵秀的峰峦之上，老鹰不安地耸立着；丛林里的猛兽则竖起了鬃毛，争先逃命；那壮丽的天青色庙宇，到处都有虎视眈眈的“恶鬼”在把守。忽然间，寺庙周围竟腾起了浓烟烈焰；满天花雨，仍无法把毒焰熄灭。寺院里珍贵的丈六佛像，也随着烈火的吞噬而化为乌有；藏有佛骨的七层佛塔倾倒了，就像铜山西崩，无法抢救。藏经楼和庄严的宝殿有一半成为灰烬；金色的地毡、缀满明珠的旗子，全被掠夺一空，无半点遗物。就以古代的柏梁台、武库的失火来说，也不及这里惨烈。这时，佛教圣地化为焦土，恐怕连天上世界也遭受污染。

住持淡凡和尚，率领众僧，清心洁身，遵守戒律，传经授徒。他痛心庆云寺被摧残，怀念前人的功劳与建寺之艰辛。由于寸田不受（栖壑和尚定下的寺规）而无经济来源，只得凭一僧钵化缘来养活千僧；在荒芜的土地上，盖着茅房的时候就想着营造万栋房的规划。这诚然是需要丰富的经验和广博的知识，也实在需要依靠各方施主、教徒等同仁的资助。淡凡和尚等竭诚向各方敬求布施，以重建庆云寺，宣扬佛法。果然，通过阿育王的帮助重新修造佛塔，精巧明彻的佛塔不多久就重新建起来了；除此之外，淡凡和尚还打算修建像华严寺那样规模的宝殿，供奉弥勒等三世佛，以应民心，供人礼拜。虽然生死轮回是无法替代的，资助慈善事业者是无穷无尽的。我居住在名山之旁，安闲地研译着高僧毗昙所著的经义；生临这个苦难的世界，也只能在文写楼中传播文章、书写著作了吧。昔日探访南华寺，其佛事已非从前；今遇从北方回来的官使，他说江浙有乱，如此，老百姓的日子怎么过?大千世界被扰乱成这个样子，你们即使越过了色界的十八重天，又有何用!不要笑我多嘴，代僧人向显贵者募捐；人们哪知道光靠大发慈悲待人布施，什么时候才能感动那些像顽石般的施主呢!

高要彭泰来撰写，何治书丹，区远祥刻字。住持僧淡凡叩募。

咸丰十一年（1861）七月初一。

石刻 17 庆云寺正门对联

【原文】

莲花历劫香初地，云液飞泉响万峰。

【注释】

此联为清代鼎湖区龙头村人彭春洲所作。彭春洲，即彭泰来，详见《募修鼎湖山庆云寺序》说明部分的作者介绍。“莲花”既指庆云寺的所在地莲花峰，又指庆云寺前的鼎湖二十景之一的“艺苑飘香”。上联以经久不衰的“莲花”“香初地”象征着佛教圣地庆云寺之永存。下联以纯净不绝的“云液飞泉”比喻普照天下的佛光。

石刻 18　庆云寺大雄宝殿对联二副

【对联一】

面震旦而结梵宫，绿树森环，何用白云封洞口。

据湖山以开法界，红尘远隔，还欣紫气满庭前。

【注释】

此联为顺德人罗永祺撰书，时为清光绪癸未年（1883）仲冬。“震旦”乃古代印度称呼中国的音译。此联除了高度概括庆云寺所处的位置、地势和景物风光之外，还巧妙地宣扬了佛法，并突出了这里香火之盛。

【对联二】

云里钟声，云外泉声，昼夜宣流，如是法轮并转。

岭南越秀，岭西独秀，江山佳气，都为福地来朝。

【注释】

此联为高要人许荣撰书，南海人欧阳潼敬献，时为清咸丰十一年（1861）仲夏。上联的“法轮”，是指佛法。佛教佛法不停滞于一人一处，辗转相传，如车轮，故名。下联中的“福地”，据《图经》说：鼎湖山乃神仙所居的第十七福地。

石刻 19　庆云寺客堂对联四副

【对联一】

王摩诘诗中有画，舍利子色不异空。

【注释】

此联作者与年代不详，上联语出苏轼《书摩诘蓝田烟雨图》：“味摩诘之诗，诗中有画；观摩诘之画，画中有诗。”摩诘是唐代诗人王维的别字。他信奉禅理。下联的“舍利子”，译作“身骨”，指高僧火葬后的残余骨烬。通常指释迦牟尼的遗骨为佛骨或佛舍利。相传释迦牟尼火葬时，有骨子如五色珠，光莹坚固，名曰“舍利子”，于是造塔以藏之。“空”：佛教认为一切事物的现象都有它各自的因和缘，没有质的规定性和独立实体，假而不实，故谓之“空”。这副对联意在宣扬禅宗佛理。

【对联二】

镇两粤咽喉，来往同登福地。

食十方粥饭，清贫不负名山。

【注释】

此联为清朝藩王平南王尚可喜于顺治丁酉年（1657）冬写赠给栖壑和尚的。史载，尚可喜率兵入山海关后，到处剿杀农军和各地抗清武装。顺治六年（1649）封为平南王后，即率军进讨南明桂王朱由榔。拥兵镇守广州后，深感欠下血债太多，遂有请栖壑和尚往广州追荐冤魂之举。《平南王请书》中说得很明白："平南王尚致书于鼎湖山庆云寺堂头栖壑老和尚莲座……缘向年提师入粤，屠戮稍多，虽云火焰昆冈，难分玉石，然而血流漂杵，恐于天和。内返诸心，夙夜自愧也，兹蠲吉日（言斋戒沐浴以择吉日），启建道场，报恩资有，植福消冤。"栖壑和尚接书后，累辞不允。后差官驾王舟谐山，才勉强成行。

【对联三】

众生平等，一切有情。

【注释】

此联为孙文题。孙文，即孙中山（1866—1925）。这副对联是孙中山游鼎游湖时为庆云寺僧人手书的。此联的内容实质是他的新三民主义思想的总体现。

【对联四】

灯影照无睡，心清闻妙香。

【注释】

此联为高剑父所作。高剑父（1879—1951），名仑，广东番禺人，近现代画家。曾留学日本，加入中国同盟会，后组织同盟会广东支会，任会长。辛亥革命后从事美术教育工作。擅画山水、花鸟、走兽，也作人物画。从者甚众，形成"岭南派"，下联"心清闻妙香"摘自杜甫的诗句。"妙香"出自《增一经》："有妙香三种：谓多闻香、戒香、施香，此三香逆风顺风，无不闻之。"

石刻20　庆云寺浮屠塔对联

【原文】

狮象并皈依，大千世界三空外。

虎龙长拥护，丈六金身七级中。

【注释】

庆云寺北为青狮岭，南为白象岭，故上联首起云“狮象并皈依”。“皈依”指信仰佛教者的入教仪式，因表示对佛、法、僧三宝归顺依附故名。庆云寺东有伏虎冈，东北有天龙岭，故下联首起云“虎龙长拥护”。此联既形象地写出了浮屠塔的形胜，又写出了庆云寺的禅宗佛法。两联首起均写景物，是实写；接云均写佛法，是虚写。一实一虚，以虚衬实，平添了一种神奇迷离的色彩。全联对仗工整，语言精纯，令人叹服。

此联为顺德人叶景陶撰书，时为咸丰己未年（1859）。

石刻21　宋广业诗《咏梅百首》

【说明】

宋广业，字澄溪，江苏长洲人。清康熙中官至济东道，后因事停官游息，有《罗浮山志会编》存世。其子宋志益康熙五十二年（1713）出任肇庆太守，宋广业度庾岭南下。康熙五十四年（1715）仲春，在端州官署内设“梅花书屋”，值梅正盛，宋广业与朱玉章等十数人“觞咏其中，爰书百咏于壁。志益命工镌石”。后把5.60米×0.35米规格之刻石镶嵌在庆云寺大殿天井左右壁中，至成为石刻中之珍品。其书法艺术，体方而笔圆，力劲而气舒，纵横开阖，风采动人。实得李北海楷书艺术的真谛。下面把百首梅花诗中的序言及前十二首的真容献给读者，就足以证明之。

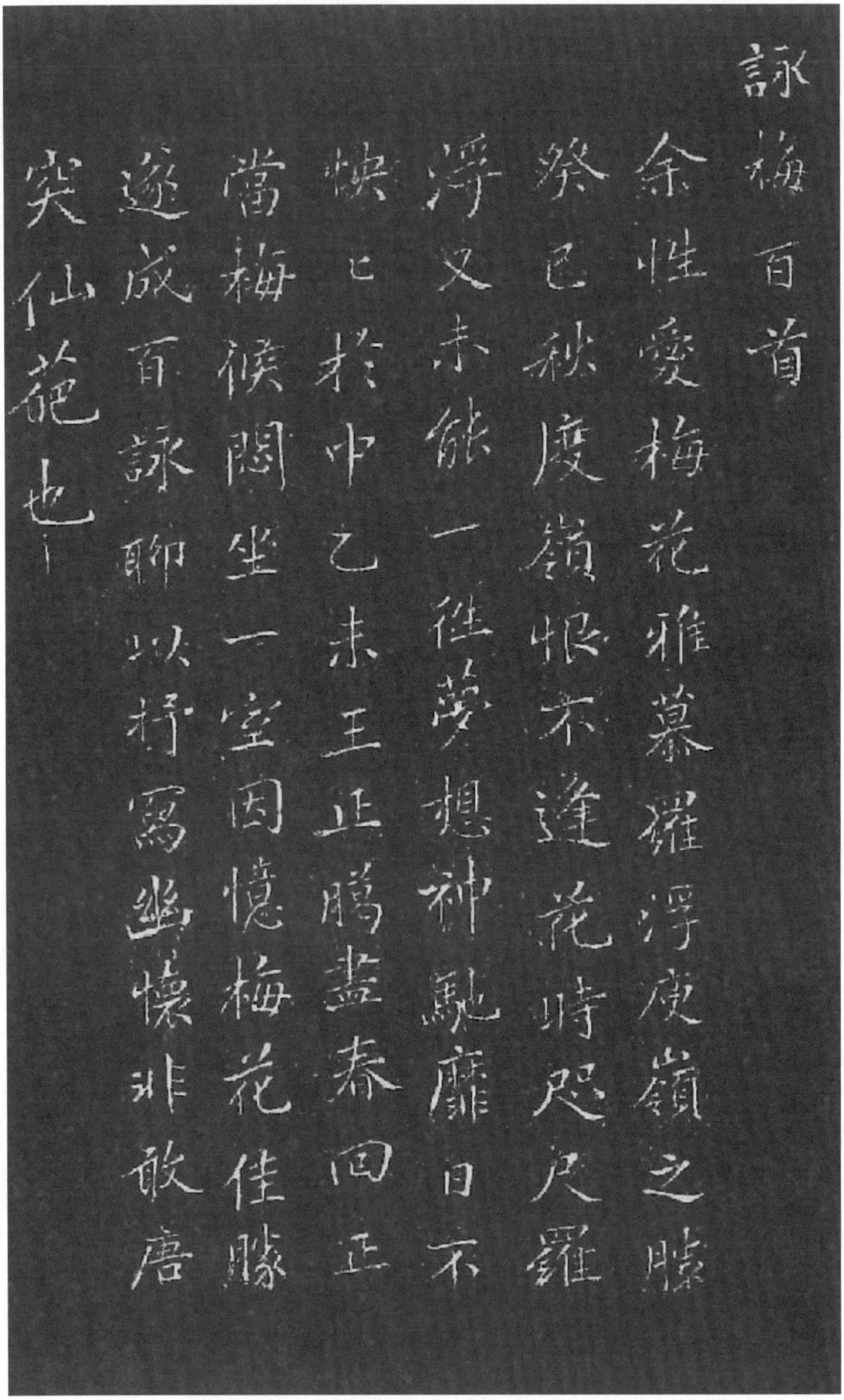
詠梅百首
余性愛梅花雅慕羅浮庾嶺之勝
癸巳秋度嶺恨不逢花時咫尺羅
浮又未能一往夢想神馳靡日不
懷已於中乙未王正臘盡春回正
當梅候閉坐一室因憶梅花佳勝
遂成百詠聊以抒寫幽懷非敢唐
突仙葩也

問梅消息近如何盡說梅關十月多偏我
來時花未放驅車嶺上漫經過
羅浮咫尺若天涯虛度芳辰兩歲華試問
綠衣含看香鴻高遙睇白雲遮
聞說頂湖梅數點上人折簡報舒英何當
鼓棹靈山峽玉骨冰姿向我迎
誰知嶺嶠氣炎熱花謝花開不及旬嘯傲
山頭聊自數殘香剩粉墮花茵

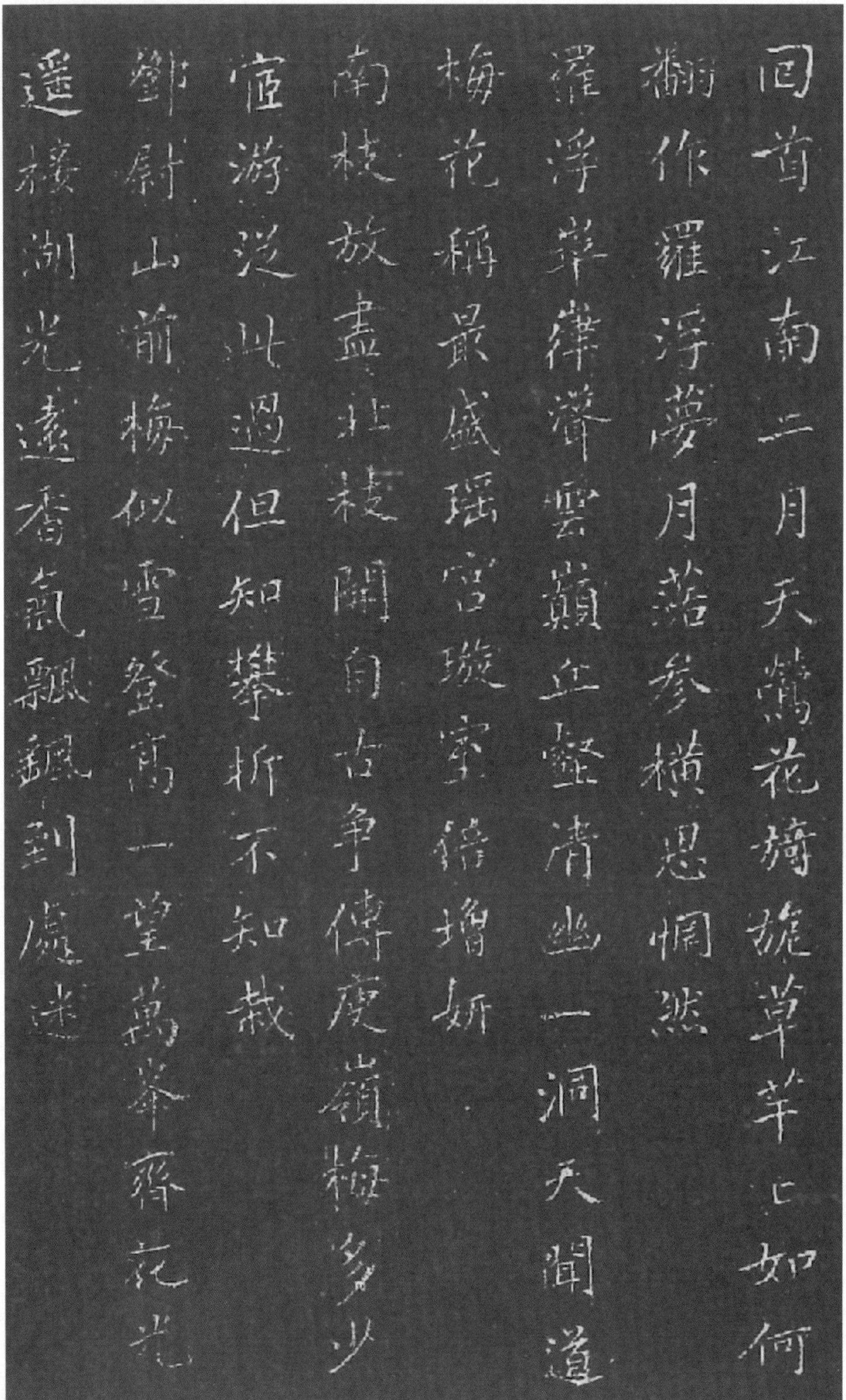
回首江南二月天，鶯花旖旎草芊芊。如何
翻作羅浮夢，月落參橫思惘然。
羅浮崒嵂聳雲巔，丘壑清幽一洞天。聞道
梅花稱最盛，瑤宮璇室倍增妍。
南枝放盡北枝開，自古爭傳庾嶺梅。多少
宦遊從此過，但知攀折不知栽。
鄧尉山前梅似雪，登高一望萬峯齊。花光
遥接湖光遠，香氣飄飄到處迷。

一片明湖光灩瀲孤山突兀鎖煙嵐林逋
處士家何在笑指梅花此地探
老梅獨盛魏家兜屈曲離奇花木稠隱約
竹籬千樹裏水肌玉貌倚紅樓
紫花紫萼共朱梅候節同心却並開更有
麗枝儔異種上林春色占花魁
館娃宮裏留芳徑漂代花飛點壽陽獨咲
銷金羅幔外花姬醉擁不知香

【原文】

咏梅百首

余性爱梅花，雅慕罗浮庾岭之胜。癸巳秋度岭，恨不逢花时。咫尺罗浮，又未能一往，梦想神驰，靡日不怏怏于中。乙未王正，腊尽春回，正当梅候。闷坐一室，因忆梅花佳胜，遂成百咏，聊以抒写幽怀，非敢唐突仙葩也。

一

问梅消息近如何？尽说梅关[①]十月多。

偏我来时花未放，驱车岭上漫[②]经过。

【注释】

①梅关：即梅岭，大庾岭，位于广东南雄和江西大余交界处，汉武帝派兵筑城山上，后来梅锁守此，广植梅树，乃称梅岭。②漫：枉，徒然。

【原文】

二

罗浮[①]咫尺若天涯，虚度芳辰两岁华。

试问绿衣今在否？凭高遥睇白云遮。

【注释】

①罗浮：即罗浮山，跨博罗、龙门、增城三县区，纵横广袤五百里，素有“神仙洞府”之称。

【原文】

三

闻说顶湖梅数点，上人[①]折简报舒英。

何当鼓棹灵山峡[②]，玉骨冰姿向我迎！

【注释】

①上人：和尚。②灵山峡：此指肇庆峡。

【原文】

四

谁知岭峤[1]气炎热，花谢花开不及旬。

啸傲山头聊自放，残香剩粉堕花茵。[2]

【注释】

①岭峤：即梅岭。②“啸傲”二句：似从陶潜《饮酒》“啸傲东轩下，聊复得此生”中化出。啸傲，谓言动自在，无检束。茵：垫子、褥子。

【原文】

五

回首江南二月天，莺花[1]旖旎[2]草芊芊[3]。

如何翻作罗浮梦？月落参横思惘然[4]。

【注释】

①莺花：莺啼花放，用以概括春天景色特点。②旖旎：柔美貌，茂盛貌。③芊芊：草木茂盛。④惘然：悲伤失意。

【原文】

六

罗浮崒嵂[1]耸云巅，丘壑清幽一洞天。

闻道梅花称最盛，瑶宫旋室[2]倍增妍。

【注释】

①崒嵂（zúlǜ）：山高峻貌。②瑶宫旋室：指雕饰华丽结构精巧的楼台宫室。

【原文】

七

南枝放尽北枝开，自古争传庾岭梅。

多少宦游从此过，但知攀折不知栽。

八

邓尉山前梅似雪，登高一望万峰齐。

花光遥接湖光远，香气飘飖到处迷。

九

一片明湖光滟潋，孤山突兀锁烟岚。

林逋[①]处士家何在？笑指梅花此地探。

【注释】

①林逋：北宋诗人，他的咏梅诗最为人称道，隐居西湖孤山，赏梅养鹤，终身不仕，也不婚娶，人称“梅妻鹤子”。他的《梅花》诗中的“疏影横斜水清浅，暗香浮动月黄昏”两句，被誉为咏梅绝唱。

【原文】

十

老梅独盛魏家兜，屈曲离奇花木稠。

隐约竹窗千树里，冰肌玉貌倚红楼。

十一

紫花紫蒂共朱梅，候节同心却并开。

更有丽枝传异种，上林[①]春色占花魁[②]。

【注释】

①上林：指上林苑，古宫苑名。②花魁：百花的魁首。梅花开在百花之先，故常指之。

【原文】

十二

馆娃宫[1]里留芳径，汉代花飞点寿阳[2]。

独笑销金罗幕外，花姬醉拥不知香。

【注释】

①馆娃宫：吴王夫差为西施建造的宫殿。②花飞点寿阳：《太平御览》引《杂五行书》云："宋武帝女寿阳公主人日卧于含章殿檐下，梅花落公主额上，成五出花，拂之不去。皇后留之，看得几时，经三日，洗之乃落。宫女奇其异，竞效之，今梅花妆是也。"

【原文】

十三

红罗亭畔抹胭脂，误认夭桃[1]欲放时。

绛雪纷飞浑一色，酡颜[2]娇软醉霞卮[3]。

【注释】

①夭桃：即夭桃秾李之略称，比喻年少貌美。②酡（tuó）颜：饮酒脸红貌。③卮：古时盛酒器具。

【原文】

十四

几枝疏影助吟诗，日上花阴入直[1]时。

最是夜深鳌[2]禁静，寒香只许侍臣知。

【注释】

①入直："直"通"值"。封建时代称官员入宫禁值班供职。②鳌：唐宋时皇帝殿前陛阶上镌有巨鳌。这里指宫殿。

【原文】

十五

风流自古说扬州，东阁梅花香最幽。

不羡洛阳花似锦，相思只合广陵游。

十六

江皋无伴独栖迟，幸有梅花可赋诗。

犹记少陵题句好，春深江县正芳时。

十七

村郊处处长梅条，香雪霏霏下碧霄。

回忆当年停皂盖[①]，春风江路采花娇。

【注释】

①皂盖：《后汉书》："中二千石、二千石皆皂盖，朱两幡。"汉制千石以上，用皂绘覆盖，六百石以上，得施车幡也。停皂盖：停了官职。

【原文】

十八

太和山顶寄榔梅[①]，真武当年历劫灰。

应是神天弘示现，道成即与报花开。

【注释】

①榔梅：果名。《襄阳志》载："榔梅在太和山，相传真武折梅枝寄榔树上，仰天誓曰：'吾道若成，花开果结。'后竟如其言。今树尚存。"

【原文】

十九

壁间题句出风尘，驿路栽花庾岭春。

香艳至今传韵事，往来能似此佳人。

【说明】

古代官吏商贾欲入广东，均需由古道穿过梅岭上的横浦关；很多名人被贬岭南时，都曾在此留下诗文。如苏轼于宋绍圣元年（1094）过梅岭时就写下佳作《过大庾岭》，末两句用李白流放夜郎诗句“仙人抚我顶，结发受长生”以自况。

【原文】

二十

松高百尺梅千树，同此孤清耐岁寒。

忽报岭头花早发，松梅竞秀雪中看。

二十一

岁寒松竹同为友，漏泄春光只有梅。

皎皎清姿凝翠筱[①]，美人恍似月明来。

【注释】

①筱：小竹子。

【原文】

二十二

万里光涵大地春，幽姿辉映太湖滨。

蟾宫仙子舒清艳，同向瑶阶步玉尘。

【原文】

二十三

湖水清漪梅更清，梅花映水益空明。

池中笑弄姮娥[①]影，演漾浑如飞素琼[②]。

【注释】

①姮娥：即嫦娥。②素琼：琼楼玉宇，这里指月宫。

【原文】

二十四

清辉莹洁无如雪，数点寒梅带雪开。

尽说梅花雪共白，独输香艳不如梅。

【原文】

二十五

斜枝疏影出墙东，高士①逃名卧此中。

岂是老癯②愁力怯，故依半壁笑春风？

【注释】

①高士：谓志行高尚之士，旧多指隐士。②癯：瘦。

【原文】

二十六

素妆浅淡隔墙隈①，无限芳情带笑开。

仿佛锦屏人小立，东风徐度暗香来。

【注释】

①隈：角落。

【原文】

二十七

珊珊裙帔叠青霞，疑是仙人萼绿华。

笑挹春风盈翠袖，清光皓质最堪夸。

【原文】

二十八

玉质如同蛱蝶妆，香须粉翅为谁忙？

王孙①今夜传消息，丰草幽栖独自芳。

【注释】

①王孙：植物名，即牡蒙，亦名旱藕。产于深山，高四五寸（1 寸≈3.33 厘米），夏月茎顶开一花，色黄绿。这里喻深山。

【原文】

二十九

红梅名种出东瓯[①]，传自江南花更优。

一自园丁偷折取，凤城[②]千叶[③]胜苏州。

【注释】

①东瓯：地区名，温州及浙南一带地区的别称。②凤城：旧时京都的别称。③千叶：写出红梅重叠的花瓣的风姿。

【原文】

三十

一蒂偏能结两梅，双双常共长梅苔[①]。

轻盈艳质朝华丽，绝似鸳鸯戏水隈[②]。

【注释】

①梅苔：即苔梅。梅的根干附着有苔藓者。范成大《范村梅谱》："古梅会稽最多。其枝樛曲万状，苍藓鳞皴，封满花身，又有苔须，垂于枝间，或长数寸，风至，绿丝飘飘，可玩。"②隈：水曲也。戏水隈：如在曲水中嬉戏就像鸳鸯一样。

【原文】

三十一

春来寂寞试新妆，醉后酡颜带雨芳。

一抹胭脂遮粉黛，纷飞绛雪满寒塘。

三十二

退朝日丽九英梅[①]，照耀词林彻上台。

自是文章夸满腹，精神奕奕映仙才。

【注释】

①九英梅：《群芳谱》："蜡梅名磬口梅，又次曰九英。"《常朝录》："元稹为翰林承旨，朝退，行钟廊，时，初日映，九英梅隙光射，稹有气勃勃然，百僚望之曰：'岂肠胃文章，映日可见乎。'"

【原文】

三十三

远从腊国[①]号黄香，敢与琼姿斗靓妆。

钩吻[②]半含僧磬口[③]，折来清供净瓶芳。

【注释】

①腊国：佛教称古印度为腊国。②钩吻：谓鸟喙曲向下者，如鸱鸮之类是。③磬口：即九英梅，开时含口如磬者。磬：佛寺中敲击以集僧的鸣器，状如云板。

【原文】

三十四

一种天生白玉姿，含英吐秀仲冬时。

寻芳疑上蒙山顶，喷雪堆云香满瓷。

三十五

梅花却似杏花红，绿叶青柯色又同。

但惜寒香输一段，争春馆内倚东风。

三十六

片玉能令通体凉，沁心入骨浣[①]人肠。

太真[②]宿酒[③]含花露，争似琼浆[④]出叶傍？

【注释】

①浣：洗濯。②太真：太真夫人，王母少女。③宿酒：谓隔夜的余酒，引申为余醉。④琼浆：即玉液。道家言饮玉液，可长生。

【评析】

本诗极表寒梅之美之香。

【原文】

三十七

花开绿树暗成阴，移入罗浮烟雾深。

此种不知何处有，传闻苦楝[①]接寒林。

【注释】

①楝：落叶乔木，高大，春日开花。俗称苦楝、金铃子。果实、花、叶、根、皮均可入药。

【评析】

写出罗浮山红梅俊秀孤高与经得起风霜的品格。

【原文】

三十八

清江一树迥殊伦[①]，树下能容数十人。

杰阁[②]凌风香自远，盘园环绕锁芳春。

【注释】

①迥殊伦：与同类的树有很大的差异。②杰阁：指突出的高大楼房。

【原文】

三十九

古梅独有会稽多，老干参差挂薜萝。

地僻不愁兵火劫，至今苍翠满山坡。

四十

琼枝铁干自天然，折线缠身最可怜。

只为人情争妩媚，故教维挚太拘挛[①]。

【注释】

①拘挛：蜷曲不能伸。

【原文】

四十一

吴侬[①]不识花中趣，漫把他枝接绮梅。

春日融和枝渐长，英英[②]直上作条枚[③]。

【注释】

①吴侬：吴俗自称我侬。指他人亦曰渠侬、他侬、个侬，因用“吴侬”为吴人的代称。②英英：俊美；气概不凡。③条枚：树木的细长枝干。

【原文】

四十二

孤根久寄水云乡，移植庭前花更芳。

托迹已更新地主，离愁可忆旧山庄。

四十三

分枝植木趁良辰，桃杏成林各自新。

移作梅花堪耐久，联芳倍觉有精神。

四十四

一枝折向胆瓶芳，肯学轻狂时世妆。

素口檀心如欲语，萧斋[①]相对暗闻香。

【注释】

①萧斋：书生。

【原文】

四十五

青瓷小制列花魁，屈曲虬枝手自栽。

会乞瑶台分片玉，年年破腊报花开。

四十六

花飞片片散幽芳，积雪盈庭赛夜光。

羯鼓[1]频催留不住，香魂杳渺断人肠。

【注释】

①羯鼓：古击乐器，状如漆桶，下承以牙床，用两杖击之，称之为八音领袖。

【原文】

四十七

梅子黄时梅已熟，甜酸历尽益精神。

曹溪[1]指点非无谓，衣钵相传语自真[2]。

【注释】

①曹溪：《传灯录》："梁天监元年，有僧智药，泛舶至韶州曹溪水口，闻其香，尝其味，曰：'此水上流有胜地'。遂开山立寺名宝林（今韶关南华寺）。"唐朝禅宗南宗创始人六祖慧能曾在此传法。②真：本原。

【原文】

四十八

朔风谁不畏飘摇，独有梅花意传娇。

劲骨崚嶒常不屈，寒光一片雪封条。

四十九

海棠著雨胭脂湿，梅蕊初舒带雨鲜。

可惜花开非一候[1]，新红待聘却无缘。

【注释】

①一候：五日为一候。《素问·六节藏象论》："五日谓之候，三候谓之气，六气谓之时，四时谓之岁。"

【原文】

五十

佳味偏宜六月天，摘来可口自流涎。

炎芳毒雾蒸人厉，玉润冰清映碧鲜。

五十一

药笼[①]收藏次第开，甘酸风味佐尊罍[②]。

不须更觅金茎露，解得相如消渴来。[③]

【注释】

①药笼：即药笼中物，旧时比喻留备使用的人才。②佐尊罍：饮酒的辅佐物。③"不须"二句从李商隐《汉宫词》化出："侍臣最有相如渴，不赐金茎露一杯。"金茎，汉武帝所作承露盘的铜柱。相如，司马相如，西汉辞赋家。

【原文】

五十二

晶盐浸渍暵[①]成干，赛雪欺霜似粉团。

爽口醒脾推第一，时当溽暑[②]气犹寒。

【注释】

①暵：干枯。②溽暑：又湿又热，指盛夏气候。

【原文】

五十三

梅龙闻说在成都，枝叶纷披匝地铺。

莫讶山中遭偃蹇，清风高卧笑尘芜。

五十四

庚岭枝头尚未开，含芳欲吐隐莓苔。

春光漏泄情何限，凝向香闺敛袖来。

五十五

破腊先开第一枝，韶光无限独君知。

寒凝幽壑风露老，万象回阳正此时。

五十六

凛冽冰霜寒气至，两间闭塞又成冬。

幽姿独立瑶池上，一片清光曜碧峰。

五十七

霜葩早吐岁寒时，挺秀峰头独自支。

春到上林花竞发，群芳能不让琼枝！

五十八

寒蕊初舒分外妍，琼姿洁白倍芳鲜。

晓来恍似凝冰雪，一阵香风独占先。

五十九

惊蛰才过花已尽，一株犹得待群芳。

更看百卉如云锦，独向园林傲淡妆。

【评析】

第53至59首是全诗的精华。盛赞了红梅的功劳："她"把春光带回大地，"她"艳压群芳，却不居功自傲，而悄悄地退下来，让百花争艳斗丽。这就是梅花的高贵品质。这与陆游《卜算子·咏梅》中"无意苦争春，一任群芳妒"为同一意境。

【原文】

六十

十花十友[①]传端伯，三友[②]尤能共岁寒。

历尽风霜深结契[③]，幽姿未许俗人看。

【注释】

①十友：《三余赘笔》："宋曾端伯以十花为十友，各为之词：荼蘼韵友、茉莉雅友、瑞香殊友、荷花浮友、岩桂仙友、海棠名友、菊花佳友、芍药芳友、梅花清友、栀子禅友。"②三友：旧称松、竹、梅为寒岁三友。③契：神合。

【原文】

六十一

数声朗笛来何处？三弄梅花欲断肠。

裂石穿云传塞北，征人洒泪忆家乡。

六十二

孤眠纸帐挹清光，香满衣衾花满床。

何必罗浮传异事？梦魂早识美人妆。

六十三

十二花开十二客[①]，坐中清客是梅花。

凭他红紫争娇艳，怎似孤芳占物华！

【注释】

①十二客：《三余赘笔》："张敏叔以十二花为十二客，各诗一章：牡丹赏客、梅清客、菊寿客、瑞香佳客、丁香素客、兰幽客、莲静客、荼蘼雅客、桂仙客、蔷薇野客、茉莉远客、芍药近客。"

【原文】

六十四

头上花枝照酒卮，昔人佳句①最堪思。

飞觞②饮月摇疏影，疑是婵娟醉玉池。

【注释】

①佳句：此指林逋《梅花》诗。②觞：自饮或向人敬酒。飞觞：连连举杯。

【原文】

六十五

为爱梅花带雪开，巡檐索笑几徘徊。

东风嘘拂舒青眼，一笑相逢两不猜。

六十六

梅子累累溅齿酸，和羹鼎鼐①列堂餐。

应知宰相经纶手②，赞化调元即此看。

【注释】

①鼎鼐：鼐，大鼎。旧以宰相治理国事如鼎鼐之调和五味，故以喻宰相之权位。②经纶：整理丝缕，引申为处理国家大事。经纶手：喻生长在梅岭地区的唐代贤相张九龄（广东曲江人）。

【原文】

六十七

孤梅挺秀云峰顶，俯视尘寰一气清。

铁骨几经冰霰苦，凌寒犹自傲群英。

六十八

仙品由来骨格清，凌霜傲雪独峥嵘。

严威觱栗①寒风肃，铁干森然发早英。

【注释】

①觱栗：簧管乐器，起源于汉代新疆库车一带。今民间流行者，称为“管子”或“管”。

【原文】

六十九

横斜疏影出寒林，枝叶扶苏[①]映夕阴。

屈曲离奇传古意，清癯[②]瘦削表贞心。

【注释】

①扶苏：即扶疏，大木枝条四布貌。②癯：瘦。

【原文】

七十

风流蕴藉独先春，逸韵飘然立水滨。

皓质晓妆原雅淡，暗香拂拂袭衣巾。

七十一

冰姿玉质最多情，结得同心许共盟。

芳径时开如有待，临风无语笑盈盈。

七十二

怜香惜玉倚墙隈，金粟[①]冰丝向月开。

南北枝头方烂漫，檀心[②]一片上瑶台。

【注释】

①金粟：桂花的别称，因其色黄似金，花小如粟。②檀心：佛心；香心。

【原文】

七十三

花神隐约在花前，雪后园林佳句传。

明月疏星淡河汉，神光奕奕照冰天。

七十四

梅花落尽芳魂在，拟赋招魂慰落梅。

只有相思无尽处，仙姿直待放春回。

七十五

梅向空庭有别香，孤芳暗引入迴廊。

任他百和迷三径①，肯逐东风上下狂？

【注释】

①三径：旧指归隐后所住的田园。陶潜《归去来兮辞》：“三径就荒，松菊犹存。”

【原文】

七十六

香气氤氲①似晓烟，春风披拂艳阳天。

不知山径归何处？云树迷离夜月边。

【注释】

①氤氲：气或光色混合动荡貌。

【原文】

七十七

粉面佳人真绝世，面如傅粉①有何郎。

铅华②不御常修洁，肯与时人斗靓妆③？

【注释】

①傅粉：抹粉。②铅华：搽脸的粉。曹植《洛神赋》：“芳泽无加，铅

华弗御。”③靓妆：脂粉的妆饰。

【原文】

七十八

千年不断炉中火，梅熟铅融丹[①]自成。

勾漏底须求至宝，凝神敛气固元精。

【注释】

①丹：指葛洪用铅反复炼制而成的“黄丹”，即赤红色的四氧化三铅。

【原文】

七十九

梅雨过时采摘新，不须遥望口生津。

从容煮酒当闲话，海内英雄有几人？

八十

冰心铁骨谁能似？只有梅花意自同。

官舍萧闲留一赋[①]，凌寒傲雪挹清风。

【注释】

①留一赋：此指山水诗人谢灵运在游罗浮山时写的《罗浮山赋》。根据屈大均的《广东新语》云：“考罗浮……，始居者葛洪，始疏者袁宏，始赋者谢灵运。”

【原文】

八十一

林间何处觅神仙？梦里寻春却有缘。

共饮不辞花底醉，绿衣童子舞当筵。

【注释】

据曾慥《类说》卷十二引《异人录》云：“隋开皇中，赵师雄迁罗浮。日暮于松林中见美人，又有一绿衣童子笑歌戏舞。师雄醉寐，但觉风寒相袭。久之东方已白。起视大梅花树上，有翠羽刺嘈相顾，月落参横，惆怅而已。”今罗浮山名胜梅花村口，有一石碑曰：“师雄梦处。”屈大均写一副楹联：“雪满山中高士卧，月明林下美人来。”

【原文】

八十二

好友无如范与陆①，江南遥寄一枝春。

自怜去国三千里，回首长安有几人？

【注释】

①范与陆：指范仲淹与陆游。范仲淹，北宋政治家、文学家，由于推行“庆历新政”，遭保守派反对，罢去参知政事之职，不久病逝。陆游，南宋大诗人，政治上主张抗金，投身军旅，一直受到投降集团的压制，晚年退居家乡。作者与范陆两人的处境有相似处，且又是江浙同乡，故以自况。

【原文】

八十三

爱说江南梅似雪，落英满地更缤纷。

夜来愁杀陈高士①，千树花飞压冻云。

【注释】

①陈高士：指清代诗人陈恭尹，号罗浮布衣，顺德人。卜居羊城之南，喜作诗游览，性爱梅。与屈大均、梁佩兰同称“岭南三大家”。庆云寺后山二代祖碑亭内有其手书珍品。

【原文】

八十四

诗人托兴寄梅花，疏影横斜已足夸。

更有青丘高太史①，美人高士句尤佳。

【注释】

①高太史：指明诗人高启，苏州人，自号青丘子。曾修《元史》，为翰林院国史编修。尝赋诗有所讽刺，后被太祖借故腰斩。其部分作品，对民生疾苦有所反映，曾托兴寄梅写了一些诗词。有诗集《高太史大全集》。

【原文】

八十五

空山积雪路行难，赤脚穿崖却自安。
每遇梅花清兴发，嚼花和雪沁心寒。

八十六

衔霜带雪映苏堤①，尺幅临摹淡墨题。
时值嫩寒春欲晓，水边篱落白云迷。②

【注释】

①苏堤：北宋元祐年间苏轼知杭州时，疏浚西湖，堆泥筑堤，故名。②“时值”二句：指西湖十景之一的“苏堤春晓”。

【原文】

八十七

善绘能施皂角胶，斜枝疏影出林梢。
画图欲试春风面，醉后颜酡分外娇。

八十八

范村花圃著江东，谱有梅花丽碧丛。
自古谱①梅人不一，风流应让石湖翁②。

【注释】

①谱：按歌词作曲，此指按词谱填词。②石湖翁：指宋代诗人范成大，号石湖居士，江苏苏州人。性爱悔，著有《梅谱》。

【原文】

八十九

梅鹤高风莫可攀，临流小构隐孤山。

闲情绕植梅千树，啸傲湖山自往还。

九十

学道山中卧白云，一朝尸解吐奇芬。

炎炎夏日梅林下，香霭经旬草木熏。

九十一

堪怜世外一佳人，玉骨冰肌迥出尘。

居近炉烟常灼烁①，倾城一笑向谁亲！

【注释】

①灼烁：此指罗浮山上的“丹光”。《罗浮山志》云：“青霞洞，前望朱明洞，后临虾蟆峰，丹灶存焉。月夜望见丹光照龙虎峰。”据传，神丹的光芒是出自炼丹灶。

【原文】

九十二

玉照堂前三百本，清风明月吐奇葩。

更修梅谱传佳种，淡抹浓妆绚彩霞。

九十三

不逐繁华性爱梅，翩翩公子占花魁。

万间广厦心甘弃，庄号梅花独自开。

【注释】

宋绍兴丁丑年（1157）间博罗人张宋卿不负在罗浮山水帘洞读书与梅花为伴，十年寒窗苦读之后，考中了状元。他擢进士第，官至“秘书省正字”，迁“枝书郎”，后调任肇庆当郡守，为官清廉，颇得民心，病逝于肇庆任内。以上二诗指此事。

【原文】

九十四

九里①山中王处士②，千株梅树植茅檐。

莫言桃李花如绮，玉缀琼英③色更鲜。

【注释】

①九里：指在罗浮山明月寺戒坛旁的千年镇山宝九里香。②处士：指有才德而隐居不仕的人。另据《罗浮山志》云：酥醪观有一位女道士曾捐募植梅千株在此，红白梅相间，酷似锦缎。③琼英：喻色如美玉的白梅。

【原文】

九十五

梅花村里度朝昏，闻说眉公①隐小昆②。

更有娄东吴祭酒③，卜居亦自号梅村。

【注释】

①眉公：指苏轼。②昆：后裔，指苏轼之子苏过。苏轼曾在云峰岩下建“东坡山房”，与苏过隐居于此。一天，苏东坡外出采药，见梅花怒放，于是吟《梅花村》诗一首。③吴祭酒：指清初名诗人吴伟业，自号梅村，江苏人，任国子监祭酒。其诗多寓身世之感，也有同情人民疾苦之作。

【原文】

九十六

仲圭①梅竹日沉酣，自号梅花结草庵。

挥洒当年人不识，流传数幅勒幽龛②。

【注释】

①仲圭：即北宋画家仲仁，会稽人，衡州华光山住持，号华光长老。擅画梅，每当花开月上，就窗间疏影，用水墨晕写，创为墨梅，传有《华光梅

谱》。②勒幽龛：意谓刻梅画于幽深的石壁上。

【原文】

九十七

万松郁郁梅千树，香满林泉雪满塘。

自是长干[①]多胜迹，冰姿玉质坞[②]中藏。

【注释】

①长干：地名，指长干苍。据《舆地纪胜》载：“建康（南京）南五里秦淮河两岸有山冈，其间平地，为吏民杂居之所。”这里泛指江浙一带。干：江东称山陇之间为“干”。②坞：指四面高而中央低的山地。

【原文】

九十八

含章[①]檐下卧仙姬，五出花飞点额奇。

堪笑宫中好事者，效颦[②]谁复似琼姿！

【注释】

①含章：汉代宫殿名。②效颦：典出《庄子·天运》丑妇效西施捧心而颦的故事。颦，皱眉。

【原文】

九十九

采萍[①]素性好栽梅，雅号梅精自睿裁。

试问太真承宠爱，曾邀一斛赐珠来？

【注释】

①采萍：即梅妃，姓江名采萍，敏慧能文，颇见宠于唐玄宗，但为杨贵妃所妒而失宠。《梅妃传》云：“唐玄宗以其性喜梅，赐名曰梅妃。颇受宠，后杨太真擅宠迁之上阳宫。上在花萼楼，适南方使者至，上念之，遂命封所献珍珠一斛密赐梅妃。妃不受，以诗谢，有‘长门自是无梳洗，何必珍珠慰

寂寥'之句。玄宗览诗不乐，令乐府以新声度之，名《一斛珠》，曲名，始此"。

【原文】

一百

平生性僻嗜梅花，朝挹清芬暮映霞。

独坐书斋愁阒寂，山深岁晏此为嘉。

【评析】

古人以梅花入诗词者不乏佳作。如鲍照《梅花落》，杜甫、张谓、齐己的《早梅》，李商隐的《忆梅》，陈亮、林逋的《梅花》，陆游的《卜算子·咏梅》，姜夔的《疏影》，周邦彦、李清照的《一剪梅》等。但以上这些佳作均为孤篇，以百篇咏梅者却不多，成为名作的更少。元末明初广东女诗人郭真顺则以《梅花百咏》驰名于世，清代宋广业的《咏梅百首》更是石刻诗中的巨制。

咏物诗多有诗人思想感情的寄托，宋广业的《咏梅百首》亦然。该诗体制宏大，结构严密，抒情深挚，诗人以清丽的语言、含蕴的笔触刻画出梅花傲世的品性、娇香的风韵，并以此寄托自己报国的意志，抒发怀才不遇的悲愤感情，体现了诗人晚年的思想感情和艺术成就。

咏梅诗100首，400句，2 800言，共用了21个韵部。主要内容分成九个部分：

一、(1~3首）序曲。写爱梅，问梅，望梅。言咏梅学梅之志。

二、(4~14首）总写梅花为人类贡献一切的高贵品质，谴责世人摧残梅花的恶行。比喻人才被践踏的痛苦心情。

三、(15~28首）借古人咏梅之佳作，抒怀才不遇、横遭排挤之痛，表达了自己孤芳自赏的傲世态度。

四、(29~38首）写各种梅花的特性和遭遇，喻己之于逆境中奋发前行，迎风霜、战严寒，让寒梅更美更香。

五、（39～59 首）先写寒梅之落英、香魂之断肠，再写诗人之触景伤情，从中领悟了佛教轮回转生的精神境界。

六、（60～74 首）写见梅生情，征人闻笛断肠梦故乡，以抒己去国怀乡之情，再以梅岭诗人张九龄的美德与品格自比，赞梅花无私的奉献精神。

七、（75～84 首）写葛洪夫妇隐迹罗浮山寻药炼丹、为民治病的高风亮节。再写范仲淹、陆游、高启等英才的雄心壮志与报国无门的沉痛心情。

八、（85～97 首）借写梅花直指苏轼、范成大、张宋卿等世外佳人被“坞中藏”。责备各级官员有眼无珠埋没人才，其悲愤之情已跃然纸上。

九、（98～100 首）这是百首佳作结穴之处，嘲讽东施们硬要扮西施，讥讽那些奸臣与庸才。然后以美人梅妃的遭妒，抒发自己被排挤，只得无奈地“独坐书斋”，忆梅、赏梅、学梅。

全诗随着诗情的起伏，韵部的转换，韵脚的变化，声情的交错，一唱三叹，前呼后应，既反复回环，又变化莫测，音乐节奏感优美动人。这种诗情与韵律的变化，使文情与声情丝丝入扣，婉转谐美，艺术境界十分感人。

【点赞】

肇庆人冼铁生老师（中华诗词学会会员），于 2013 年依韵奉和，作《庆云寺咏梅百首和章》。肇庆人卢有年居士（广东书法家），为之书丹刻石。经过艰苦的努力，在庆云寺梅诗碑下，终于嵌上和章碑刻，与原碑上下并列，相映生辉。此乃肇庆文坛上的一件大喜事。由今天的肇庆人圆了宋广业三百多年来的一个梦，也为鼎湖山石刻增加了一个很大的发光点。

石刻 22　马元龙诗《寺与白云齐》

【说明】

马元龙，名生鳞，山西人，拔贡。清康熙二十年（1681）任广东雷州知府。二十二年（1683）任正白旗协领。三十一年（1692）春日，同观察刘慕儒游鼎湖山庆云寺，“见殿阁巍峨，层峦耸翠，山鸟溪云，变幻可人”，因赋五律一首，刻石镶嵌于庆云寺客堂门前左边墙壁上。无题，题目为析者所加。

【原文】

寺与白云齐

停舟高峡口，乘舆访招提①。入山披古风，盘磴俯云低。
山僧迎客笑，林鸟依人啼。殿阁凌霄近，浮图②插汉齐。
绝顶峰尤峻，贾勇共攀跻③。凭栏恣登眺，挥毫任品题。
峰环嶂欲合，树老径疑迷。奇花何烂漫，芳草更萋萋④。
为问鼎湖处，隔在白云西。⑤乘龙事有无⑥，荒唐不可稽。
且饮杯中酒，莫为古人凄。将军标铜柱⑦，词人驾阮嵇⑧。
彩笔峥嵘甚，嘘气吐虹霓。山中煮白石⑨，阁上照青藜⑩。
人生贵有适⑪，何必定幽栖⑫。夕阳归西岭，落花满前溪。
回首谢山灵，天香两袖携。并骑寻山径，纡回过几溪。
路随香草入，寺与白云齐。万壑林间落，千峰檐外低。
乘闲来问渡⑬，忘却世尘迷⑭。

【注释】

①招提：民间私造的寺院。这里指庆云寺。②浮图：即佛塔。作者自注：“寺有浮图香刹。”③“贾勇”句：贾勇，贾，出售。本谓自己的勇力有余，后多用作鼓足勇气的意思。跻，登。④萋萋：草木茂盛貌。⑤作者自注：“湖在白云山顶。”⑥“乘龙”句：传说轩辕黄帝在鼎湖铸鼎，鼎成后乘龙升天。⑦“将军”句：意谓将军们的理想在于捍卫边疆，为国立功。铜柱，出自《林邑记》：“马援植两铜柱于象林南界，与西屠国分疆。”此处

引申为边疆。⑧“词人”句：意谓文人们都想超越三国时的大文豪阮籍和嵇康。阮籍（210—263），三国时魏国文学家、思想家。其诗文多表现嗟生忧时、苦闷彷徨的心情，对当时黑暗现实多讥刺。嵇康（223—262），三国时曹魏文学家、思想家、音乐家。他崇尚老庄学说，恬静寡欲，尚奇任侠，刚肠嫉恶，在现实生活中锋芒毕露，常以诗文揭露司马氏的黑暗、残暴的统治，终为司马氏所杀。⑨煮白石：指煮石为粮，神仙辟谷之事。庾肩吾《东宫玉帐山铭》：“煮石初烂，烧丹欲成。”按神仙传有白石生者，常煮白石为粮。⑩照青藜：意谓以青藜照明。青藜，指拐杖。典出《拾遗记·后汉》：“刘向于成帝之末，校书天禄阁，专精覃思。夜，有老人着黄衣，植青藜杖，登阁而进，见向暗中独坐诵书。老父乃吹杖端，烟然，因以见向，说开辟已前。”⑪有适：意谓充满愉快的生活。⑫幽栖：到幽深的地方去栖息，即隐居。杜甫《有客》：“幽栖地僻经过少。”⑬渡：通“度”。佛教以离俗出生死为度。此指询问和尚以渡苦海之法。⑭迷：媚惑，迷惑。

【评析】

这首诗表现了诗人对鼎湖山景物的赞美与神往，抒发了鄙视世俗之贪欲与知足常乐的积极用世的思想感情。语言平易，意境清丽，直抒胸臆，乐趣无穷。

全诗42句，分4层，前三层各10句。

第一层写诗人停舟峡口，乘山轿登鼎湖的途中见闻：古木秀林、磴道盘虬、僧笑鸟啼、殿阁入云、佛塔插天、绝顶峻峭。描绘生动，意境清丽。这里写景抒情，将情与景自然而巧妙地融合在一起，达到情景交融的境界。

第二层写凭栏登眺，见层峦叠翠，树老径迷，花草烂漫，鼎湖隐约。为诗人笔下平添了不少扑朔迷离的色彩。之后笔锋一转，引出“黄帝乘龙升天”的神话传说，竟让人感到荒唐无稽，甚是妙哉。此妙在于既否定了神仙，又为下文的讨论定了基调。

第三层以议论为主。先以直抒胸臆的“且饮”二句承上启下，再以将军、文人、画师、神仙等例为据，阐明人各有志，也各有其能，而“人生贵有适”，因而就不必去过那“幽栖”的隐居生活的道理。这样，既巧妙地批判了消极避世的隐逸思想，又表达了诗人知足常乐、积极用世的生活态度。

第四层共 12 句，诗人以清丽的笔调创造出一个充满诗情画意的境界；又以夕阳、落花、曲径、盘溪、香草、白云、林壑、千峰，构成一幅绚丽多彩的鼎湖夕照图。而“寺与白云齐”一笔，更得锦上添花之致，这座端州名刹缥缈神秘之状跃然纸上。“乘闲来问渡，忘却世尘迷”则是诗人“显其志”的煞尾，内涵深邃，既抒发了鄙视世俗之贪欲的态度，又描写了“要留清白在人间”的心迹。

石刻 23　莫耀衡诗《游鼎湖山》

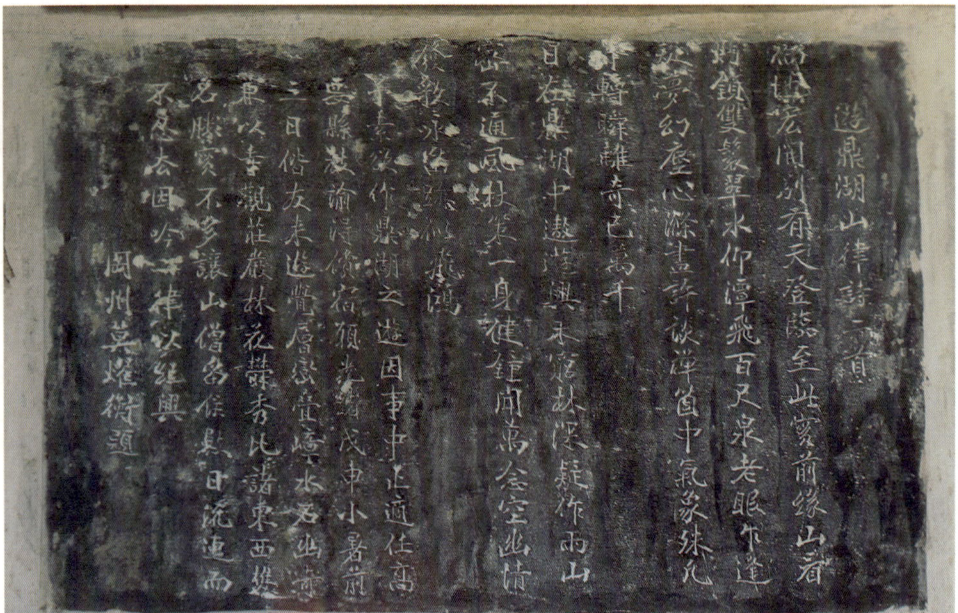

【说明】

莫耀衡，清光绪三十四年（1908）任高要教谕（县学官，掌文庙祭祀、教育所属生员）。该诗刻于庆云寺客堂门前左墙壁。

【原文】

游鼎湖山

一

福地[①]宏开别有天，登临至此实前缘。
山看门锁双鬟[②]翠，水仰潭飞百尺泉。
老眼乍逢疑梦幻，尘心涤尽许谈禅[③]。
箇中气象殊凡界，转瞬离奇已万千[④]。

二

日在鼎湖中，遨游兴未穷。林深疑作雨，山密不通风。[⑤]
杖策一身健，钟[⑥]闻万念空。幽清发歌咏，留迹似飞鸿[⑦]。

予素欲作鼎湖之游，因事中止，适任高要县教谕，得偿宿愿。光绪戊申小暑前三日，偕友来游。觉层峦叠嶂，水石幽奇；兼以寺观庄严，林花郁秀，比诸东西樵名胜，实不多让。山僧留住数日，流连而不忍去，因吟二律以纪兴。冈州莫耀衡题。

【注释】

①福地：道教中传说神仙所居的天下名山胜境。有“十大洞天”“三十六小洞天”和“七十二福地”，见五代杜光庭《洞天福地岳渎名山记》。又鼎湖山被《图经》誉为名山第十七福地。②鬟（huán）：古代妇女的环形发髻。这里比喻山形。出自《虞集》：“窗中远黛晓千鬟。”③禅：佛教用语，禅那之略。意谓将散乱的心念集定于一处。④“转瞬”句：《鼎湖山志》

云：鼎湖山“而云日蔽亏。忽而晴晹洞彻，忽而雾蔚霞蒸，忽而虹销雨霁。二十六时中，千变万化，不可名邈”。⑤“林深”二句：《鼎湖山志》载：“鼎湖山，高而谷深，四面无缝，八风不动。盛夏清凉，隆冬暄燠（暖和）。风雨往来，顷刻聚散，阴晴上下远近不齐。”⑥钟：指庆云寺和尚念经拜佛时的钟声。该寺和尚念经拜佛前，先撞钟108次，继之以鼓点，钟鼓声停息后，和尚才开始做佛事，整个过程需90分钟。⑦飞鸿：即鸿飞，高举远引之意，喻远避祸患，典出《法言·问明》“鸿飞冥冥，弋人何篡焉？”孟浩然诗：“杳冥云外去，谁不羡鸿飞。”为押韵故，把“鸿飞”倒成“飞鸿”，古诗中常有之。鸿，水鸟名，较雁为大，背与颈呈灰色，翅黑腹白，性情勇，听觉敏锐，喜集湖边食菱芡等物。

【评析】

这两首诗均为借景抒情诗。“人心之动，物使之然也。感于物而动，故形于声。”（《礼记·乐记》）这说明了情的产生，是由于自然景物的触发；有什么样的景，生什么样的情。这两首诗就是借鼎湖山之自然景物，抒发作者对国家内忧外患而自己又怀才不遇的悲愤之情。第一首借山以洗尘心，专意谈禅。第二首写闻钟声则“万念空”，其悲愤之状，较前更烈。从谈禅到学佛，到万念俱空，再到放歌当哭，要学鸿飞远避祸患，以求苟活于世间，情真意切。这首诗反映了当时部分知识分子的心迹，因而有一定的现实意义。作者到高要县任教谕之时，正是辛亥革命（1911）的前夕。作为清末县学官的莫耀衡，在苦闷彷徨中找不到出路，就只能谈禅学佛以求解脱。这种两面性，正是当时部分知识分子心态的真实写照。

石刻24　罗起澜诗六首

【说明】

罗起澜，清代江苏句容县龙潭镇人。乾隆乙卯年（1795）秋末游鼎湖山，诗兴大发，作诗6首，和诗3首（题为《和庄肇奎壁间原韵》，此处未收），均刻石镶嵌于庆云寺客堂门前左壁上。

【原文】

登山途中感怀

屈曲肩舆惯，徘徊廿载中。韶华尘梦觉，慧业法王空[①]。
溪浅沿流碧，霜深叶缀红。菩提迦树[②]在，慈荫[③]忆无穷。

登庆云寺游禅房示各上人[④]

绝巘[⑤]水潺潺，纡迴路几湾。步非沿捷径，心已到名山。
石瘦苔痕渍，松深鹤梦闲。疏才惭玉带[⑥]，空负叩禅关[⑦]。

庆云山寺题壁

千仞寒岩万仞峰，十年清梦一声钟。
松撑未许经霜老，云懒难甘出岫慵[⑧]。
细草黄花娱野鹿，澄潭飞瀑起潜龙。
莫迟玉带重来约，雪爪鸿泥[⑨]证旧踪。

飞水潭观瀑

一幅珠帘泻，潇潇适性[⑩]真。扪心闲白昼，仰面洗红尘。
涤砚鱼吞墨，高吟鹿避人。凡[⑪]襟消欲尽，不负忏来因。

观放焰口兼荐严慈衣具[⑫]

仿佛云中鹤，依稀望里看。野磷沾露泣，山月逼人寒。
灰烬霞空散，情深泪未干。晓鸟啼不住，凄绝咽飞翰[⑬]。

柬瀞林方丈

好向竿头脚步坚，青莲作眼瞰三千⑭。

放空智慧传迦叶⑮，悟破袈裟证水田。

挥麈有缘顽石点⑯，离尘无着雨花怜⑰。

澄潭素练常如昨，须识禅机认性天⑱。

【注释】

①法王空：意谓我信奉佛教的意愿也落空了。法王：佛教名词，意即一教的说法之主，佛经里对释迦牟尼的专称。有时也把崇奉佛法的统治者称为法王。②菩提迦树：即菩提树。《大唐西域记》："菩提树者，即毕钵罗之树也，……佛坐其下，成等正觉，因而谓之菩提树焉。"③慈荫：语出《鸡跖集》："如来慈心，如彼大云，荫注世界。"意谓慈悲爱怜之心荫祐众生。④上人：对和尚的尊称。⑤巘（yǎn）：大小成两截的山。⑥玉带：唐宋官员所用的玉饰的腰带，以区分官阶之高低。《遁斋闲览》云：苏东坡与佛印谈禅，东坡不能答，留玉带于金山寺。明代惟亲王及一品文官用玉带。清代惟特赐及一品用衔玉版带。⑦叩禅关：即参拜庆云寺。⑧难甘：不甚乐意。岫：峰峦。慵：懒。⑨雪爪鸿泥：即雪泥鸿爪，比喻往事遗留下来的痕迹。苏轼《和子由渑池怀旧》："人生到处知何似，应似飞鸿踏雪泥。泥上偶然留指爪，鸿飞那复计东西。"⑩性：佛教名词，与"相"相对，指事物内在的和不可改变的本质，如火的热性、水的湿性。⑪凡：指人世。⑫"观放"句：本题目意谓观放焰口兼献亡父母以衣具的佛事。焰口，佛教名词。佛经中饿鬼名，亦称"面燃"，其形枯瘦，咽细如针，口吐火焰。密宗有专对此种饿鬼施食的经咒和念诵仪轨，照此举行的仪式称"放焰口"，一般在黄昏时举行。严慈，即严父慈母的简称。夏侯湛《昆弟诰》："纳诲于严父慈母。"荐，献也。⑬飞翰：高飞也。⑭青莲：梵文，音译为"优钵罗"。佛

教常用以比喻眼睛。梁简文帝《释迦文佛像铭》："满月为面，青莲在眸。"三千：即三千大千世界。⑮迦叶：即大迦叶，是释迦十大弟子之一。释迦涅槃后第一次佛教结集《三藏》时，他是召集人兼首座。中国禅宗传说中他是传承佛法的第一代祖师。传迦叶：意谓传承佛法。⑯麈：似鹿而大之兽，其尾辟尘。故多用麈尾作拂尘。欧阳修《和圣俞聚蚊》："抱琴不暇抚，挥麈无由停。"顽石点：即顽石点头。"挥麈"句：庆云寺有缘，得你来主持，跟众生讲经，因而顽石也受到感化。⑰"离尘"句：意谓我却无计摆脱红尘，前来听道，雨花也为我感到惋惜。⑱禅机：禅宗认为悟了道的人教授学徒，往往在一言一行中都含有"机要秘诀"，给人以启示，令其触机生解，故名。也有人把悟入禅定的关窍，叫禅机。性天：即天性。认为性由天赋，故曰性天。

【评析】

这6首诗虽从6个角度去写景抒情，但却一气呵成，恰似一篇散文诗，其形虽散而神不散。这6首诗均环绕一个中心：赞美鼎湖胜境，颂扬佛教圣地。诗中披露了诗人官场失意的淡淡哀愁："屈曲肩舆惯，徘徊廿载中"，"疏才惭玉带，空负叩禅关"。表达了在无可奈何中转而以求佛解脱自己的心态："慈荫忆无穷"，"心已到名山"，"雪爪鸿泥证旧踪"，"凡襟消欲尽，不负忏来因"。最后以"放焰口兼荐严慈衣具"的实际行动恳请瀞林方丈"挥麈"指点迷津，以"识禅机"早登彻悟境界作结。

由于资料不足，对罗起澜的生平和思想不甚了解，无法做深入剖析，但其官场失意转而崇奉佛法这种心态是肯定的。在《和庆云寺庄方伯壁间原韵》诗中（刻于本诗之旁，此处未收）亦可找到佐证："午夜鹤惊生梦冷，半生心印佛灯红。"罗起澜的诗思想性虽不足取，但也可从中窥见清代乾隆末年的社会缩影。当时政治日趋腐败，社会日渐黑暗，统治者生活奢靡，对人民施行高压政策，因而阶级矛盾和民族矛盾日益激化，人们对现实的认识更加深刻。部分知识分子拿起笔杆揭露黑暗反映现实，但更多的则为免于惨祸而谨小慎微，脱离现实，在封建专制和“文字狱”的淫威下呻吟，寻找自我解脱的出路。本诗作者则属后者，在“屈曲肩舆惯，徘徊廿载中”尽见。“屈曲肩舆”四字尤其形象传神，一个任人摆布、屈辱偷生、满腹哀愁的汉族官吏和知识分子的可怜相跃然纸上。在困境中他只能“到名山”去“叩禅关”“仰面洗红尘”，以求得片刻的安宁，这是多么痛苦啊！“乱离之世，很多人需要宗教来麻醉自己，禅宗是适合中国士大夫口味的宗教。”(见范文澜《中国通史》)因而在前途渺茫中呻吟的罗起澜，崇奉禅宗是符合逻辑的。此外，诗人还借“放焰口兼荐严慈衣具”之佛事，以夜鹤、磷火、露泣、月寒、鸟啼、泪水、灰烬等创造了一个十分悲凄痛楚的意境，抒发悼念双亲的真挚情感，但注者认为，更重要的是反映了诗人处境的孤凄，内心的空白以及现实的黑暗。不知读者同意否？好在古人云：“诗无达诂。”

石刻 25　袁枚诗《同杨兰坡明府游鼎湖作》

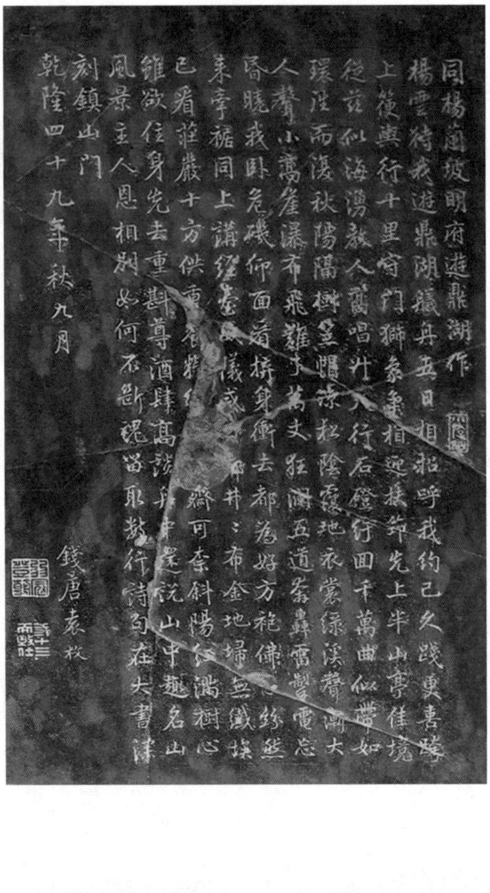

【说明】

袁枚（1716—1797），字子才，号简斋，别号随园老人，浙江钱塘（今浙江杭州）人。他少年得志，24 岁中进士，入翰林。曾任溧水、江浦、沭阳诸县县令。后任江宁（今南京）县令时，推行法制，不避权贵，政声很好。市民甚至把他判案之事，作为歌曲，印行四方。33 岁起便辞官不仕，在南京小仓山筑“随园”，过着论文赋诗、悠游自在的享乐生活，足足半个世纪。他还与各地名流，来往其间，互相唱酬。他论诗以“性灵”（创作讲求性情个性）为主，反对清初以来拟古和形式主义的风气。他的古体诗奔放纵肆，近体诗清新自如、流畅活泼。《清史稿》说：“上自朝廷公卿，下至市井负贩，皆知其名。”袁枚还是清代千生灵派三大家之一。著有《小仓山房文集》《随园诗话》《子不语》等。

袁枚晚年与诸诗友游历南方诸名山。乾隆四十九年（1784），其从弟袁树为肇庆知府，袁枚特往游览鼎湖山，留下诗文十多篇。此处收诗一首，刻于庆云寺客堂。

【原文】

同杨兰坡明府游鼎湖作

杨云待我游鼎湖，舣①舟五日相招呼。
我约已久践更喜，跨上篌舆②行十里。
守门狮象争相迎，扶筇③先上半山亭。
佳境从兹似海涌，教人高唱升天行④。
石磴纡回千万曲，似带如环往而复。
秋阳隔树笠帽凉，松阴覆地衣裳绿。
溪声渐大人声小，高崖瀑布飞难了⑤。

万丈狂澜五道奔，轰雷掣电忘昏晓。
我卧危矶[6]仰面看，拼身冲去都为好。
方袍佛子纷然来，牵裾[7]同上讲经台。
威仪戒律都井井[8]，布金扫地无纤埃。
已看庄严[9]十方供，重餐精绝八关斋[10]。
可奈斜阳红满树，心虽欲往身先去。
重斟尊酒肆高谈，舟中还说山中趣。
名山风景主人恩，相别如何不断魂！
留取数行诗句在，大书深刻镇山门。

【注释】

①舣：附船着岸。古时从水路游鼎湖，泛舟至罗隐，然后登陆。从罗隐至鼎湖半山亭4 000米。②篴舆：竹子编成的轿子。③筇：竹名，可作手杖，因即称杖为筇。黄庭坚《次韵德孺新居病起》："稍喜过从近，扶筇不驾车。"④升天行：乐府杂曲歌辞。乐府解题曰：曹植、鲍照各篇皆伤人世不永，俗情险艰，当求神仙翱翔六合（指天地四方）之外。⑤飞难了：意谓飞泻而下的瀑布没完没了。⑥矶：水边突出的岩石。⑦裾：衣袖。⑧威仪：古时典礼中的动作仪文及待人接物的仪节。《礼记·中庸》："礼仪三百，威仪三千。"朱熹注："礼仪，经礼也；威仪，曲礼也。"经礼，谓典礼制度；曲礼，谓行事进退的仪式。戒律：佛教名词。戒：禁制的意思，有五戒、十戒及二百五十戒等种类。律："调伏"的意思，为戒律中条文的解释等。⑨庄严：装饰。⑩八关斋：奉佛者所持之斋。《法苑珠林》："八关是关闭八恶，不起诸过。"八恶：即杀生、偷盗、邪淫、妄语、饮酒、坐高广大床、著华鬘璎珞、习歌舞伎乐。

【评析】

袁枚在《随园诗话》中说："诗人者，不失其赤子之心者也。"又说：

“作诗不可以无我。”这就是说，作诗要有性情，要有个性。本诗确能如他自己所说直抒“性情”，即写自己对游鼎湖的感受。这种感受别具一种清新灵巧、活泼自如的风格。本诗一是有感于杨兰坡府君伴我游之殷勤；二是有感于鼎湖佳境之美，而“高唱升天行”；三是有感于鼎湖曲径幽深、飞瀑难了；四是有感于庆云寺禅律之威严，僧侣之热情；五是有感于斜阳催归而萌生眷恋之情；六是有感于“名山风景主人恩”，而留取诗句“镇山门”。全诗前后照应，结构完整，感情真挚，确是“一生儿爱好是天然”。比之当时盛行的那些模拟格调或以考据文字为诗的作品好多了。郭沫若称赞此诗曰：“随园小楷诗清脆，深刻大书却未遑。”

曲径幽深、飞瀑轰鸣是鼎湖风景之两胜。诗人就此着墨，大书其情。“石磴纡回千万曲，似带如环往而复。秋阳隔树笠帽凉，松阴覆地衣裳绿。”活画出一种清凉境界。“千万曲”点出径之“曲”，“似带如环”点出径之“幽”。秋阳如火，隔了松荫之后却化成了清凉的风。一个“凉”字，一个“绿”字，写出曲径之幽深、清凉醉人。只用“凉”“绿”二字，鼎湖山的“山以幽深为胜”（《鼎湖山志》）的特点就突出来了。“万丈狂澜五道奔，轰雷掣电忘昏晓。”写出秋雨后飞水潭瀑布从高空倾泻而下的奇景，“喷涌怒号”（《鼎湖山志》），蔚为壮观。“我卧危矶仰面看，拼身冲去都为好。”得意忘形，天真质朴。“拼身冲去”，更是如见其人，如闻共声，“性情”“个性”尽在其中。

石刻26　杨国霖诗《随简斋年伯游鼎湖山》

【说明】

杨国霖，河北省固安县人，监生。乾隆四十一年（1776）及四十五年（1780）两度出任高要知县。乾隆四十九年（1784）同袁枚、马俊良等游罗浮山、鼎湖山，于庆云寺客堂内刻诗三首。

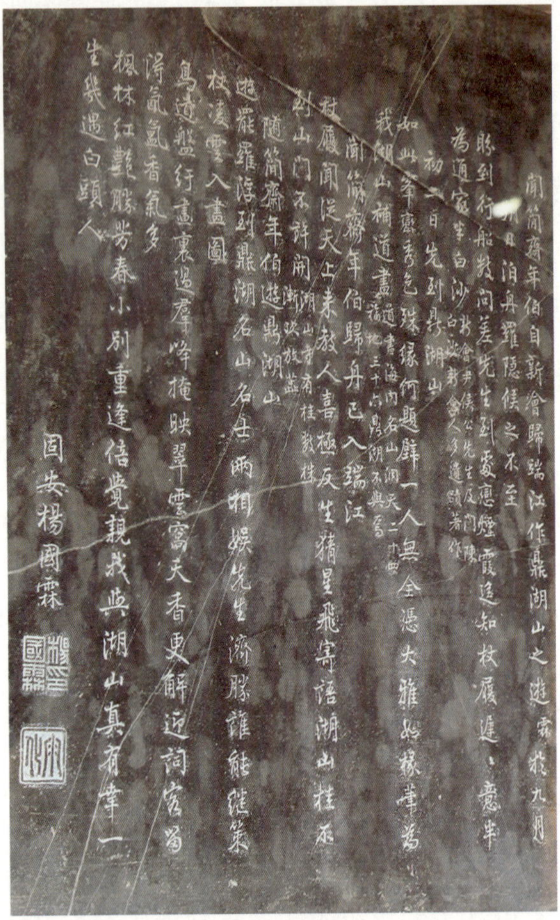

【原文】

随简斋年伯游鼎湖山

一

游罢罗浮到鼎湖，名山名士两相娱。

先生济胜谁能继，策杖凌云入通图。

二

鸟道盘纡画里过，群峰掩映翠云窝。

天香更解迎词客，留得氤氲香气多。

三

枫林红艳胜芳春，小别重逢倍觉亲。

我与湖山真有幸，一生几遇白头人。

石刻27　马俊良诗三首

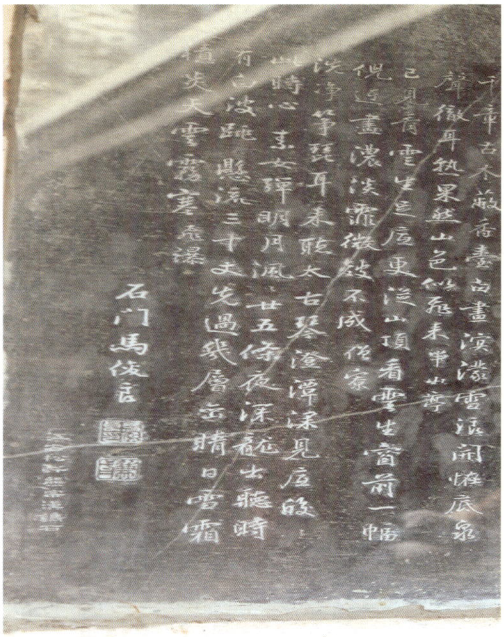

【说明】

马俊良，湖南石门县人，清乾隆四十九年（1784）游鼎湖山，得诗三首，刻于庆云寺客堂内。

【原文】

半　山　亭

千章古木蔽香台①，白昼溟濛②雪浪开。

怪底泉声彻耳熟，果然山色似飞来③。

【注释】

①章：通“橦”，指大木材。出自《史记·货殖列传》：“山居千章之材。”台：通“苔”，即苔草，俗称青苔。《诗·小雅·南山有台》：“南山有台，北山有莱。”②溟濛：模糊不清。张昱《船过临平湖》：“只因一霎溟濛雨，不得分明看好山。”③飞来：即飞来峰，在杭州西湖灵隐寺前。相传东晋时印度僧慧理曾称此山很像天竺国的灵鹫山，不知何时飞来，应此而得名。山中富泉水，多溶洞，并有冷泉、一线天诸胜，为西湖胜景之一。

【评析】

本诗用“烘云托月”的手法，以景衬景，赞喻鼎湖山的水光山色之美。首先从视觉着笔，写出鼎湖山古木参天、层峦叠翠、烟云迷蒙的优美景色。然后从听觉描绘鼎湖山幽谷溪流的奇趣，以证鼎湖山即西湖胜景之一的飞来峰是也。飞来峰闻名遐迩，那么鼎湖山呢？当然也就不言而喻了。此诗之妙，在于渲染鼎湖山的“云彩”来衬托飞来峰这个“月亮”，而后又反过来，以飞来峰的名气来衬托出鼎湖山之奇丽优美。

【原文】

僧　寮①

已见青云生足底，更从山顶看云生。

窗前一幅倪迓画②，浓淡霏微皴不成③。

【注释】

①寮：小屋。出自陆游《贫居》：“屋窄似僧寮。”②倪：通“儿”。迓：相迎。③霏微：迷蒙状。皴（cūn）：中国画的一种技法。多用以表现山石、峰峦和树身表皮的各种脉络纹理。作画者既勾画山石轮廓，更欲显其脉理，及阴阳向背，则用皴法。

【评析】

本诗用白描手法，勾勒出一幅简朴而极富人情味的山水画。僧寮之缥缈，主人生活之风流，二十八字尽见。文笔清新自然，诗中有画，画中有诗，诗情画意，熔于一炉。

【原文】

飞　瀑

洗净筝琵耳[①]，来听太古琴。澄潭深见底，皎皎[②]此时心。

素女弹明月，飒飒廿五条。[③]夜深龙出听，时有白波跳。

悬流三十丈，先过几层峦。晴日雪霜积，炎天云雾寒[④]。

【注释】

①筝：拨弦乐器。琶：即七弦琴，一般指古琴。②皎皎：洁白，明亮。③“素女”二句：典出《史记·封禅书》：“太帝使素女鼓五十弦瑟，悲，帝禁不止，故破其瑟为二十五弦。”素女，中国古代神话中的女神。廿五条，指瑟，拨弦乐器，形似古琴，但无徽位，通常有二十五弦，每弦一柱。瑟常与古琴、筝合奏。飒（sà）飒，像风雨声。杜甫《乾元中寓居同谷县作歌七首》：“四山多风溪水急，寒雨飒飒枯树湿。”④寒：《鼎湖山志》云：飞水潭“伫立久视，寒沁毛骨”。

【评析】

本诗结构有其独到之处。四句一节，一节一景，一景一情。

第一节写飞水潭声色之美，共“声”像古乐筝琴合奏，使游者为之洗耳恭听；其“色”像古镜光可照人，不仅能照出自己的形，还能照出洁白明亮的心。

第二节以浪漫主义手法写出月下飞水潭静谧但却欢乐的景色。神女月下弹弦歌，潜龙起舞谢天仙。作者巧妙地把两个神话传说和飞水潭的泉声糅合在一起，创造了一个“筝、琵、瑟大合奏，潜龙起舞”的欢乐场面，使飞水潭的泉声和夜色更为醉人。

第三节交代乐声的来源，突出飞瀑直下三十丈的奇观。

综上所析，本诗宛然是三首连绵的五言绝句，既是独立的，又是前后照应密不可分的。全诗以“侵”“萧”“寒”三韵相隔，以“声”“色”二字贯穿上下，使结构完整，整中又有错落，极尽变化之能事。文笔清丽流畅，手法浪漫，诗情画意极浓。

石刻 28　黄槐清题字“觉路”

【说明】

民国十年（1921）冬，黄槐清题字“觉路”，刻石于往飞水潭途中。草书。

【原文】

觉路

民国十年冬。

石刻29　彭赓尧题字“重登觉路”

【说明】

民国二十四年（1935）中秋，新宁彭赓尧题字“重登觉路”，刻石于往飞水谭途中。楷书。

【原文】

重登觉路

乙亥辛丑中秋，新宁彭赓尧，陈文中谨志。

石刻30　王洁常题字“不改”

【说明】

民国十二年（1923）春，新兴王洁常题字“不改”，刻石于往飞水潭途中。行书。

【原文】

不改

民国癸亥春新兴王洁常题。

石刻31　行乐道人题字“则灵”

【说明】

行乐道人，生平不详，不知何时，刻石于飞水潭侧。楷书。

【原文】

则灵

行乐道人题。

石刻32　描摹韩愈题字“鸢飞鱼跃”

【说明】

此石刻署名“退之”。唐代韩愈，字退之。据史载，韩愈没到过端州，没游过鼎湖山，《鼎湖山志》亦无韩愈题字之记述。考此石刻非韩愈所为，恐为描摹。

【原文】

鸢飞鱼跃①

退之。

【注释】

①“鸢飞鱼跃”语出《诗·大雅·旱麓》：“鸢飞戾天，鱼跃于渊。”鸢：鸟名，亦称“老鹰”。

石刻33　梁高岳题字“能移我情”

【说明】

梁高岳，又名梁天池，生平不详。清道光二十五年（1845）五月，游鼎湖，刻石于飞水潭路中。草书。

【原文】

能移我情

道光乙巳夏五月与子百同游鼎湖，留题而去。梁高岳。

石刻 34 罗曜庚题字“天开图画”

【说明】

清道光二十五年（1845）夏。罗曜庚同梁高岳游鼎湖山，题字“天开图画”。刻石于往飞水潭路中。草书。石刻后序中云：“雨洗万绿，泉咽疏钟”，极言鼎湖山“天开图画”之美。

【原文】

天开图画。

梁天池二兄邀游鼎湖。雨洗万绿，泉咽疏钟，极视听之娱，留题而去。乙巳仲夏罗曜庚并识。

石刻 35 梁高岳题字“沿幽探元”

【说明】

清道光二十五年（1845）五月，梁高岳与罗曜庚同游龙潭，观瀑布留题字“沿幽探元”以志之。刻石于往飞水潭路中。篆书。

【原文】

沿幽探元

道光乙巳夏五日，与子白大兄同游龙潭，观瀑留题以志之。梁高岳题。

【注释】

清代梁高岳题于道光乙巳年（1845），篆书。这是一则引人入胜的指示性文字，意谓沿幽谷前行，便可以寻到更玄妙的胜境。请看，往飞水潭的登山小道盘旋曲折，道旁林木竞秀，古树吊藤，幽谷泉声。山中一亭，名曰“眠绿”，比喻妥帖。有对联云：“流水闻高下，青山阅古今。”前面就是“能移我情”的胜景飞水潭了。

石刻 36　李开侁题名“与李耀汉等同游”

【说明】

李开侁，民国二年（1913）由袁世凯任命为广东巡抚。李耀汉，原名北泉，字子云，新兴人。清末行伍出身，1907 年任管带，兼云浮守备。后升任标统，驻防肇庆。后参加辛亥革命。1913 年任肇阳罗司令官，旋任镇守使。1916 年宣布反袁；1917 年任广东省省长；1923 年反对孙中山，并任第五军军长。失败后，逃往香港。1942 年去世。民国五年（1916）7 月 27 日李开侁和李耀汉等游鼎湖山。李开侁题字刻石于往飞水潭途中。

【原文】

民国五年七月二十七日，黄岗李开侁，新兴李耀汉，丹徒吕鸿元，同游到此留题。

石刻 37　梁高岳题字“琴韵”

【评析】

清梁高岳以琴喻飞水潭，妥帖传神，象形而且象声。琴即七弦琴，又称古琴，音域较宽（三个 8 度又一个纯 5 度），音色变化丰富。

飞水潭尚有民国顺德人黄槐清题刻“鸣琴”；民国高要人吴远基题刻“苍崖白练”，均不及“琴韵”精妙传神。

【原文】

琴韵

梁高岳书。

石刻38　吴远基题字“苍崖白练”

【说明】

民国六年（1917）四月，粤海使者王典章与吴远基、潘镐游鼎湖山。在飞水潭观瀑布，吴远基题字并刻石于飞水潭亭子下方。小字隶书。

【原文】

苍崖白练

民国六年四月，粤海使者，三原王典章，同高要吴远基，吴县潘镐，观瀑并题。

石刻39　无名氏诗《猛醒回头》

【说明】

该诗刻于往飞水潭途中的一石壁间，游飞水潭者必见此诗，观赏吟咏者众，尤好考究“一心”二字，时有争论。年代不详。无题，题目为析者所加。

【原文】

猛醒回头

人命无常，在呼吸[①]间。猛醒回头，一心念佛。

【注释】

①呼吸：一息之间。《晋书·郗鉴传》：“决胜负于一朝，定成败于呼吸。”

【评析】

该诗作者无疑是一位虔诚的佛教徒，当他步入鼎湖山这个佛教圣地时，触景生情，感人世之无常，生命只在一息之间，顿而觉悟，只有“一心念佛”，才能于临终前得到阿弥陀佛接引，去到那无污浊无烦恼的极乐世界。这种思想当然是消极的、遁世的。后人把“一心”改为“不必”，意义大变。

石刻40　冯守钧诗《客心如洗》

【说明】

冯守钧，清代广东鹤山县人。于光绪癸卯年（1903）四月游鼎湖山，观飞水潭瀑布后作七绝一首，刻于往飞水潭途中石壁上。无题，题为析者所加。

【原文】

客心如洗

巍峨石阙五云间①，时有仙人自往还。

流水潺湲②林外听，客心如洗倍清闲。

【注释】

①石阙：宫观也。《三辅黄图》："甘泉苑下，起宫殿台阁百余所，有仙人观、石阙观、封峦观、鳷鹊观。"五云：谓一云而备五色（青、黄、赤、白、黑），俗称五色祥云，仙人所御。《云笈七签》："元洲有绝空之宫，在五云之中。"②潺湲：水徐流貌。《楚辞·九歌·湘夫人》："观流水兮潺湲。"此句源于此。

【评析】

古代文艺评论家刘勰说过："登山则情满于山，观海则意溢于海。"本诗情真意切，似"幽咽流泉"，轻舒徐缓。诗中所见，作者完全被鼎湖山这个人间仙境给迷住了，以致"情动于衷，而发于言"，使自己非但置身于仙境中，而且挤上神仙之列，因而自觉"心如洗"，似乎一旦悟了道，立刻就可羽化而登仙似的。今天读来，此诗还有醉人心扉的艺术功能，此乃作者对鼎湖山不仅有情，而且情真之故。

石刻 41　吴尚廉诗《蛟龙穴》

【说明】

吴尚廉，清代广东南海人。光绪乙未年（1895）冬游鼎湖山，观飞水潭瀑布，吟五绝一首，刻于飞水潭路侧。无题，题目为析者所加。

【原文】

蛟　龙　穴

飞泉咽危石，水花散作雪。俯瞰澄潭深，下有蛟龙穴。

【评析】

此诗明白如话，朴实无华，情趣自然，耐人寻味。作者在冬天观瀑布，因而潭水比任何时候都清澈。根据“积水成渊，蛟龙生焉”的现象，结合“蛟龙潜潭”的神话传说，“蛟龙穴”三字就显得格外神奇了。你看，那条巨龙正处于冬眠的状态，等到春回大地万物苏醒过来的时候，巨龙将会怎样的兴风雨，翻江海，击长空呢？这就够耐人寻味了。

石刻 42　李葆濂题字“洊雷溅雪”

【说明】

清道光二十六年（1846）四月南海李葆濂题，行书。此刻重点在描绘大瀑布飞泻直下时的形与声，形如飞溅四射之雪花，声如入水之炸雷。

【原文】

渀[1]雷溅雪

道光二十六年首夏，南海李葆濂题。

【注释】

①渀：同“奔”，入水貌。

石刻43　孔广陶题字“喷雪”

【说明】

清同治癸亥年（1863）孔广陶题，行书。孔广陶在鼎湖题刻颇多，在庆云寺路、圣僧桥、涅槃台等处尚有题刻。孔广陶，号少唐，广东南海人，精鉴藏书。著有《孔氏岳雪楼书画录》。他是清代著名藏书家孔继勋之子。孔继勋于道光五年（1825）创建岳雪楼以藏书，号称“三十三万卷书堂”。继勋去世后，其二子继承父业，广求旧椠精刻，藏书益丰。其中最有名的是殿本《古今图书集成》。清末以后，孔家逐渐破落，有不少藏书流散海外，其中有些珍品为日本人藤田所得。

【原文】

喷雪

同治癸亥，南海孔广陶题。

石刻44　江宗准题字“枕流”

【说明】

汪宗准题，隶书。石刻半浸水中，有“犹抱琵琶半遮面”之神韵，故观赏留影者甚众，亦有三五成群戏水者，湿身卧石上，玩味“枕流”之玄妙。

【原文】

枕流①

民国十年九月，番禺汪宗准题。

【注释】

①枕流：即漱石枕流。典出《世说新语·排调》：“孙子荆年少时欲隐：语王武子‘当枕石漱流’，误曰‘漱石枕流’。王曰：‘流可枕，石可漱乎?’孙曰：‘所以枕流，欲洗其耳；所以漱石，欲砺其齿。’”旧以“枕流漱石”或“漱石枕流”指士大夫的所谓隐居生活。

石刻 45　袁带题字“静观”

【说明】

袁带于民国十年（1921）冬游鼎湖山，在飞水潭左侧大石上刻“静观”二字，行书。

【原文】

静观

民国辛酉冬月，香山袁带。

石刻 46　刘田夫题字“水帘洞天”

【评析】

该刻高空无拓片。“水帘洞天”是鼎湖山最大最壮观的瀑布，该瀑布以 15 米宽的横面从 30 多米高的悬崖峭壁上直泻而下，雷鸣般的轰隆声，震耳欲聋，旋涡激流，汹涌澎湃。然而，当你沿着水帘与石壁间的空隙走过，衣服却不会被溅湿。站在水帘洞内，隔着轻纱似的水帘往外看，帘外景色虚无缥缈，扑朔迷离。

1980 年，刘田夫（时为广东省副省长）游鼎湖，见瀑布如此壮观，即题“水帘洞天”，后刻于瀑顶左侧。

石刻 47　孙中山手书“众生平等，一切有情”

【说明】

孙中山，1866 年 11 月 12 日生于广东香山县（今中山市）翠亨村。

孙中山 1885 年毕业于香港中央书院，后到澳门、广州行医。目睹清朝政府腐败，民不聊生，屈辱求和，遂弃医，投身革命。1911 年 10 月 10 日的武昌起义，各省响应。清政府倒台，中华民国成立。孙中山就任临时大总统，颁行阳历。

1912 年孙中山辞职。1917 年孙中山发表《讨逆宣言》，倡导护法。非常国会选举孙中山为大元帅，下令北伐。

1922 年 8 月国民党重订党章，实行联俄、联共、扶助农工三大政策，赋予三民主义思想以新的内容。1924 年 3 月 12 日孙中山逝世，葬于南京紫金山中山陵，广东香山县改为中山县，国民政府明令尊孙中山为“中华民国国父”。

“众生平等，一切有情”，是孙中山手书送给庆云寺僧人的一副对联。

【原文】

众生平等，一切有情。

石刻 48 宋庆龄题字“孙中山游泳处”

【说明】

宋庆龄（1893—1981），原籍海南岛文昌县。1908 年留学美国，1913 年回国任孙中山秘书，1915 年与孙中山结婚。伟大的爱国主义、国际主义、共产主义战士。

【原文】

孙中山游泳处

宋庆龄题。

【评析】

1980 年初宋庆龄游鼎湖时，应星湖管理处人员之请，在孙中山当年畅游飞水潭的地方题了“孙中山游泳处”6 个大字，后刻于飞水潭瀑布左侧石壁上。

据史载，孙中山曾 3 次莅临肇庆，至少 2 次游览鼎湖。除畅游飞水潭外，还给庆云寺僧手书一副对联：“众生平等，一切有情。”据《孙中山年谱》考证，孙中山于 1917 年 7 月 17 日，乘“海琛号”由上海到达广州，朱执信即挑选马湘作为他的警卫员。9 月 1 日，国会非常会议举孙中山为中华民国政府大元帅。又据马湘在《忆中山先生》（1956 年 11 月 10 日《人民日报》）文中所述：“有一次在广州，有一些华侨和香港的资本家（过去曾帮助中山先生革命）到大本营访问中山先生。中山先生邀请他们去游鼎湖山。

孙夫人和魏邦平夫人坐在树下谈话，中山先生和那些华侨在瀑布下游泳。游完之后，自己蹲在水旁洗底衣底裤。我抢着要替他洗，他说：‘我不会吗？我洗得比你清洁一些吧？’”

石刻 49　孙穗芳文《孙中山先生碑亭记》

【说明】

孙穗芳，女，1936 年生。孙中山先生的孙女。著名慈善家、教育家。重要著作有《我的祖父孙中山》《永载中华——国父孙中山先生纪念集》。现任孙中山和平教育基金会主席，檀香山中国妇女慈善会会长。她九岁开始收集中山先生从事革命的照片、事迹和遗物，立志以弘扬孙中山的思想为终身职责。长期从事国际和平教育和公益事业。赴世界各地演讲近千场，获得国际众多人士的赞赏。获多项殊荣：1995 年斯里兰卡总理授予名誉博士，美国夏威夷众议院颁荣誉奖，日本兵库县县长授予金锁匙，夏威夷众议院再授予最高人道、和平贡献奖。她资助担保 90 余名中国学生留学美国。她捐资黄河大学，创办深圳孙逸仙心血管医院。她在北京、中国香港、南京、夏威夷等地建立孙中山纪念馆，捐出中山先生革命一生的大批照片、资料、书籍和珍贵文物。她要在世界各地捐赠一百尊国父孙中山先生铜像。

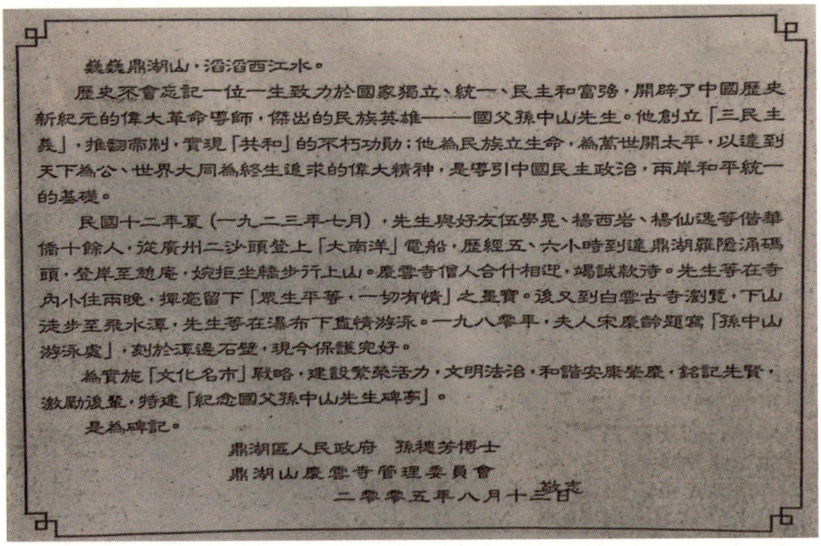
巍巍鼎湖山，滔滔西江水。

歷史不會忘記一位一生致力於國家獨立、統一、民主和富強，開辟了中國歷史新紀元的偉大革命導師，傑出的民族英雄——國父孫中山先生。他創立「三民主義」，推翻帝制，實現「共和」的不朽功勛；他為民族立生命，為萬世開太平，以達到天下為公、世界大同為終生追求的偉大精神，是導引中國民主政治，兩岸和平統一的基礎。

民國十二年夏（一九二三年七月），先生與好友伍學晃、楊西岩、楊仙逸等偕華僑十餘人，從廣州二沙頭登上「大南洋」電船，歷經五、六小時到達鼎湖羅隱涌碼頭，登岸至憩庵，婉拒坐轎步行上山。慶雲寺僧人合什相迎，竭誠款待。先生等在寺內小住兩晚，揮毫留下「衆生平等，一切有情」之墨寶。後又到白雲古寺瀏覽，下山徒步至飛水潭，先生等在瀑布下盡情游泳。一九八零年，夫人宋慶齡題寫「孫中山游泳處」，刻於潭邊石壁，現今保護完好。

為實施「文化名市」戰略，建設繁榮活力，文明法治，和諧安康榮慶，銘記先賢，激勵後輩，特建「紀念國父孫中山先生碑亭」。

是為碑記。

鼎湖區人民政府　孫穗芳博士
鼎湖山慶雲寺管理委員會
二零零五年八月十二日敬志

【原文】

巍巍鼎湖山，滔滔西江水。

历史不会忘记一位一生致力于国家独立、统一、民主和富强，开辟了中国历史新纪元的伟大革命导师，杰出的民族英雄——国父孙中山先生。他创立“三民主义”，推翻帝制，实现“共和”的不朽功勋；他为民族立生命，为万世开太平，以达到天下为公、世界大同为终生追求的伟大精神，是导引中国民主政治，两岸和平统一的基础。

民国十二年夏（一九二三年七月），先生与好友伍学晃、杨西岩、杨仙逸等偕华侨十余人，从广州二沙头登上“大南洋”电船，历经五、六小时到达鼎湖罗隐涌码头，登岸至憩庵，婉拒坐轿步行上山。庆云寺僧人合什相迎，竭诚款待。先生等在寺内小住两晚，挥毫留下“众生平等，一切有情”之墨宝。后又到白云古寺浏览，下山徒步至飞水潭，先生等在瀑布下尽情游泳。一九八零年，夫人宋庆龄题写“孙中山游泳处”，刻于潭边石壁，现今保护完好。

为实施“文化名市”战略，建设繁荣活力，文明法治，和谐安康肇庆，铭记先贤，激励后辈，特建“纪念国父孙中山先生碑亭”。

是为碑记。

鼎湖区人民政府　孙穗芳博士

鼎湖山庆云寺管理委员会

二零零五年八月十三日敬志

石刻50　《双女投潭记》

【说明】

双女投潭处为飞水潭前面的蛟龙潭。卜葬立石于庆云寺前面的狮山。墓碑存放袈裟田车库内。规格为0.40米×0.70米，楷书。近日有怀旧者按址寻碑，不知去向。

【原文】

双女投潭记

飞水潭下不远处，有一潭深不可测，曰："蛟龙潭"。传说这里是蛟龙蛰伏的地方。清人吴尚廉有石刻诗云："俯瞰酸澄潭深，下有蛟龙穴。"传说固属无稽，然而这里确有一个感人殊深的真实故事——双女投潭。

双女是谁？一是番禺人黄芙蓉，家中富有，曾攻读于广州洁方女子学校，常接触革命党人；一是顺德人邓慕芬，家贫，从小当女佣，但由于主人是一位有文化有教养的革命党人，也深受革命的熏陶。两女生得容貌出众，天资聪敏，活泼好动。辛亥革命爆发后，广东同盟会会长高剑父等发起成立了"广东女子北伐队"。黄邓二人一同参加"北伐队"。共同的志趣使她俩情同姐妹，共同的战斗使她俩的革命性更坚定。1911年12月，帝国主义诱胁革命政府和袁世凯妥协。袁世凯一面迫使清帝退位，一面篡夺革命政权，继孙中山任中华民国临时大总统。辛亥革命以妥协而失败了。"广东女子北伐队"1912年4月从徐州前线返回广州。目睹灾难深重的祖国，面对坎坷的革命道路，为了把革命进行到底．她俩相约到广东军政府民政部长陈景华创办的女子教育院任教，继续宣传救国救民的道理和辛亥革命的宗旨。1913年2月，袁世凯准备发动内战的阴谋暴露，孙中山力主讨袁，但因党内意见分歧，讨袁失败，孙中山再渡日本。袁世凯强令解散国民党，并派龙济光入督广东，大肆捕杀革命党人。黄、邓二人不得不走避港澳。当她俩获悉陈景华等一批革命志士在广州被杀害后，悲愤欲绝。她俩身处异地，深深地为自己未能挽救祖国于危难而惭愧自责，遂决定以“英烈”的行动惊醒那似醒非醒的民众。1914 年 12 月 10 日，下午，她俩来到鼎湖山，穿起“广东女子北伐队”的军装，手挽着手跃身投进了蛟龙潭。樵者急呼捞救。只见潭心澄沏，杳无踪影。围观的僧俗议论纷纷。当尸身双双被捞起来时，大家都惊呆了，竟是一双穿军装的手腕系着红丝带的姑娘。这时候，人群中忽然挤出一个中年男子，上前帮她俩合上了眼睛，还把被水濡湿变形的军装、徽章拉好，然后，退后一步，恭恭敬敬地行了一个军礼。中年男人的举动唤醒了围观者，一时间，无声无息，悄悄地，便有了几个男女青年含着泪水，替投水者梳理湿浸浸的秀发。

“漫云女子不英雄，须把乾坤力挽回”。为纪念两位女英烈，在一片“阿弥陀佛”声中，人们把她俩合葬在庆云寺前的狮山上，并立石永志。墓碣原文如下：

邓氏四姑娘讳慕芬 黄氏五姑娘讳芙蓉	同墓

民国三年甲寅十月念四申时卒　卜葬立石

这个可歌可泣的悲壮故事不久之后就传遍了端州，甚至传遍了整个广东，许多革命党人，群众纷纷来到墓前扼腕、献花、进香。

石刻 51　白云寺对联二副

【原文】

大 门 对 联

卅六招提皈依古佛，十七福地迥出高天。

【原文】

大雄宝殿对联

山川异域，风月同天。

【说明】

白云寺属老鼎风景区，已封山，无法拍片。这两副对联为 1980 年日本唐招提寺八十一代住持森本长老护送鉴真坐像回国探亲时，谒荣睿大师逝世处，在白云寺手书的。唐招提寺乃日本现存最古的木结构佛教建筑群之一，在奈良市，为唐代高僧鉴真和尚于公元 759 年创建。

江苏扬州市古大明寺的鉴真纪念堂有楹联曰："山川异城，风月同天。"纪念堂建成于 1973 年，楹联未署名。楹联虽只有一字之差，但却非森本长老所为。

石刻 52　涅槃台佛语古刻"禅定"

【说明】

石刻位于云溪涅槃台石壁左侧，楷书，年代不详。

【原文】

禅定①

【注释】

①禅定：佛教修行方法之一。佛教修行者以为静坐敛心，专注一境，久之达到身心“轻安”、观照“明净”的状态，即成禅定。

石刻53　广东最古老的石刻“涅槃妙正法眼心藏”

【说明】

智常禅师，初唐人。禅宗南宗创始人六祖慧能的十大弟子，唐高宗时得法于曹溪（韶关南华寺）后，便到鼎湖山兴建白云寺，成为鼎湖山佛教圣地的开山祖。他在云溪涅槃台侧镌刻的八个大字，是广东最古老的石刻，我国石刻中的珍品。

【原文】

涅槃妙正法眼心藏①

【注释】

①涅槃：佛教名词，梵文音译，意译为“灭度”“入灭”“圆寂”。系佛教全部修习所要达到的最高理想，一般指熄灭“生死”轮回而后获得的一种精神境界。正法眼藏：佛教名词。禅宗用来指全体佛法（正法）而言。“眼”谓朗照宇宙，“藏”谓包含万有，故名。

【评析】

据《肇庆府志》载："粤中唐刻存者以圣历二年（699）龙龛道场铭（罗定龙龛岩内）与此为最古。"因而此题刻乃广东最古老的石刻之一。疑为六祖高弟智常禅师镌刻。经广东省书法家研究，根据字体、笔画、字形布局、写法鉴定为初唐作品。原文意谓佛法无边，包含万有，光照天地，只要能专心学佛，长期修道，就可以消除烦恼，功德圆满。（语出《六祖坛经》）佛教故事中，相传释迦牟尼在灵山会上，拈花示众，众人都不懂得，只有大弟子迦叶破颜微笑，表示会心，释迦承认佛心传给了大迦叶，并对他说："吾有正法眼藏，涅槃妙心，今付属于汝。"这就是"传心印（以心传心）"的开始。禅宗自称是释迦牟尼教外别传的心法，所谓心法，是师弟子间在十分玄虚难以捉摸的某种动作或言语上相互默契，就算以心印心（如释迦拈花示众），师心是佛心，弟子的心也是佛心了。

智常禅师故意把《六祖坛经》中的"正法眼藏，涅槃妙心"调成"涅槃妙正法眼心藏"的序排，并以 2.00 米 ×1.80 米的规格刻在涅槃台的石壁上，大概是为了故弄"心法"之玄虚罢了。使门外汉非穷其源不得其解，使佛教徒也非谙熟《六祖坛经》无以悟出真意，真是"更觉良工心独苦"（杜甫《题李尊师松树障子歌》）。

读　后　感

高要县，始建于汉武帝元鼎六年（前111），已有两千多年历史。隋高祖杨坚开皇十年（590）始建端州，辖七县，治所仍在高要。宋徽宗重和元年（1118），更名肇庆府，并赐御书“肇庆府”府额高悬于府署前城楼（今红楼）之上。肇庆之名沿用至今已有903年。

肇庆，是我国历史上的名城。江流浩荡，青山环抱，绿野平畴，更有奇岩异石，湖光塔影，吸引了历代众多名人来此游览，也在七星岩石洞内外，崖壁上下留下了琳琅满目的石刻诗文以及书法真迹。七星岩，不仅在大自然奇观上称为“天然宫殿”，而且在文化艺术上也是一个珍贵的宝藏。

大自然的奇观带来了神奇美丽的故事传说。自古以来，人们就传说七星岩是人间仙境，洞天福地，神仙居住的地方。据说玉皇大帝曾在七星岩巅宴请百仙；汉钟离、铁拐李、吕洞宾三位大仙曾在玉屏岩顶弈棋喝酒，路上至今还留着他们的脚印。七星岩上，晨曦初照，半壁可以见海日；清风明月夜，空中往往闻天鸡。人们还常常隐约听到山上的仙乐，仙人们的谈笑，仿佛整个七星岩，就是从天上陨落下来的。总之，七星岩，就像传说中的东海上的蓬莱仙境，那么神秘莫测，那么令人向往。几乎每一个岩洞的奇观，每一个大自然之谜，都有一个美丽的传说。这些传说都会在石刻碑文上反映出来，并且带上了浓厚的浪漫主义色彩。

对于这些丰富的文化遗产，过去曾有人做过介绍，但并不系统和全面。西江大学古典文学教师黄柏权，是个深有古典文学素养的学者。多年来，他或抄录，或拍摄，有时还要登危崖、攀绝壁，把镌刻在七星岩石壁上乃至散藏于深曲径的石刻碑文，加以精心的考证和研究。其收集之齐全，引证材料之丰富，讲解注释之详尽，分析评价之客观，可以说是目前七星岩石刻碑文评注中最完美的一本。

当我作为《七星岩鼎湖山石刻精华评注》的第一批读者，把这些评介短文一篇一篇地读下去的时候，我禁不住被它强烈的艺术力量所吸引。这是一本集知识性、文学性、科学性、趣味性为一体的好书。黄柏权老师以他雄厚的学识，广览群书，旁征博引，把这些流传千古的美丽的神话故事的出处、来龙去脉，弄个清清楚楚，结合石刻碑文的内容，娓娓动听地向读者讲述，真是动人心弦，叫人向往，使人神往。评介者又站在高处，对这些扑朔迷离的神话故事予以现实主义的分析，给神奇的大自然之谜以科学的解说。

不仅如此，黄柏权老师还查考了每个石刻诗文作者的生平，不仅对像李北海、包拯、黄公度、俞大猷、冯敏昌、吴国伦等历史名人，就是对那些并不那么知名的历史人物也查考得非常详细，以至能如话家常似的向读者介绍。对每一篇作品，都能从作者所处的时代、作者的生平及思想等出发，寻幽探微，精心地分析和评价其思想意义和艺术匠心。诚如黄柏权老师自己说的：“要领会真意，尝出诗味。”（见对周杨诗的评析）他是做到了的，因而每每有独到的见解。每篇“评析”都可说是一篇隽永的散文，细读起来令人击节称赞。所有这些，都仿佛把石刻碑文的作者，从遥远的历史朝代拉到读者的面前，介绍从相识、认识到熟悉，从而对石刻倍感亲切。

罗维炽

高要师范学校高级教师

1988 年 10 月 10 日

后　记

肇庆是历史文化名城，是岭南文化与中原文化最早相遇的地方，这里有着丰富的自然生态资源和深厚的历史文化底蕴。北宋包拯在肇庆为官三年，清正廉明，法治端州。我1986年毕业于中山大学，从事法律工作35年，深受包公思想熏陶，坚守了人生的准则。身为肇庆人，有着弘扬本土文化的责任。我父亲在教学之余，悉心研究岭南文化。他上山下乡，穿县过省，不畏艰难险阻，不断收集写作素材，字斟句酌地笔耕不辍，他的言传身教感染了我，使我也爱上了岭南文化，有传播优秀岭南文化的情怀。从1988年始，我帮助父亲整理书稿，筹划出版资金，支持他对肇庆文化的研究和挖掘。父亲出版的主要著作有《肇庆七星岩石刻诗文选》《鼎湖山石刻精华》《西江名胜古迹》《古诗文今译及其他》《六祖坛经注译》《岭南佛光——东土禅宗六祖传奇》《岭南首魁状元——莫宣卿传奇》《肇庆生态与旅游文化》。

研究学问及文学创作是务实清贫的工作，事非经过不知难，我深深感悟知识分子创作之路的曲折与艰辛。文化传承是一项长期且艰巨的工作，《中华人民共和国教育法》提出："教育应当继承和弘扬中华民族优秀的历史文化传统，吸收人类文明的一切优秀成果。"本书的出版，我是做了应做的工作。

黄　桦

2021年2月